상생적 의사소통의 이론과 실제

국 어
교육학
총서10

상생적 의사소통의 이론과 실제

한정현

도서출판 월인

| **발간사** | '국어교육학총서' 10권을 펴내며

상생의 논쟁이 가득한 국어교육을 위하여

6월, 초여름에 접어든 남산을 걷는다. 이맘때 남산을 걸어 본 사람이라면 초록의 싱그러움에 홀린 적이 한 번은 있을 것이다. 하지만 산책로를 따라 가득 찬 이 싱그러움은 어느 날 갑작스럽게 나타난 것이 결코 아니다. 수줍게 봄을 알린 목련의 자리를 무수한 벚꽃의 향연이 메우면 이내 수수꽃다리의 아련한 내음이 석호정을 건너 이 길 끝에서도 코 끝에 서린다. 시냇물은 부지런히 흐르고 그 소리에 맞추어 이름 모를 새들이 한껏 노래를 부를 때 쯤 되면 남산의 싱그러움은 절정에 이르게 된다. 누가 누구를 호명(呼名)한 것일까? 연달아 피어오르는 아지랑이처럼 남산의 자연은 서로를 잇고 도우면서 서로를 일깨운다.

남산을 돌고 돌아 하얀 A4 용지에 까만 글자가 가득한 연구실로 돌아온다. 벌써부터 머리가 지끈거린다. 논문의 저자들이 백가쟁명(百家爭鳴) 식으로 모두가 다른 이야기를 하고 있지만 저마다의 말만 있을 뿐 서로 화해하거나 일깨워주지는 못한다. 2000년을 전후하여 학문의 공간에서 토론은 슬그머니 자취를 감추었다. 언뜻 보면 서로 반대되는 주장을 하는 토론이 사라지면 좋을 듯하지만 학문의 공간에서 토론은 상쟁(相爭)이 아닌 상생(相生)을 도모하는 것이 애초의 목적이기에 토론의 상실은 곧 학문 발전의 용광로가 더 이상 뜨겁게 달궈지지 않는 것을 뜻한다. 국어교육도 예외는 아니어서 90년대를 뜨겁게 달구던 국어교육의 성격 규정이 아직 미완된 상태로 덮어만 둔 채 쉽사리 진척을 보이지 못하고 있다.

남산 기슭에 자리한 우리는 그동안 국어교육의 한 장을 펼치며 국어교육에 뜨거운 숨결을 불어넣어 꺼져가는 토론의 불씨를 키우고자 하였다. 국어교육에 생태학을 도입하여 근대적 자본주의에 익숙한 우리 교육을 근본적으로 성찰할 수 있는 '인간-언어-환경'이라는 국어교육적 테마를 마련하였다. 또한 상호문화성 교육이 국어교육에 반드시 필요함을 역설하면서 관계적 존재로서의 인간이 다문화사회에 적응하면서 필요한 국어교육적 설계를 보여주었다. 한편 국어교육은 애초에 융복합적인 성격을 내재하고 있음을 밝혀 이를 학교 현장에서 적용하려한 시도 또한 그동안의 국어교육에서 쉽게 찾아보기 어려운 것들이었다. 물론 이러한 우리의 시도가 아직은 작은 새싹임을 우리는 분명히 알고 있다.

그래서 우리는 그동안 국어교육학총서의 발간사를 통해 느리지만 황소 걸음으로 뚜벅뚜벅 갈 것을 약속했으며, 국어교육이라는 숲 한 켠에 자리 잡은 수줍은 자목련이고자 하였다. 오늘도 우리는 국어교육의 밭을 갈고 국어교육의 산맥에 도전하고자 한다. 그리고 오늘 우리가 펼쳐든 도전장은 '상생화용(相生話用)'이다.

상생화용은 소통이 어려운 사회문화적 현상에 대한 국어교육적 반응이라고 할 수 있다. 우리 사회는 해방 이후에 지속되었던 보수와 진보의 갈등, 영남과 호남의 지역 감정, 가진 자와 못 가진 자의 대립, 신구 세대의 단절 등 이루 헤아릴 수 없을 만큼 소통의 어려움을 겪고 있다. 소통의 어려움은 기실 그릇된 인간관계에서 시작되었을 것이다. 나와 너를 가르고, 지역을 가르고, 편을 나누면 이쪽은 항상 맞고 저쪽은 항상 틀렸다고 생각해왔다. 이러한 시대에 상대방에 대한 존중과 배려를 바탕으로 한 진실한 언어 사용, 곧 상생화용은 소통의 주체들 사이에 관계를 회복하여 지금의 현상을 다독일 수 있으며 앞으로 다가올 다양한 소통의 양상에 효율적인 지침을 줄 수 있을 것으로 기대한다.

이번 총서는 그러한 기대를 실천으로 구현하기 위해 크게 세 개의 역량을 제시하고 있다. 첫 역량은 지식 역량으로 상생화용에 필요한 언어 지식의 추구와 언어 사용 맥락에 대한 인지적 측면을 다루었다. 다음으로 가치 역량에서는 소통 주체가 지니고 있어야 하는 호혜적 관계 형성과 인정과 같은 화해적 태도를 설정하였다. 마지막인 실천 역량은 부분적 타당성의 수용, 울타리 표현의 확대 적용, 대교약졸(大巧若拙)에 의한 실천 등으로 제시하였다. 언제나 첫술에 배부를 수 없고 이미 앞서 말한 것처럼 이번 총서 역시 국어교육에 건전한 상생의 토론을 제안하고자 기획한 것인 만큼 앞으로 상생화용에 대한 발전적인 논쟁을 기대해 본다.

이번 총서는 한정현의 2015년 박사논문인 '국어교육의 상생적 의사소통 능력 연구'를 한 차원 발전시켜 다듬은 것이다. 한정현 선생은 어제나 오늘이나 늘상 바쁘다. 학교 일과 교육청 일만 해도 정신이 없을 지경이다. 하지만 한정현 선생은 없는 시간을 다시 쪼개고 또 쪼개서 학문의 국어교육과 현장의 국어교육을 접합할 수 있는 교두보를 고민하였다. 그 교두보만이 두 차원의 상생을 이룰 수 있을 것이라 본다.

이 책이 나올 즈음, 남산 산책로는 뜨거운 여름 햇살로 가득할 것이다. 뜨거움은 우리를 버겁게 한다. 하지만 그렇게 뜨거워야만 봄날의 싱그러움이 계절을 건너가 가을을 채찍질하며 결실을 이룰 수 있다. 남산의 자연처럼 애써 내놓은 새싹이 크게 자라지도 못하고 한여름의 뙤약볕에 짓밟혀 꽃 피기도 어려울지 모른다. 하지만 상생의 논쟁이 뜨거울수록 우리의 결실도 작지만은 않을 것이다.

룸비니 언덕이 보이는 연구실에서

윤재웅 씀

| 책 머리에 |

다시 '상생(相生)'을 시작하며

이른바 4차 산업혁명의 시대가 성큼 다가왔다. 2016년 봄, 알파고와 이세돌 기사의 대국은 전 세계의 이목을 집중시켰다. 대다수 전문가들은 인간의 위대함을 언급하며 이세돌 기사가 알파고를 압도할 것이라고 전망했지만, 이는 보기 좋게 빗나갔다. 시종일관 알파고에게 끌려 다닌 끝에 한 게임만을 이긴 것에 만족했으니, AI가 정복하기에 가장 어려울 것이라고 예상했던 바둑 게임에서의 참패는 우리 모두에게 엄청난 충격으로 다가왔다. 이때 이세돌 기사가 무너지는 모습을 지켜보던 세계 랭킹 1위 중국 기사 커제는 "나와 붙었다면 알파고에게 한 번도 지지 않고 우승했을 것이다."라며 자신감을 피력했다. 그리고 1년 후, 그렇게 자신만만했던 커제는 알파고에게 전패의 수모를 당하며 고개를 떨구었고, 끝내 분투의 눈물을 흘리기도 했다. 이제 사람들은 어쩌면 이세돌 기사가 거둔 1승이 인간이 컴퓨터를 상대로 이긴 최초이자 마지막 승리일 수 있다며 다가올 미래에 대한 불안감을 숨기지 않는다.

AI로 대표되는 4차 산업혁명 시대에서 각자의 학문 영역은 나아가야 할 방향을 모색하느라 분주하고, 여기에 국어교육 또한 예외는 아니다. 한 치의 오차도 허용하지 않는 철저한 계산, 자신에게 유리한 방식만을 바라보고 상대방을 무너뜨리는 메커니즘, 인간과 인간의 일처리 방식보다는 인간과 컴퓨터 같은 기계와의 협업 증가 등 기존과는 전혀 다른 삶의 양상이 전개될 미래 사회에서 국어교육의 방향성 또한 제고되어야 하는 것이다.

그런 점에서 어찌 보면 '상생(相生)적 의사소통 능력'은 미래 사회 국어교육이 지향해야 할 가장 기본적인 역량이라고 할 수 있겠다. 혹자는 지금보다 경쟁이 심화되고 적자생존의 위협이 거세질 것이 예측되는 상황에서 상생적 의사소통이란 현실과 동떨어진 뜬구름 같은 소리라고 폄훼할 수도 있을 것이다. 하지만 지금도 수용보다는 표현 중심의 국어교육이 지배적인 학교 현장에서, 경청보다는 상대방의 논리를 짓밟고 깨뜨렸을 때 좋은 점수를 받는 현실에서 앞으로 다가올 4차 산업혁명을 맞는다면 우리 아이들의 언어생활은 긍정적인 모습을 기대하기 어려울 것이 뻔하다. 상대방을 배려하는 것이 이해가 되지 않을 때, 그보다 이를 이해하는 것조차 사치라고 여길 때 아이들은 괴물이 될 것이고, 이기기만을 위해 모든 능력을 동원하는 초고성능 AI와 다를 바가 없게 될 것이다.

이미 입시에 찌들어 있는 학교 현장에서 아이들의 언어생활 속에 상생의 가치를 찾아보기란 매우 어렵다. 친구들 사이의 대화는 비속어가 섞여 있지 않으면 친근감이 결여된 것 같은 기형적인 모습으로 이루어지는 모습이 다반사이고, 선생님과 대화를 나눌 때조차 자신의 입장만을 관철시키려는 표현하기 모습에 교사들이 절망할 때가 자주 발생한다. 그러나 이런 아이들에게 "너는 말하는 방식이 그게 뭐니?"라고 탓한들 무엇이 잘못인지를 인지하지도 못할뿐더러, 그 책임을 학생들에게 전가시키는 것 또한 타당한지 심각하게 고민할 필요가 있다. 학습자 개인의 역량이 부족해서 이러한 언어방식과 태도를 가지고 있는 것이 아니라 양육강식의 사회가, 기계적인 사고만이 승리할 수 있다는 이 땅의 교육방식이 철저하게 우리 아이들의 인성을 극단적 개인주의로 몰고 있는 것은 아닌지 기성인으로서 성찰이 선행되어야 한다는 것이다.

그러하기에 무릇 상생의 가치는 미래 국어교육을 선도할 화두가 되어야 마땅하다고 생각한다. 그것이 듣기 · 말하기건, 읽기와 쓰기건, 문법이나 문학이건 할 것 없이 국어교육에서 지향하는 의사소통 역량은 모름지기 상생의 가치를 지향해야 한다는 확신에 변함이 없다. 새로운 시대를 살아가는 데 있어 기계와의 싸움에만 몰두하고 인간관계를 소홀히 하는 모습이 만연된다면 물질적 풍요로움과 비례하여 정신적 황폐함도 심화될 것이다. 이러한 인간성 상실이 예측 가능한 상황에서 우리 아이들이 상대방을 배려하는 올바른 인성을 기르고 더불어 숲을 이루는 역량을 키우는 데 상생의 가치는 빛을 발하게 될 것이다.

치기 어린 마음으로 도전했지만 상생의 우물을 파기에 연구자의 지식은 한없이 일천했다. 동 · 서양의 철학은 물론이거니와 인문학 전반과 사회학, 그리고 생태학까지 알아야 했기에 이론화뿐만 아니라 실제적 접근에 이르기까지 지난한 고통의 연속이었다. 그렇게 몇 번이고 지쳐서 포기하고 싶은 마음 가득할 때, 언제나 한결같은 자상함과 격려로 끝끝내 연구의 성과를 낼 수 있도록 이끌어주신 김혜숙 교수님께 진심으로 머리 숙여 감사의 마음을 전하고 싶다. 그리고 상생적 의사소통에는 화쟁의 가치가 들어갈 때 더 큰 의의를 갖는다며 독려해주신 윤재웅 교수님, 무모할 만큼 맹랑한 주장을 다듬어주시고 무한한 아이디어를 제공해주신 박인기 교수님, 상생이라는 화두를 선도할 수 있는 젊은 학자를 만나게 되어서 반갑다며 에너지를 충전해주신 이도영 교수님, 상생은 도덕이 아닌 만큼 국어교육만의 독창적 이론화가 정치하게 이루어져야 한다며 채찍질을 해주신 최미숙 교수님께도 다시 한 번 감사의 마음을 표하고 싶다. 또한 육체적, 정신적으로 지치고 황폐해질 때마다 물심양면으로 원기회복을 시켜주었던 민해 선생님과 산행 식구들, 부족한 글을 세상에 내놓을 수 있도록 다듬어 준 김성희, 이호형, 고희성, 김규훈 등 선·후배 연구자들에게도 한없는 고마움을 전한다.

교직에 들어와서 아이들을 가르친 지 16년이 다 되어 가고 있다. 그동안 중학교, 해외 한국학교, 인문계 고등학교 등 여러 학교급을 경험하면서 익숙해질 만도 하건만, 복도를 지날 때마다 들려오는 아이들의 욕설은 여전히 듣고 있기가 힘들다. 간혹 교실에서 내가 버젓이 서 있다는 것을 알고 있음에도 아랑곳하지 않고 육두문자를 주고받으며 그것이 일상인 양 대화하는 아이들의 모습을 지켜보고 있노라면 국어교사로서 자괴감마저 들 때도 있다. 대학 강단에서 후배 예비교사들에게 살풍경한 학교 모습을 이야기해주면 여기저기 한숨 섞인 탄식과 함께 교사의 길에 대해서 실망하는 후배들의 눈빛이 드러나기도 한다.

하지만 거꾸로 생각하면 이러한 아이들이 있기에 국어교사로서 살아가는 소명 또한 분명해진다는 것을 느낀다. 그리고 상생의 깃발을 올린 만큼 그 가치를 우리 아이들과 나누고 싶다는 의지 또한 강하게 샘솟고 있는 요즘이다. 수 년 간의 노력 끝에 겨우 상생의 발자국을 내딛었으니 이제 그 길을 뚜벅뚜벅 걸어가고자 한다. 하나의 마침표를 끝내고 다시 상생을 시작하는 문턱에서 연구자의 비루한 생각이 많은 사람들에게 공감대를 형성할 수 있기를 고대해본다.

2017년 여름의 문턱에서

한정현 씀

차례

제 1 장

국어교육과 상생적 의사소통

1. 소통 방식의 변화와 국어교육의 역할

이 연구의 주된 목적은 국어교육에서 상생적 의사소통 능력이란 무엇인지 밝히고, 그 구체적인 내용과 교육 전략을 탐구하는 것이다. 주지하다시피 제7차 국어과 교육과정 이후 2007, 2009, 2011, 2015의 개정을 겪으면서 국어교육은 사회 환경의 변화에 탄력적으로 대응할 수 있도록 융통성을 보였다. 그리고 이러한 변화의 중심에는 국어 활동 영역, 즉 의사소통 교육이 자리하고 있다. 학습자들의 국어교육 패러다임이 텍스트 중심, 실제성 중심으로 이동하면서 의사소통 교육의 전반에 걸쳐 큰 변화가 나타나게 된 것이다. 이 연구에서는 이러한 국어교육의 변천 속에서 새롭게 요구되는 의사소통 교육의 특징들을 종합해 보고, 이를 상생적 의사소통이라는 실천적 담론과 접목시키고자 한다.

국어교육의 다섯 영역 중 활동을 기반으로 하는 의사소통 교육은 다양한 통합을 거치면서 학습자들의 삶에 보다 가깝게 다가가고자 하는 적극성을 띠며 변모해 왔다. 2007 개정 국어과 교육과정에서 부분적인 영역의 통합을 보이다가 2009 개정 국어과 교육과정에서부터 '화법과 작문', '독서와 문법'이 결합되면서 통합을 지향하고 있는 것은 대표적인 예라고 하겠다.[1] 이들 영역의 통합에 대한 적합성

---

1 2009 개정 국어과 교육과정에서는 '화법과 작문 Ⅰ, Ⅱ', '독서와 문법 Ⅰ, Ⅱ'로 구성되었다가 2011 개정 국어과 교육과정에서 '화법과 작문', '독서와 문법'으로 단일화되었다. 이 과정에서 화법의 영역인 듣기・말하기와 작문의 영역인 쓰기가 이렇게 기계적으로 합쳐질 수 있느냐의 문제는 여전히 논란거리이다. 마찬가지로 독서의 영역인 읽기와 문법이 결합된 모습 또한 많은 비판이 일고 있다. 하지만 결합의 양상이 가지는 논리적 허술함에도 불구하고 이들 영역이 통합적 교육의 방향으로 나아가야 한다는 점에 대해서는 공감대가 형성되고 있다. 결국 중요한 것은 국어 활동 영역들을 어떻게 유기적으로 통합시켜서 학습자의 국어 능력 향상에 기여할 수 있도록 이론화시키는가이다.

여부는 차치하더라도 의사소통 교육에서 듣기·말하기와 읽기, 쓰기 등이 통합적으로 구성되어야 한다는 것은 국어교육의 흔들림 없는 기조인 것이다.

이러한 원인은 무엇보다 학습자들을 둘러싼 환경의 변화 속에서 찾을 수 있다. 과거 언어 사용 양상이 단순할 때에는 학습자의 언어 생활 유형을 일정 부분 정량화하여 이에 맞는 의사소통 교육의 방향성을 정하고 어떠한 부분에서 강조점을 찾을 것인지에 대한 예측이 어느 정도 가능했다.[2] 하지만 오늘날 학습자들을 둘러싼 환경의 변화는 이러한 의사소통 사용 영역의 수치를 계산하는 것 자체를 매우 어렵게 만들었다. 학습자들의 삶의 일부가 되어 버린 인터넷과 스마트폰 등 각종 매체의 보급은 어느 한 영역의 잠식을 허용하지 않는 복합적인 언어 사용 형태를 보이고 있다. SNS나 앱을 통한 채팅, 개인 블로그나 카페의 댓글을 통한 소통 등은 우리가 익히 알고 있는 국어 활동 영역으로 쉽게 설명하기 어려운 양상들이다.[3] 또한 과거에는 학교 현장에서 교사가 일방적으로 가르치고 학습자가 듣는 형태의 교수-학습이 일반적으로 이루어졌기 때문에 학습자의 입장에서 듣기가 큰 비중을 차지했지만, 다양한 교수-학습 방법들이 보급되고 적용되면서 학습자들의 활동 영역이 크게 증가한 부분도 무시할 수 없게 되었다. 따라서 앞으로의 의사소통 교육은 국어과의 특정 영역들이 나뉘어서 교수-학습되는 형태보다는 이들 모두가 보다 적극적으로 통합되는 방향으로 나아가야 할 것이다.

---

2 최미숙 외(2012: 150)에서는 Block(1997: 112)의 말을 재인용하여 대부분의 사람들은 쓰는 것보다 5배, 읽는 것보다 3.3배, 말하는 것보다 2배 더 듣는다고 하였다.

3 가령 학습자들이 스마트폰으로 즐기는 채팅의 경우 대화를 나누고 있지만 이것이 쓰기와 읽기로 이루어진다는 점에서 듣기·말하기 영역으로 논의하기 어려운 것 등이 그 예이다.

학습자들의 언어생활 변화를 미시적 차원에서 접근한 것이라면, 사회・문화적 측면으로 확장시켜 살펴보는 것도 필요하다. 국어교육이라는 교과 교육적 측면을 벗어나 보다 거시적 시각으로 바라보면 미래 사회에서 요구되는 의사소통 능력의 방향성을 그릴 수 있기 때문이다. 이때 기본적으로 고려해야 할 현상은 비약적인 기술 발전으로 인한 하이퍼텍스트의 일반화이다. 이른바 웹 2.0[4]의 시대를 뛰어 넘어 인터넷에서만 통용되었던 기재들이 삶의 모든 영역으로 침투하고 있는 것이다. 스마트폰을 통한 의사소통은 말할 것도 없고, e-북을 통한 독서활동, 업무적이거나 개인적인 정보교환 등 수많은 항목들이 거미줄처럼 얽힌 사회에서 학습자의 필요에 의해 덧붙여지고 삭제되기를 반복한다. 그런 속에서 개인은 다른 개인이나 집단과의 연대를 표명하기보다는 기계적인 현상에 매몰되기 쉽고, 남을 배려하는 의사표현이 주가 아니라 자신의 목적을 쟁취하기 위한 공격적이며 일방적인 의사전달이 보편화되기 십상이다. 오늘날 교육 전반에서 창의・인성을 강조하는 이유는 단순히 학습자들의 '지금 여기'만을 바라보는 것이 아니라, 예견 가능한 미래 사회에 보다 인격적으로 완성된 주체를 양성하겠다는 가치관의 반영이다. 그리고 이 연구에서는 이러한 인간 교육을 하는 데 있어 '상생적 의사소통 능력'이 크게 기여할 수 있다는 강한 의지가 담겨 있다.

한편 국어교육 내, 혹은 교과 간 영역의 통합과 방법론의 수정・보완 및 교과서의 꾸준한 개편도 중요하지만 이와 더불어 근본적으

---

4 웹 1.0이 생산자가 데이터를 갱신하는 웹사이트의 집합체라면, 웹 2.0은 웹 애플리케이션을 제공하는 하나의 완전한 플랫폼으로 발전한 것을 의미한다. 즉, 웹 2.0은 주체가 생산자이면서 동시에 소비자가 되는 상호작용을 통해 콘텐츠를 재생산하며, 사회적 네트워크를 형성해나가는 것이다(노상우・안동순, 2012: 68-69).

로 의사소통 교육이 담보해야 할 내용은 철학적 배경에 대한 고민이다. 실효성 있는 교수-학습 모형이나 이에 대한 효과적인 적용은 결국 이들을 뒷받침하고 있는 철학적 배경의 힘에서 나오는 것이기 때문이다. 철학적 배경에 대한 탐구 없이 즉흥적인 수업 방법론에만 탐닉하는 것은 지금 여기에서 이루어지는, 그리고 앞으로 펼쳐질 생태적 국어교육의 변화에 탄력적으로 대응하지 못하는 미봉책에 불과할 것이다.

이 연구에서는 이러한 철학적 배경을 '상생적 의사소통'에서 찾고 이를 바탕으로 상생적 의사소통 능력과 상생적 의사소통 교육을 위한 역량에 대해 논의하고자 한다. 최현섭(2004)의 논의에서부터 본격적으로 대두되었던 '상생'이라는 화두는 '상생화용'이라는 표현으로 익숙하다. 그리고 최현섭(2004)에서 '상생화용'을 제안한 이래 새로운 의사소통 교육의 방향성을 찾기 위한 노력의 일환으로 꾸준히 연구가 이루어지고 있다. 하지만 상생화용이 지닌 의미가 워낙 크고 복합적인 까닭에 그 필요성과 가치에 대해서는 공감을 하면서도 실제 학교 현장에서 교육되는 경우는 거의 없는 실정이다. 그러다보니 '상생화용'이라는 화두가 오늘날 학습자들의 의사소통 교육에 꼭 필요한 내용 요소들을 함축하고 있음에도 불구하고 여전히 거시적 차원의 의미만 이해하는 수준에 머물고 있다. 기존 연구자들이 큰 틀의 방향성은 밝히고 있으나, '상생화용'이라는 용어 자체가 가진 거대 담론의 부담감으로 인해 보다 구체적인 대안으로 다가가지 못했던 것이다. 하지만 시대의 화두가 '상생'을 지향하는 만큼 이를 국어교육에 구체적으로 실현시키는 논의는 더 이상 미룰 수 없다. 상생이라는 철학적 담론과 국어교육의 실제성을 강조하는 화용을 의사소통 교육의 측면에서 재개념화하고 상세하게 탐구한다면, 학습자들의 언어생활도 진일보할 수 있기 때문이다.

이에 따라 이 연구에서는 새로운 의사소통 교육의 방향성을 위하여 먼저 기존에 연구되었던 상생화용의 이론들을 기반으로 상생적 의사소통이 왜 필요한가를 밝히는 것을 논의의 시작으로 삼도록 하겠다. 의사소통 교육이 걸어 왔던 흐름 속에서 상생적 의사소통이라는 화두가 갖는 의미를 살피고, 이것이 국어교육 내용과 어떠한 상관성을 지니는지에 대한 고찰이 선행될 것이다. 그리고 상생적 의사소통에 따른 의사소통 능력을 재개념화하기 위하여 '문식성'이라는 용어가 지닌 의미 확대의 필요성을 탐구하고, 동·서양 의사소통의 특성들을 상생적 의사소통적 가치에 접목시킬 것이다. 더 나아가 상생적 의사소통 능력은 지식 역량과 가치 역량, 그리고 실천 역량에 따라 구체적으로 실현 가능하다고 여기고 이들을 집중적으로 논의해 보도록 하겠다.

상생적 의사소통은 기존에 없던 새로운 형식의 교육 내용이 아니다. 지금까지 발전해 왔던 의사소통 교육의 외연을 넓히고 그 패러다임을 바꾸자는 논의인 만큼 기존의 주요 가치에 대한 수렴은 기본적인 전제가 된다. 여기에 우리가 간과하고 있었거나 서로 어울리지 않을 것 같은 의사소통의 가치를 섞으면서 상생적 의사소통의 실천에 조금이나마 다가갈 수 있을 것이다.

2. 상생화용의 선행 연구와 방향성

이 연구의 목적은 상생화용의 의미와 가치를 재개념화하고, 이를 국어교육 내 의사소통 교육의 작동 원리로 삼고자 하는 데 있다. 최현섭(2005)에서 본격적으로 시작된 상생화용이라는 화두는 지속적인 논의를 거쳐 국어교육학 용어로 정착되었다. 그리고 국어교육의 다양한 영역과 관련한 상생화용적 연구들이 이루어졌고, 그 논의는 국어교육 평가와 관련한 부분까지 확대되었다.

이러한 선행 연구들을 기반으로 하여 오늘날 국어교육에서 상생적 의사소통 능력이란 무엇이며, 이를 실천하기 위한 전제조건은 무엇인지에 대해 논의하고자 한다. 본격적인 상생적 의사소통 교육으로 들어가기 전에 의사소통 교육 전반에 대한 특징과 흐름을 살펴볼 것이다. 이는 의사소통이 지닌 학문적 특성을 다시 돌아보고 여기에 상생적 의사소통적 가치가 어떻게 들어갈 수 있는지에 대한 기본적인 탐색이라고 할 수 있다. 특히 국어교육 패러다임의 흐름을 거시적 측면에서 들여다봄으로써 지금 여기의 국어교육에서 상생적 의사소통이라고 하는 가치가 왜 필요한가를 탐구하는 것으로 논의를 시작하도록 하겠다.

의사소통 교육의 전반적인 논의가 이루어지면 본격적인 상생적 의사소통의 화두를 천착할 것이다. 먼저 '상생적 의사소통'이라고 하는 담론을 '상생'과 '의사소통'으로 나누어 구체적인 의미를 들여다보고, 상생적 의사소통의 현대적 가치를 재개념화할 것이다. 그리고 이러한 상생적 의사소통의 가치가 국어교육에서 어떠한 역할을 할 수 있는지 살피고 그 필요성에 대하여 설명하고자 한다. 이와 함께 현장에서 상생적 의사소통 교육을 하려면 어떠한 것들이 기본적으로 뒷받침되어야 하는지도 점검하겠다.

상생적 의사소통의 의미를 살핀 뒤에는 국어교육 제반 환경 변화와 상생적 의사소통 교육의 필요성들을 탐구할 것이다. 구체적으로 상생적 의사소통의 가치를 가장 효과적으로 실천할 수 있는 철학적 기반으로 생태학을 택하였다. 생태학이라고 하는 학문은 기본적으로 학습 생태계 자체를 살아 있는 유기적 요소라 규정짓고 학습자들이 교수-학습하는 교실뿐만 아니라 학교 밖 가정이나 지역사회까지 그 영역을 넓게 보고 접근한다. 따라서 생태학을 기반으로 하는 상생적 의사소통 탐구는 의사소통 교육의 내용들이 학습자들의 삶에 보다 실질적으로 다가갈 수 있도록 하는 데 기여하게 될 것이다.

이와 함께 오늘날 다문화사회로 급격하게 진입하고 있는 사회 현상과 그 의미를 고찰하고자 한다. 상생적 의사소통 교육은 기존의 의사소통 교육보다 더 많은 사회 · 문화적 현상과 철학이 가미된 것으로 보는 만큼 다문화의 개념 역시 확장시켜 접근할 것이다. 즉 확장된 다문화 사회 속에서 상생적 의사소통의 필요성을 부각하고 나아가야 할 바를 전망해 볼 것이다.

더불어 학습자들을 둘러싼 다양한 미디어 매체 환경의 변화와 이에 따른 의사소통 양상의 변화도 살펴보고자 한다. 급변하는 사회 속에서 학습자들의 의사소통 양상 역시 빠른 속도로 바뀌고 있다. 이에 따라 앞에서 언급했던 것처럼 기존에는 찾아보기 어려웠던 의사소통의 양상이 자연스럽게 정착되었다. 문제는 이러한 매체의 변화에 기인한 의사소통의 방식이 이전과는 매우 다른 특성을 보이고 있다는 점이다. 즉 우리가 오랜 시간 동안 고전적으로 가져 왔던 '듣기 · 말하기, 읽기, 쓰기'라는 국어 활동 영역의 구분을 모호하게 만들어버린 것이다. 따라서 새로운 방식의 의사소통 양상을 면밀히 들여다보는 노력이 매우 중요한 과제가 되었고, 이를 기반으로 하여 상생적 의사소통 교육의 필요성을 강조할 것이다.

이렇게 학습자를 둘러싼 외적 환경 요소들의 특성을 살폈다면 내적인 부분에 대한 고찰도 필요하다. 즉 현재 국어과 교육과정이나 국어교육의 내용 요소들 속에는 상생적 의사소통의 가치가 얼마나 녹아 있는지 확인하고, 보완할 부분에 대한 비판적 검토가 필요한 것이다. 현행 국어과 교육과정이 통합을 지향하면서 다양한 변화를 모색하고 있지만, 여전히 의사소통 교육은 '화법' 부분에 치중되어 있는 실정이다. 따라서 기존 교육과정의 '화법' 영역을 중심으로 상생적 의사소통과의 접점을 살피고 앞으로 의사소통 교육이 나아가야 할 방향성을 설정해보도록 하겠다.

상생적 의사소통과 국어교육의 상관성을 살핀 뒤에는 상생적 의사소통에 따른 의사소통 능력을 재개념화하고자 한다. 앞에서 학습자들이 살아가는 환경이 변화함에 따라 의사소통의 방식 또한 달라졌다고 전제했던 만큼 국어 활동 영역을 기반으로 하는 문식성의 변화 양상에 주목하였다. 즉 기존의 고전적 문식성이 읽기와 쓰기에만 치중되어 있었지만, 여기에 듣기·말하기의 의미가 함께 어우러질 필요가 있다는 점을 강조한 것이다. 이에 따라 올바른 상생적 의사소통 교육은 생태학의 환경 기반 아래 듣기·말하기를 바탕으로 하는 언식성과 기존 읽기, 쓰기를 전제로 하는 문식성이 통합된 형태의 모습으로 나아가야 한다는 점을 밝힐 것이다.

이러한 문식성의 논의가 이루어지면 동·서양의 의사소통 특성과 의의를 살피고자 한다. 일반적으로 이성을 기반으로 정확한 의미 전달을 중요시 여기는 서양의 의사소통과 최소언어주의를 통해 발화자의 진심 전달을 강조하는 동양의 의사소통은 상극인 것처럼 보인다. 기존의 상생화용과 관련한 논의에서도 동양 철학에 중점을 두고 정리가 이루어진 것은 이러한 인성 중심의 측면을 강조했기 때문이다. 하지만 지금 여기의 학습자들의 의사소통을 효과적으로 구현하기 위해서는 동양적 가치와 서양적 가치가 모두 필요하다는 문제의식을 바탕으로 각각의 특징과 장점들을 추출해 낼 것이다. 그리고 이러한 장점들과 국어교육의 특성을 반영하여 상생적 의사소통 능력이란 무엇인지 밝히고 그 내용 요소들을 선별하고자 한다.

상생적 의사소통 능력의 요소는 크게 세 가지 측면으로 나누어 살펴 볼 것이다. 먼저 '지식 역량'은 학습자가 상생적 의사소통을 하기 위해 기본적으로 지니고 있어야 할 인지적 능력이라고 할 수 있다. 그 하위 전략으로 언어 지식의 확장 추구와 언어 사용 맥락에 대한 고려, 메타적 접근에 따른 경험 강화를 설정하고 각각의 필요성을 강조할 것이다. '가치 역량'은 학습자가 상생적 의사소통을 하는 데 필요한 정의적 능력에 해당한다. 호혜적 관계 형성과 '인정'을 통한 화해 지향, 하이브리드적 태도 함양 등을 세부 전략으로 설정할 것이며, 이들이 바탕이 되었을 때 진정한 상생적 의사소통의 가치를 구현하게 된다는 점을 강조할 것이다. 끝으로 '실천 역량'은 의사소통을 할 때 실제로 지켜야 할 실천적 측면의 능력이다. 세부 전략으로는 부분적 타당성의 수용과 울타리 표현의 확대 적용, 그리고 대교약졸에 의한 실천을 설정할 것이며, 이러한 표현들이 상생적 의사소통과 어떻게 연결될 수 있는지를 밝히도록 하겠다.

각각의 실천 전략들은 단순히 이론적인 설명에만 그치지 않고 상황에 맞는 담화를 찾아 예로 보일 것이다. 상생적 의사소통이라는 가치를 구현하고 있는 담화의 예는 문학 텍스트, 의사소통 관련 서적의 일부, TV 드라마의 대사, 텔레비전 광고, 인터넷 사이트 등 다양한 곳에서 찾았다. 기존의 자료들에서 해당 사례를 찾기 어려운 경우에는 연구자가 직접 담화 상황을 설정하고 내용을 구성하였다.

제 2 장

상생적 의사소통과 국어교육

1. 상생적 의사소통의 개념과 국어교육적 전제

1.1. 의사소통의 특성과 교육적 관점

사람들은 일반적으로 의사소통 교육을 이야기할 때, '교육'을 제외하면 '의사소통'에 대해서 너무나 쉽게 생각하기 때문에 이를 연구하는 것이 무슨 의미가 있느냐고 의문을 던진다. 하지만 국어교육을 둘러싼 제반 환경이 급격하게 바뀌면서 의사소통의 양상과 기능 또한 복잡해지고 다양해지는 추세이다. 따라서 의사소통의 특성과 교육적 관점을 면밀히 검토하고 이를 교육하는 방향성에 대해 논하는 것은 구체적인 상생적 의사소통 교육으로 가기 위한 전초적인 과정으로서 의의를 지닌다고 하겠다.

먼저 의사소통의 사전적 의미를 살펴보면, '생물체(사람 · 동물 등)가 기호를 사용하여 정보를 전달함으로써 서로 공통된 의미를 수립하고, 나아가 서로의 행동에 영향을 미치는 과정 및 행동'이라고 하였다(국어교육학사전, 2010: 608-610). 또한 의사소통의 과정은 의사소통의 주체인 발신자, 매체, 메시지, 수신자, 상황, 효과, 송환 작용(feedback) 등으로 구성된다고 하였다.[1] 왕문용(2008: 60-66)에서는 의사소통을 '송신자와 수신자가 지식, 정보, 감정, 신념 등을 공유하

---

1 여기에서는 의사소통의 구체적인 요소들에 대해 다음과 같이 정리하였다. 첫째, 의사소통의 주체인 발신자는 한 개인일 수도 있고 집단일 수도 있으며, 그 나름대로의 의도와 속성을 가지고 있다. 둘째, 메시지란 발신자가 의사소통 목적을 달성하기 위하여 고안한 내용과 기호들의 집합을 가리킨다. 셋째, 매체란 메시지를 담는 용기 및 그 용기의 운반체 등을 말한다. 넷째, 수신자란 발신자가 보내는 메시지를 받게 되는 한 개인이나 집단을 말한다. 다섯째, 효과란 수신자가 의사소통의 자극을 받고 나타내는 반응들 중에서 특히 발신자가 바라고 있는 반응을 뜻한다. 여섯째, 상황이란 의사소통이 일어나는 시간적 및 공간적 배경을 뜻한다. 끝으로 송환 작용이란 발신자에게 되돌아오는 수신자의 반응이다.

거나 공통화하는 행동'으로 일반화시켰다. 여기에서는 차배근(1996)의 논의를 인용하여 지식, 정보, 감정, 신념을 공유하는 것은 모두 의사소통이라고 하였고, Samovar, Mills(1975)에서 말하는 의사소통의 본질을 원용하였다.[2] 이는 고전적 논의이기는 하나 의사소통이 지닌 본질을 매우 거시적 차원에서 들여다 본 것으로 오늘날에도 충분한 시사점을 준다. 한승주(2012: 12-37)은 의사소통을 사람의 의사나 감정의 소통(human communication)이라고 전제하면서 '가지고 있는 생각이나 뜻이 서로 통한다는 의미를 지니고 있으며, 인간이 사회생활을 영위하기 위해서 가장 필수적으로 지니고 있어야 하는 능력'이라고 하였다.[3] 강흥구 외(2010: 11)에서는 의사소통이란 일차적으로 인간이 말이나 글을 이용하여 상대방을 이해시키거나 상대방에게 영향을 끼치려는 행위나 과정으로 보고, '언어를 중심으로 서로 정보와 감정, 의미 등을 나누는 과정'이라고 정의하였다. 여기에서는 의사소통이라는 단어를 이루는 '통(通)'의 개념과 의미에 주목하여

---

2 Samovar, Mills(1975)는 의사소통의 고전적 본질을 다음과 같이 정리하였다.
① 의사소통은 양방향 과정이다.
② 어떤 반응을 기대하고 의사소통을 한다.
③ 의사소통의 재료는 생각이나 감정이다.
④ 의사소통은 기호화된 과정이다.
⑤ 의사소통은 '실생활' 과정이다.
⑥ 수신자의 반응이 효과적인 의사소통을 결정한다.

3 커뮤니케이션은 그 어원이 라틴어에 있다. communication은 [com+munis]로 구성된 합성어이다. 여기에서 'con'은 '함께(together)'의 뜻이고, 'munis'는 '묶다(bound←bind)'의 뜻이다. 즉, communication이란 bind together, 즉 '무엇을 함께 묶는다.'는 뜻으로서 여기서 '무엇'이 '사람'이라고 생각해 보면 communication은 '사람을 함께 묶는다.'는 뜻을 지니고 있다. 사람과 사람을 묶어 주는 끈은 다름 아닌 언어이다. 언어라는 끈으로 묶어 주면 사람과 사람 사이에는 정보나 느낌, 관계성 등의 교류가 일어난다. 또한 '가지고 있는 생각이나 뜻이 서로 통함'이라는 의미를 지니고 있으며, 인간이 사회생활을 하기 위해서 가장 필수적으로 가지고 있어야 하는 능력이다(한승주, 2012: 36-37).

함께 나누는 과정임을 강조한 것이 특징이다.

한편 이러한 의사소통이 갖는 기능과 특성을 정리해 보면 다음과 같다. 의사소통의 기능을 전통적으로 들여다보면 Jacobson(1960)의 관점을 살필 수 있다.[4] 여기에서는 의사소통을 지시적 기능(referential function), 정서적 기능(emotive function), 욕구적 기능(conative function), 친교적 기능(phatic function), 관어적 기능(metalingual function), 시적 기능(poetic function)으로 구분하고 각각의 기능에 따른 의미를 강조하였다.[5] 한편 Halliday(1973)은 의사소통을 도구적 기능(instrumental function), 표상적 기능(representational function), 규정적 기능(regulatory function), 개인적 기능(personal function), 상호작용적 기능(interactional function), 발견적 기능(heuristic function), 상상적 기능(imaginative function) 등으로 나누었는데, 언어의 기능을 의사소통에 의하여 달성되는 목적이라고 본 것이 주목할 만하다.[6]

---

4 Jacobson(1960)은 의사소통의 상황에 관련되는 요소로 문맥(context), 송신자, 수신지, 접촉(contact), 전언(message), 기호(code)를 들었다.

5 왕문용(2008: 79-86)에서는 각각의 기능을 구체적으로 다음과 같이 요약하였다.
① 지시적 기능: 정보를 전달한다.
② 정서적 기능: 화자의 마음을 표출한다.
③ 욕구적 기능: 청자에게 직접 영향을 미친다.
④ 친교적 기능: 의사소통을 부드럽게 한다.
⑤ 관어적 기능: 언어 자체를 대상으로 한다.
⑥ 시적 기능: 내용을 효과적으로 전하려 한다.

6 각각의 기능을 구체적으로 살피면 다음과 같다.
① 도구적 기능: 어떤 사건이 발생하게 하는 역할을 한다.
② 규정적 기능: 어떤 사건을 지속적으로 통제한다. 행동통제, 법률, 규칙에 사용되는 언어가 이런 기능이 뚜렷한 언어이다.
③ 표상적 기능: 있는 그대로의 현실을 진술하기 위해 언어를 사용하는 경우를 말한다.
④ 상호작용적 기능: 의사소통의 통로를 열어주는 일상적 친교 언어가 이에 해당된다. 이 기능을 위해서는 속어, 은어, 농담, 문화적 풍습, 공손함, 격식 등과 같이 사회적 교류에 필요한 것들을

이와 더불어 Leech(1974)는 언어의 기능을 지시적 기능(information function), 표현적 기능(expressive function), 지령적 기능(directive function), 미적 기능(aesthetic function), 친교적 기능(phatic function) 등 다섯 가지로 구분하여 설명하고 있다. 의사소통의 기능과 관련하여 국어교육 분야로 눈길을 돌리면 구현정(2005)에서 기존의 기능을 보다 넓게 바라보고 있는 것이 특징이다. 즉 여기에서는 의사소통을 할 때 단순히 상대방과의 내용 전달만을 주된 기능으로 보지 않고 참여자 자신과의 내재적 의사소통에도 주목하였으며, 참여자가 속한 조직 내에서 얼마나 교류를 활발하게 이루고 있는가, 의사소통 참여자가 속한 문화와 그 문화를 초월한 교류 등 기존의 범주를 뛰어 넘어 매우 광범위하게 접근하고 있다.[7]

지금까지 살펴본 의사소통의 기능들은 다음 몇 가지 특성과 원리를 지니고 있다(이창덕 외, 2010: 20-22). 첫째, 전인격적으로 소통한

알고 있어야 한다.

⑤ 개인적 기능: 화자의 감정이나 느낌을 표현하는 기능이 이에 해당된다. 개인적 기능을 사용하는 방법에 따라 개인의 개성을 파악할 수 있다.

⑥ 발견적 기능: 지식을 습득하고 환경에 대해 배우기 위하여 언어를 사용하는 것과 관계가 있다. 주로 질문의 형식으로 되어 있는 경우가 많다.

⑦ 상상적 기능: 상상의 체계나 아이디어를 창조하게 해 준다. 동화나 농담 말하기, 소설 쓰기 등이 바로 상상적 기능이 사용된 경우이다. 웃음과 기쁨을 자아내는 언어의 사용이 상상적 기능에 속한다.

7 구현정(2005)는 의사소통이 갖는 기능을 다음과 같이 정리하였다.

① 의사소통은 사람을 사람되게 하여 주는 기능을 한다.
② 의사소통은 문화 전달의 도구가 된다.
③ 의사소통은 다른 사람을 알아갈 뿐 아니라 자기 자신을 발견하는 수단이 된다.
④ 의사소통은 다른 사람과의 친밀한 관계를 맺고 유지하도록 하는 기능을 한다.
⑤ 의사소통은 다른 사람을 돕는 기능도 가지고 있다.
⑥ 의사소통은 행동을 변화시키는 기능도 가지고 있다.
⑦ 의사소통은 사람들 사이의 협동을 가능하게 하는 기능도 가지고 있다.
⑧ 의사소통은 긴장을 이완시키는 기능도 가지고 있다.

다는 전인성(全人性)의 원리다. 인간의 소통은 단순히 말과 동작으로 이루어지는 것이 아니라 소통에 참여하는 인간 전체로 이루어진다는 점에 대한 강조이다. 둘째, 상황이나 사회 등의 맥락에 절대적으로 의존하게 된다는 맥락 의존의 원리다. 같은 말이라도 상황이나 맥락에 따라 전혀 다른 의미로 소통되는 것을 말한다. 셋째, 소통이 제대로 이루어지려면 내용 요소들이 응집성을 갖추어야 한다는 응집성(凝集性, relevance)의 원리다. 형식과 의미의 일관성이나 응집성이 없으면 혼란이 생겨 소통이 어려워지는 것을 말한다. 넷째, 소통하는 사람의 지식에 의존한다는 지식의존의 원리다. 스키마, 프레임, 플랜, 스크립트 등 다양한 층위의 지식이 바탕이 되지 않으면 제대로 소통하기 어렵다는 것을 말한다. 이와 함께 왕문용(2008: 65-67)에서는 의사소통을 하나의 과정(process)으로 보고 접근한 것이 특징이다. 즉 우리의 의사소통 과정은 언어 기호를 사용하는 과정이기 때문에 송신자가 전달하려는 내용을 언어 기호화하여 전달하면 그것을 수신자가 해독하여 이해하고 여기에 반응을 보이는 과정이라고 분석한 것이다. 그리고 의사소통의 과정을 차배근(1996)의 논의를 인용하여 다음과 같이 밝히고 있다.[8]

8 차배근(1996)이 밝힌 의사소통의 과정은 화자와 청자가 일회적인 텍스트의 전달로 끝나는 것이 아니라 피드-백을 통해 지속적으로 순환하는 모형을 보였다는 점에서 의의를 지닌다. 하지만 의사소통의 참여자를 '화자'와 '청자'로 규정함으로써 화법에만 치우친 경향이 있다는 점과, 의사소통의 과정이 쌍방향성을 가지고 교섭한다는 점을 보이지 못한 채 일방향성의 구조로 되어 있다는 것은 아쉬운 부분이다.

〔그림 1〕 의사소통의 과정

위의 내용을 바탕으로 이창덕 외(2010)과 한승주(2012)의 설명을 수정・보완하여 의사소통의 양상에서 보이는 특성에 대해 논하고자 한다. 즉 고전적 의미의 의사소통이 지니고 있는 특성에 오늘날 매체나 환경의 변화 등이 반영된 양상을 새롭게 정립해보려는 것이다. 이에 대한 구체적인 내용은 아래 표와 같다.

〈표 1〉 현대 의사소통의 특성

	의사소통 전반	비고
목표	언어적 정보 + 사회적 교섭 작용	교섭을 통하여 사회 통합에 기여함.
언어	음성언어, 문자 언어	환경에 따라 음성언어와 문자 언어가 통합적으로 이루어질 수 있음.
매체	음성, 문자, 인터넷, 스마트폰 등 다양한 전달 매체	의사소통 참여자가 직접적으로 텍스트를 주고받는 경우와 간접적인 상호작용 등 다양한 형태로 이루어짐.
기능 양태	언어 및 비언어, 반언어, 문장부호, 어조, 문체 등에 대한 정보 이해와 상호작용	단순히 언어로 이루어진 것 이외에 부수적인 형태의 여러 기능적 요소들이 포함됨.
정보의 기능	정보의 공유 및 교환, 감정의 표현과 설득, 메타적 언어표현과 사회적 상호작용	현행 교육과정에서 이루어지고 있는 국어 활동 영역의 기능을 종합하였음.
정보의 양	목적에 따른 정보의 양적 차이	의사소통의 목적에 따라, 음성언어와 문자 언어의 전달 양상에 따라 차이가 생길 수 있음.
내용 제시 규범	사회・문화적, 상황 맥락에 따른 상호작용의 규범 지향	의사소통이 이루어지는 맥락은 다양할 수 있으나 이에 따른 인지적, 정의적 규범이 존재함.
정보 처리 양식	자동적, 비자동적 처리 방식 혼재	의사소통의 전달 방식이나 목적에 따라 자동적이고 즉각적으로 정보가 처리되기도 하며, 텍스트에 대한 시간적 간극이 생기기도 함.
학습 양식	공식적 및 비공식적 상황	인위적 교육 상황을 비공식적 언어생활에 전이시키는 것이 의사소통 교육의 취지에 부합함.

발달 과정	언어 경험, 문식성, 사회적 상호작용 등 중요	단편적인 언어습득만으로 이루어지는 것이 아니라 다양한 교육과 경험에 의한 능력임.

〈표 1〉을 바탕으로 오늘날 의사소통 교육에서 주목해야 할 논의들을 살펴보도록 하겠다.[9] 우선, 학습자를 대상으로 행해지는 의사소통 교육에서는 구두 언어적 성격과 문자 언어적 성격의 지위를 동등하게 지닌다는 점을 인식할 필요가 있다.[10] 주지하다시피 구두언어란 음성언어를 통한 의사소통으로 여기에는 언어적 표현과 더불어 반(半)언어적 표현이나 비(非)언어적 표현 등을 포함하고 있다. 그리고 문자언어 역시 언어적 표현과 이에 수반되는 문체와 문장부호 등도 의사소통의 수단임을 전제하였다. 국어 활동 영역을 3개로 구분하였을 때에는(듣기 · 말하기, 읽기, 쓰기) 의사소통 교육이 듣기 · 말하기, 즉 화법에 치중되는 경향이 있다. 하지만 구두 언어를 사용한 의사소통과 문자언어를 사용한 의사소통은 양적 치우침 없이 균등한 입장에서 교육을 해야 한다. 특히 '지금 여기'를 표방하는 국어교육이라면 학습자들을 둘러싼 환경의 변화가 매우 다양해지는 것을 반영하여 구두 언어와 문자언어를 구분하는 것 자체가 큰 의미를 지니지 못하는 경우도 생긴다. 즉 어떠한 매체를 통해 전달하느냐에 따라 구두 언어와 문자언어가 복합적으로 작용하기도 하는 만큼 이

9 이창덕 외(2010)에서는 화법의 성격을 제시하였고 이들 요소가 일반적인 의사소통의 성격과 큰 틀에서 일치하기 때문에 중복 서술되는 부분이 있다. 다만, 여기에서 논의하고자 하는 의사소통은 국어 활동 영역 전반을 아우르는 것인 만큼 구분 항목은 대동소이하더라도 서술의 방향성은 다르다.

10 이러한 의사소통의 성격은 문식성이 가지는 의미 확장을 요구하고 있으며, 자연스럽게 문식성 교육의 변화로 이어지게 된다. 오늘날 학습자들의 의사소통이 구두 언어나 문자 언어로 확연하게 구분되는 것 말고도 복합적인 양상으로 나타나는 경우가 허다하기 때문이다. 이에 대한 논의는 뒤에서 자세히 언급하도록 하겠다.

들의 가치를 따로 측정하기보다는 등가적 위치에서 논의하는 것이 바람직하다.

이와 함께 오늘날 의사소통 교육은 참여자들의 상호 교섭성을 지향한다는 점이 강조된다. 한정현·김혜숙(2013ㄱ: 192-193)에서는 상호 교섭성을 분절적으로 나누어 분석하였다. 즉 의사소통 교육 자체가 '상호성'을 바탕으로 하여 '교섭성'이 이루어지는 현상이라고 본 것이다. 그리고 의미를 새로이 구성해 간다는 것은 이러한 상호 교섭의 결과 각자가 알고 있던 사실적 내용만 주고받는 것이 아니라, 이를 통해 의미가 더 깊어지고 넓어지는 현상이라고 하였다. 결국 단순한 정보전달이 목적인 텍스트건 설득이나 사회적 상호작용이 목적인 다소 복잡한 양상의 텍스트건, 이러한 내용을 주고받는 상황 속에서 의사소통 참여자들 사이에는 표면적인 의미의 생성 외에 이면적인 의미의 상호작용이 이루어진다고 할 수 있다. 의사소통을 시작할 때 세웠던 초기의 목표를 이루는 과정에서 참여자들의 교섭이 지속적으로 이루어지며 서로의 국어사용 능력이 향상되거나 관계 형성에 기여하는 등 정의적인 요소들의 습득까지 도모하게 되는 것이다.

또한 의사소통 교육은 소통의 참여자들 간 관계성을 돈독히 하는 데 기여할 수 있어야 한다. 이는 위에서 밝힌 상호 교섭의 정의적 결과이기도 하며, 보다 근본적으로 이 논의에서 말하고 있는 의사소통 교육의 궁극적 지향 중 하나인 사회 질서 유지와 매우 밀접한 관련을 맺는다. 의사소통은 구두 언어로 이루어지건 문자 언어로 이루어지건 아니면 이들의 통합으로 나타나건 단순히 화자(필자)의 의도만 제대로 전달했다고 해서 목표를 달성했다고 할 수 없다. 화자(필자)의 의도가 청자(독자)에게 전달되고 이들의 피드-백이 지속적으로 상호작용을 이룰 때, 즉 의사소통 참여자들 모두가 만족스러울 때 비로소 바람직한 국어 활동이 이루어졌다고 할 수 있는 것이다.

그러기 위해서는 의사소통의 내용과 더불어 소통에 참여하는 이들의 관계가 돈독해질 수 있도록 효과적으로 교수-학습을 구성하는 것이 중요하다.

더불어 현대 사회에서 의사소통 교육은 맥락적 요소를 크게 고려해야 한다. 2007 개정 국어과 교육과정 이후 '맥락'은 국어 활동 영역에서 보편적이면서 필수적인 요소로 작용하고 있다. 특히 학습자를 둘러싼 오늘날 사회를 '다문화 사회'로 규정한다면 사회·문화적 맥락의 요소는 더 큰 위력을 발휘하게 된다. 또한 의사소통의 양상이 고전적인 듣기·말하기와 쓰기 및 읽기의 단편적 양상을 뛰어 넘어 인터넷이나 스마트폰 등 각종 매체에 의해 이루어진다는 점을 감안하면 상황 맥락 역시 매우 중요한 고려사항이 될 것이다. 결국 바람직한 의사소통 교육은 천편일률적인 이론적 적용을 벗어나 다양한 맥락적 상황에서 얼마나 효과적으로 응용할 수 있는가를 교수-학습해야 한다.

끝으로 오늘날 의사소통 교육은 인성 함양을 지향해야 하며, 이는 상황의존성을 뛰어넘어야 한다. 지금까지 의사소통은 다분히 주어진 상황에 의존하는 방식으로 이루어졌다. 구두 언어 의사소통의 경우 화자, 청자, 메시지, 상황 등에서 '상황'은 메시지 전달의 필수적 고려 대상이었으며, 이는 문자 언어 의사소통의 경우에도 마찬가지였다. 즉 어떠한 상황에서 의사소통이 이루어지느냐에 따라 그 양상도 달라졌던 것이다. 물론 의사소통의 특성상 상황을 무시할 수는 없지만 인성 함양을 지향한다는 의미는 단순히 기능적인 전달만을 목적으로 하는 것이 아니다. 따라서 의사소통 교육은 어떠한 상황에서건 소통의 참여자들이 올바른 인성을 함양하기 위하여 기본적으로 지켜야 할 윤리적 요소와 원리를 지니고 있어야 한다. 다만 이러한 윤리성을 비롯한 인성적 요소는 학습자가 결정론적으로 타고 나는 것이 아니라 교육을 통하여 지속적으로 함양해야 한다는 점을 주목할 필요가 있다. 과거 학습의 결과 태도가 따라온다는 시각도 있었으나 앞으로의 교육은 다분히 인격적 성장 자체를 지향해야 한다. 실제로 인성적 요소도 교육이 가능하다는 신념은 교육과정 개편 등을 통해 꾸준히 반영되고 있다. 이것은 앞으로 전개될 의사소통 교육이 듣기·말하기, 혹은 읽기나 쓰기의 영역 구분과 관계없이 윤리적 측면을 매우 강하게 내세워야 한다는 점을 의미한다. 의사소통 교육이 상황 의존성에 머무는 한 '상생'이라는 화두도 진전을 이룰 수 없으며, 새로운 의사소통 교육의 모델에 다가가는 것 또한 요원할 것이다.

1.2. 의사소통 교육의 철학적 담론 전환

지금까지 의사소통이 지니고 있는 기본적인 특성에 대하여 살펴보았다. 그리고 오늘날 학습자들을 둘러싼 사회·문화적 맥락과 환경 요소들을 고려하여 의사소통 교육이 지닌 특이점은 무엇인지 고찰하였다. 그렇다면 이제 의사소통 교육에 적용될 수 있는 상생적 가치를 논하기에 앞서 통시적 흐름 속에서 의사소통 교육이 지향했던 바가 무엇인지 탐구하는 과정이 필요하다. 이는 의사소통 교육의 거시적 흐름을 통해 '지금 여기'에서 강조하고 있는 핵심은 무엇인지 알아보기 위한 선행 작업이라고 할 수 있다. 이러한 논의 과정을 바탕으로 향후 상생화용을 기반으로 한 의사소통 교육의 방향성을 잡아갈 수 있기 때문이다.

일반적으로 의사소통 모델의 양상은 선조적(전통적) 의사소통 모델과 상호작용적 의사소통 모델, 그리고 교류적 의사소통 모델 등으로 구분할 수 있다(강흥구 외, 2010: 11-14). 먼저 선조적(전통적) 의사소통 모델이란 화자가 전달하고자 하는 내용을 특정 기호를 사용하여 부호화한 뒤 발신하면 이를 수신한 청자가 다시 언어적 의미로 해독하는 과정을 말한다.[11] 이러한 선조적 의사소통 방식에서는 화자가 메시지를 어떻게 구조화해서 청자에게 효과적으로 전달하느냐에 초점을 맞추고 있다.[12] 한편 상호작용적 의사소통 모델은 말 그대로 화자와 청자의 상호작용을 중요하게 여기는 소통을 의미한다. 즉 화자가 메시지를 특정 기호화하여 청자에게 보내는 상황과 청자가 그 메시지를 이해하는 상황 각각을 끊어서 바라보지 않고, 청자가 메시지를 수신한 뒤 피드-백하는 과정까지를 하나의 상호작용으로 여기는 관점이라고 할 수 있다. 이러한 방식은 선조적 의사소통보다 자극과 반응의 과정을 훨씬 활발하게 만들어 낸다는 점에서 의의를 지닌다. 마지막으로 교류적 의사소통 모델은 화자와 청자의 소통 양상을 단순히 메시지의 표면적 상호교환이 아니라 교섭의 의미로 확대한 것이다. 이 모델에서 화자와 청자는 의사소통 행위의 주체로서 동시적 의미로 취급된다는 점이 특징이다. 즉 형식적 화자가 형식적 청자[13]에게 특정 내용을 메시지로 변환하여 전달하면 형식적 청자는

---

11 의사소통 과정을 '주체-주체'로 보지 않고 '화자-청자'로 한 것은 전통적 방식의 의사소통 양상을 그대로 가져왔기 때문이다. 즉 전통적 방식이라고 할 때에는 의사소통을 일반적으로 구두 언어에 의한 주고받음이라고 본 것이다.

12 강흥구 외(2010)에서는 구체적인 예로 '금연'이라는 공공표현을 들고 있다. 화자가 말하고자 하는 메시지를 '금연'이라는 표현을 통해 전달하면 수신자들이 이를 해독하여 공공장소에서 담배를 피우지 않는다는 것이다. 이것은 이른바 부호화(encoding)와 해독화(decoding)의 과정을 나타내는 적절한 예라고 볼 수 있다. 다만 '금연'이라는 표기는 구두 언어가 아닌 문자 언어인 만큼 단순히 화자의 메시지라고 할 수는 없다. 즉 전달 매체가 달라진 상황이기 때문에 화자는 곧 필자가 되고 있는 것이다. 결국 인지하지 않고 있을 뿐 문식성의 경계가 단순히 글말 수준을 넘어선 것인데, 이에 대한 논의는 뒤에서 자세히 언급하겠다.

13 이때 '형식적 화자'나 '형식적 청자'라고 명명하는 것은 의사소통의 복합적 양상에 따라 매우 가변적일 수 있다는 점을 전제한 표현이다. 즉 의사소통 자체를 교류의 양상으로 표현하게 되면 화자가 동시에 청자가 되기도 하고, 청자가 화자가 되기도 하기 때문에 이러한 특징을 고려하였다.

다시 해독한 내용을 다른 메시지로 부호화하여 형식적 화자에게 되돌려준다. 주목할 만한 점은 이러한 상황이 미묘한 시간적 간격을 두고 일어나지만 거의 동시에 발생한다는 사실이다. 메시지 자체가 일방향적인 것이 아닌 쌍방향적인 형태이기 때문에 보다 역동적인 모습을 보인다고 할 수 있다.[14]

이러한 세 가지 의사소통 모델 중 국어교육에서 지향하는 상생적 의사소통은 교섭적 의사소통 상황을 기반으로 한다. 기본적으로 상생적 의사소통은 '화자(필자)'와 '청자(독자)'의 구분을 두지 않고 두 집단 모두를 의사소통의 '주체'로 여긴다. 그런 만큼 의사소통 행위의 주체가 만들어 내는 메시지의 내용적 측면도 중요하지만, 이러한 메시지의 주고받음 속에서 발생하는 역동적 교섭성에 더 큰 의의를 둔다. 이것은 상생적 의사소통이 단순한 피상적 내용 교류 이상이라는 것을 의미한다. 의사소통 주체들이 메시지를 전달하는 다양한 상황 맥락이나 사회·문화적 맥락에 따라서 그 전달 방식은 매우 복잡하게 나타나기 마련이며, 의사소통 주체의 언어적·비언어적 특성에 따라서도 개인마다 다른 특성이 드러나기 때문이다. 이렇게 볼 때

14 강홍구 외(2010)에서는 위에서 언급한 세 가지 의사소통 모델을 다음과 같이 그림으로 표현하였다.

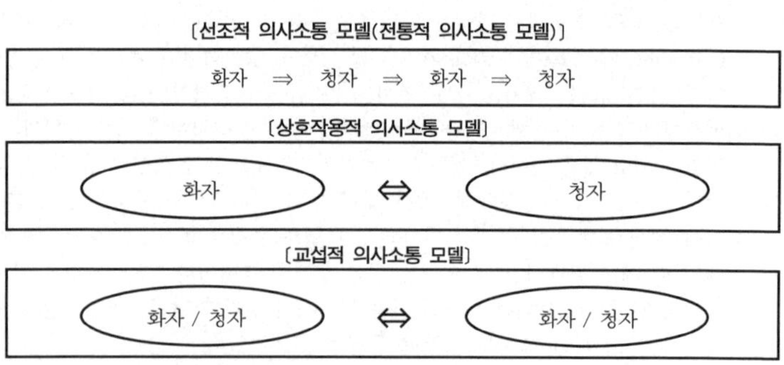

상생적 의사소통에서 지향하는 '교류'의 의미는 서로가 지닌 차이를 인정하는 주체들이 상대방에게 자신을 보여 주는 문화적 주고받음이라고 할 수 있다.

한편, 의사소통 모델이 지닌 다양한 특징과 더불어 의사소통의 흐름을 이해하기 위해서는 언어학의 변화를 살펴보는 것도 의미가 있다. 의사소통 자체가 학문적 연구로 분화되기까지는 언어학이 가진 거시적 담론의 흐름이 중요한 영향을 끼쳤기 때문이다. 흔히 20세기 초반을 구조주의의 시대라고 일컫는다. 이른바 객관주의, 기술주의, 행동주의 등 다양한 형태로 그 특성이 언급되는 구조주의는 1920년대 이후 전 세계적으로 언어학의 주류를 이루었다. Ferdinand de Saussure의 '일반언어학 강의'를 위시한 구조주의는 인간 언어의 관찰을 통해 객관적인 언어의 체계를 세우는 데 주된 목적이 있었다. 즉 인간 의사소통 연구를 언어의 객관적인 표현에 맞추고 이에 따라 정확한 언어형식 구현과 이를 표현하고 이해하는 훈련을 강조했던 것이다. 이러한 연구 방식은 언어를 철저하게 귀납적 자료로 활용하면서 그 활용 양상을 가시적으로 보였다는 점에서 큰 의의를 지니지만, 비판적 관점에서 볼 때 지나치게 객관성을 지향한 나머지 언어의 무한한 지향성을 밝히는 데에는 한계가 있었다. Twaddell(1935)의 논의에서도 구조주의 언어학자들의 주된 관심사가 명백하게 관찰 가능한 언어 자료에만 국한된 나머지 심동적인 면을 등한시했다는 비판이 제기되고 있는 것처럼, 구조주의 언어학은 기계적인 의사소통의 발전과 한계를 동시에 보여주었다.

구조주의 언어학이 주류를 이루던 모습은 20세기 중반까지 이어지다가 1960년대부터 Noam Chomsky로 대표되는 변형생성 언어학으로 조금씩 변하게 된다. Chomsky의 주장은 다분히 구조주의 언어학에 대한 비판적 관점에서 시작된 만큼 인간의 언어 양상이 단순한 자극과 반응만 가지고는 해석하기 어려운 측면이 있다는 데 관심을 두었다. Chomsky(1964)의 논의에서도 살필 수 있는 것처럼 보편타당한 기술적 언어 체계를 벗어나 개별 언어의 선택을 강조했던 것이다. 변형생성 언어학과 함께 20세기 후반에 각광을 받은 것은 인지언어학이라고 할 수 있다. 인지언어학은 인지과학의 발견들을 사용해서 가능한 한 언어의 많은 것을 설명하려고 하는 언어학 이론이다.[15] 일반적으로 인지언어학의 가정들은 방법론적 가정들이라고 일컫는다. 즉 인지언어학에서는 언어학 연구의 포괄적인 일반화를 찾는 것과 가장 보편적인 언어학 이론을 수렴할 수 있는 증거를 찾는 것, 언어학 이론을 마음과 두뇌에 미치는 경험적 발견들에 적용하는 것 등이 주된 관심사였다.

지금까지 언급한 변형생성 언어학과 인지언어학의 차이점을 탐구하는 것은 언어 전반에 대한 관점의 차이를 살필 수 있는 기회이기 때문에 상생적 의사소통 연구에 있어서도 의의가 있다. 상생적 의사소통이라는 가치가 어느 날 갑자기 생겨난 것이 아닌 만큼 통시적 변화의 모습을 살피는 과정은 오늘날의 화두를 찾는 데 효과적인 방법이기 때문이다. 이를 위해 먼저 Chomsky의 변형생성 언어학과 인

---

15 김동환(2010: 7-8)에서는 인지언어학자를 크게 3세대로 나눌 수 있다고 하였다. 먼저 1970년대 후반과 1980년대 초반에 인지언어학을 도입한 George Lakoff, Langacker 등이 해당되며, 이들은 Chomsky 철학을 바탕으로 한 생성문법 연구가들과 치열한 전쟁을 벌였던 시절이었다.
제2세대 인지언어학자는 1980년대 후반에 활동했는데, Gilles Fauconnier, Eve Sweetser, Mark Johnson 등등이 있다. 이들은 제1세대 인지언어학자들의 동료나 그들의 지도 학생이었다. 그 외에 서유럽과 중앙유럽의 여러 학자들은 인지언어학의 개념을 받아들이고 인지언어학을 국제적으로 보급하는 데 기여했다.
제3세대 인지언어학자는 1990년대 이후 활동하는 학자들로서, 이 시기에 인지언어학은 한국과 일본 등의 아시아로 보급되었다. 한국에서는 이기동 교수가 Langacker의 인지문법을 소개하면서 인지언어학을 국내 학자들에게 소개했으며, 그 이후에 임지룡 교수가 이를 대중화하는 작업에 착수하였다.

지언어학의 차이점을 보다 명확하게 이해하는 과정이 필요해 보인다. 이수련(2000: 63)에서는 이를 다음과 같이 정리하였다.

〈표 2〉 생성문법이론과 인지언어학의 비교

모델 / 시점	생성문법이론	인지언어학
대상영역	언어능력	언어운용
판정	문법성	용인가능성
접근방식	모듈적	연속적 전체
기능형태	자율적	연속적 · 통합적
목표	보편문법의 형식적 명시	의미와 형태의 유기적 관련성
추론법	연역적 · 비문맥의존적	귀납적 · 문맥의존적

위의 비교 내용을 들여다본다면 생성문법이론과 인지언어학에서 바라보는 관점의 차이를 보다 분명하게 확인할 수 있다. 그리고 오늘날 다양한 매체가 보급되고 의사소통의 양상이 구두 언어와 문자언어의 경계를 허물고 있다는 점을 감안한다면 상생적 의사소통은 인지언어학에서 보이는 특성에 보다 가깝다고 하겠다. 다만 상생적 의사소통 또한 국어 능력의 범주에서 다루어야 하는 만큼 특정 언어학에 국한된 형태의 논의보다는 통합적 차원에서 바라보는 것이 바람직할 것이다. 이에 대한 구체적인 논의는 뒤에서 자세히 다루도록 하겠다.

아울러 Chomsky로 대표되는 생득론적 관점과 Lakoff로 대표되는 인지주의적 관점의 언어학은 완전하게 상반되는 견해인가 하는 의문을 가질 필요가 있다. 하치근(2010: 9-14)는 생득론자의 관점과 인지주의적 관점, 그리고 상호의존적 관점 세 가지를 제시하였다. 먼저 생득론적 관점에서 볼 때 어린이가 언어 습득을 하는 일이 단순한 모방과 반복의 습관 형성에 의한다고 보기에는 너무 많은 경우의 수를 구성하여 사용한다는 점에 주목하였다. 그러므로 행동주의적 접근 방법으로는 언어 발달의 창의성과 보편성을 설명하기에는 설득력이 약하다고 본 것이다. 반면 인지주의자들이 볼 때 언어 현상 가운데는 아직 규칙이나 원리로 설명할 수 없는 예들도 많이 있는데, 생득론자가 문법 규칙만을 지나치게 강조함으로써 의사소통을 위한 언어 사용을 소홀히 했다는 지적을 하였다. 이를 통해 인지주의적 접근 방법은 인지 발달이 언어 발달보다 앞선다는 관점을 취했다는 점에서 그 의의를 찾을 수 있다.

한편 언어와 사고가 서로 상호작용한다고 보는 상호 의존적 접근에서는, 초기에 사고가 언어를 앞서지만 그 뒤부터는 언어의 역할이 강화되기 때문에 언어가 사고에 영향을 미치는 관계로 발전한다고 생각하였다. 구체적으로 Vygotsky와 Luria의 상호작용설을 언급하며 언어능력과 인지능력의 상관관계를 밝혔다. 문제는 인지주의적 관점 또한 사회적 환경의 영향을 받는다고 보기 때문에 Vygotsky · Luria의 견해와 확연하게 구분할 수 있는가 하는 점이다. 이수련(2000: 60-70)에서도 언급하듯이 경험론적 언어관이 생성문법의 언어관과 가장 첨예하게 대립하는 지점은 사람의 지식이 생성문법이 설명하는 생득설에 따라 얻어지는 것이 아니라, 환경과의 상호작용을 통해서 인간이 주체적으로 획득하는 여러 가지 종류의 경험적 상황에 의존한다고 하여 '상호작용'을 강조한 것이다. 또한 인지언어학에서는 자연 환경, 사회 · 문화적 환경을 중시해서, 그들과의 상호작용뿐만 아니라 계통적인 상호작용, 곧 진화론적 시점까지를 포함한 큰 흐름이 '상호작용'이라고 강조하여 오늘날 논의되고 있는 생태학의 기본적 전제를 모두 포괄하고 있는 것처럼 말하고 있다. 그렇다면 인지언어학은 Chomsky의 생득론과 대척점에 서 있는 것이 아니라, 이를 포함하여 Vygotsky와 Luria의 상호작용설의 단점까지 보완한 것이라고 할 수 있을 것이다. 그리고 이렇듯 상호작용을 바탕으로 하는 인지언어학의 포괄적 관점은 상생적 의사소통을 논의하는 데에도 많은 이론적 토대를 제공해 준다.

그렇다면 우리가 관심을 갖고 있는 인지언어학 이론에는 어떤 한계가 있는지도 검토해 볼 필요가 있다. 인지언어학은 장영준(2000: 194)에서 언급한 언어 습득에 따른 창조성을 설명해 줄 수 없다는 문제점 등 해결해야 할 과제들이 보인다. 언어에서 가장 뚜렷하게 나타나는 인간 행동의 양상 중 하나인 창조성은 자극과 반응이라는 학습만으로 절대 설명할 수 없는 현상이라는 점에서 한계에 대한 해명이 필요하다. 또한 이를 오늘날 학교에서 문법교육을 비롯한 국어교육 일반에 단순 적용한다면 적지 않은 문제점도 예상된다. 언어가 시대 혹은 관계의 상호작용에 따른 경험에 영향을 받는다는 점은 인정하더라도, 이를 전적으로 수용한다면 언어 혹은 문법의 체계나 규정들은 그 영향력이 미비해질 수밖에 없을 것이다. 특히 Chomsky의 생득적 언어능력을 우리는 이미 교육 현장에서 어느 정도 인정하고 있으며, 그렇기 때문에 같은 나이 또래 집단에서도 이러한 언어능력이 돋보이는 학습자와 그렇지 않는 학습자들을 구분하기 위해 다양한 테스트 방식을 꾸준히 개발하고 있다. 그리고 이러한 교육 방식은 이른바 수월성 교육이라는 이름으로 평등교육의 보완책 역할을 자임하고 있는 것이 현실이다. 즉 수월성 교육 자체가 이미 개개인의 생득적 언어능력을 인정하고 있는 셈이다.

이렇게 볼 때 결국 여기에서 논의하려고 하는 상생적 의사소통 교육은 인지언어학의 장점을 취하면서도 수월성 교육이 아닌 평등교육의 장에서 구현될 수 있어야 하겠다. 앞으로 구체적인 접근을 하겠지만, 상생이라는 가치를 구현하기 위해서는 인간의 삶을 총체적으로 바라보고 그 속에서 지속적인 발전을 도모한다는 점이 전제되어야 한다. 즉 인간이 지닌 언어 능력 또한 생득적인 것이 아니라 교육을 통하여 지속적으로 성장할 수 있다는 믿음이 필요하다. 그리고 이러한 상생적 의사소통 능력은 권력이나 재력의 여부와 무관하게 사회의 구성원이라면 누구나 갖추고 있어야 할 기본적인 소양이어야 한다. 인간 의사소통을 단순히 언어적 정보를 주고받는 것으로 보지 않고, 사람들이 속한 사회적 관계 속에서 상호작용하며 그 과정에서 언어적 표현과 이해뿐만 아니라 인간 심리의 복잡한 과정을 거친다는 점을 강조한다면 더더욱 그러해야 할 것이다. 비록 오늘날 학습자를 둘러싼 환경 자체가 복잡다단해지면서 의사소통이 언어학만의 문제가 아니라 철학, 사회학, 교육학, 심리학 등 여러 분야가 공통의 관심을 갖는 통섭(通攝)의 학문으로 외연이 커지고 있지만, 그렇기 때문에 더더욱 상생적 의사소통 능력은 모든 학습자들이 두루 갖추어야 할 덕목이 되어야 한다. 이를 위해서는 아주 높은 수준의 지적 능력이나 복잡한 소통 과정을 요하는 국어교육이 아닌 보편적 교양인으로서의 세계 시민을 양성할 수 있는 의사소통 교육이어야 한다는 데 초점을 맞출 필요가 있다.[16]

1.3. '상생'과 '의사소통', 그리고 '상생적 의사소통'

서두에서 밝혔던 것처럼 이 연구에서는 그 동안 일반적으로 수용했던 '상생화용'의 개념을 국어교육적 관점에서 구체화하기 위해 '상생적 의사소통'으로 재개념화하여 논의하고자 한다. 이는 기존에 논의되었던 상생화용(相生話用)의 철학과 이론적 깊이를 계승함과 동시에, 오늘날의 환경 변화와 앞으로 전개될 국어교육 양상을 반영한

16 2011 개정 국어과 교육과정에서는 '건전한 교양인'과 '성숙한 교양인'의 양성을 지향한다. 이는 고등학교 선택과목 '국어 I, II'의 목표에 명시되어 있는데, 구체적인 내용에 대한 논의는 뒤에서 다루도록 하겠다.

필연적 절차라고 할 수 있다.

따라서 '상생적 의사소통'의 개념을 밝히기에 앞서 기존의 논의들을 살피고자 한다. 상생화용이라는 용어의 직설적 해석 이면에는 동·서양의 수많은 철학적, 종교적, 문화사적 가치가 자리하고 있다. 언어를 주고받을 때 단순한 정보전달이나 해석의 수준이 아니라 그 속에 잠재되어 있는 다양한 변인들을 고려하였기 때문에 소통의 양상이 매우 복합적인 중층성을 지니고 있는 것이다. 그러므로 상생화용의 의미를 보다 면밀히 들여다보는 과정은 이 연구의 핵심을 구성하는 토대가 된다.

먼저 최현섭(2004ㄴ: 181-190)에서 '상생화용'이라는 말은 '상생적 언어사용'이라는 뜻으로 붙인 이름이라고 하였다. 중국의 장파(張法) 교수가 한 말을 인용하여 "서로가 마주선 채 힘겨룸을 하면서도, 남의 힘을 제힘으로 받아와 주고, 또 내 힘을 남에게 은근슬쩍 전해 주어 그를 되살려 주는" 그런 언어 사용이라고 하였다.[17] 이러한 정의는 매우 거시적 차원의 논의로서 다소 추상적으로 다가오지만 메시지는 분명하게 전달하고 있다. 의사소통을 하는 두 대상(혹은 그 이상)이 서로의 차이점으로 인해 대립을 하면서도 소통의 주도권이 어느 한 쪽으로 치우치지 않고 유지되는 것, 그 속에서 자신의 이익과 상대방의 이익을 동시에 추구하는 방식이 바로 그것이다.

최영환(2005: 384-388)은 '상생화용'이라는 용어를 재검토하는 과정이 선행되어야 한다고 밝히면서 용어의 타당성을 분석하였다.[18] 이

---

17 최현섭(2005)에서는 이에 대한 구체적인 내용으로 '진실한 언어 사용', '상대 존중 및 배려', '의미의 생성' 등을 언급하였는데, 이들의 속성은 뒤에서 보다 자세히 논하도록 하겠다.

18 여기에서는 최현섭(2004)의 논의를 언급하면서 '상생화용'이라는 용어 자체가

와 함께 '상생화용'이 지닌 의미가 언어학의 하위 분야가 아니라 기존의 언어학과 철학에서 지원을 받지만 그에 속하지 않고 새로운 국어교육의 방향을 주도할 국어교육 고유의 철학으로 자리 잡아야 한다고 역설하였다. 최영환(2005)에서는 '상생'을 '둘 이상의 개체가 일정한 관계에 서야 하고, 그 관계는 서로 돕고 살리는 것'이어야 한다는 점에서 "둘 이상의 사람이 일정한 관계에 서서, 서로 돕고 살리는 언어 행위를 한다"로 정의하였다. 그리고 '화용'은 '상황과 맥락 속에서 언어 사용자가 서로 상호작용하면서 특정 항목을 선택하여 의사소통하는 것'으로 그 의미를 구체화한 점이 가장 두드러진 특징이라고 할 수 있다.[19] 한편 최영환(2006: 251-253)에서는 기존의 화용론이 언어 사용에 대한 객관적인 사실을 드러내는 데 목표를 두었다는 점에서 기술언어학적 특성을 보였지만, 상생언어 연구는 언어를 사용하되 상생적으로 해야 한다는 대전제를 실현하는 것이 목표이기 때문에 객관적 사실을 밝히기보다 언어 사용의 방향을 제시하고 언어 사용의 문화를 가꾸기 위한 '실천지향적', '목표지향적' 연구가 되어야 한다고 주장하였다.[20] 이러한 논의는 최영환(2005)의 연장선에

학문적 정체성과 대중적 전파력 면에서 이미 충분한 자격을 갖추었다고 평가하였다.

19 최영환(2005)에서는 이러한 정의를 바탕으로 '상생화용'이 지니고 있는 의미를 다음과 같이 추출하였다.
① 둘 이상의 객체가 필요하다.
② 각 개체 사이에는 일정한 관계가 있다.
③ 이 관계는 서로 돕고 살리는 것이다.
④ 의사소통을 목적으로 한다.
⑤ 상황과 맥락 속에서 역동적으로 이루어진다.
⑥ 언어와 언어 외적 요소를 모두 포괄한다.

20 최영환(2006)에서는 상생언어 연구는 상생적 언어 사용의 사례를 발굴하여 일정한 특성을 파악하여 체계적으로 정리하는 것이면서, 동시에 상생적 언어 사용을 가르치기 위한 구체적인 방안을 탐색하는 것이어야 한다는 점을 강조하였다.

서 조금 더 논의의 폭을 확장하여 언어 문화 개선으로 나아가려 했다는 점에서 많은 시사점을 준다. 하지만 큰 틀의 방향성을 제시하고 있다는 의의와 더불어 구체적인 개별 실천적 내용을 제시하는 데에는 이르지 못했기 때문에 보다 면밀하게 상생과 화용의 가치를 찾는 것은 다소 어려움이 따른다.

이러한 점에서 최인자(2006)의 연구는 상생화용이 지닌 소통의 구체성을 탐구한 것으로 주목할 만하다. 여기에서는 소통을 '조직화되고, 의도적이며, 상호 영향적이고, 상호인지 가능한 행위와 경험'으로 정의하면서 소통의 역동성, 창조성, 상호성, 의도성 등을 강조하였다. 특히 소통은 발신자의 '정보'나 '메시지' 전달의 행위를 넘어서 소통 주체들끼리 의미를 끝없이 교섭, 생산, 재창조하는 과정이기 때문에 소통의 상호 교섭은 매우 중층적이고 다양한 차원에서 이루어진다고 하였고, 그 속에서 상생화용의 가치를 찾는 것이 중요하다고 역설하였다. 이러한 최인자(2006)의 논의는 '상생화용'을 화두로 삼고 있지만 결국 상호 교섭의 의미를 보다 면밀하게 살폈다는 점에서 가치를 지닌다. 의사소통에서 가장 중요한 현상으로 삼고 있는 상호 교섭이 중층적으로 발생하며 이들의 중층성을 구체적으로 밝히는 것 자체를 의사소통 교육의 방향성으로 보았기 때문이다. 그리고 이러한 과정에서 상생화용이 들어올 수 있다고 여긴 것이다. 상호 교섭의 양상을 살피는 속에서 '배려'나 '주의(attention)', '유연성'과 '진정성' 등 의사소통의 윤리적 가치를 상생화용의 덕목으로 부각시킨 것은 매우 흥미로운 성과라고 할 수 있다. 그동안 의사소통의 기술적

그러면서 의사소통의 형태를 ① 실질 목표 지향적 의사소통, ② 실질·상생 목표 지향적 의사소통, ③ 상생 목표 지향적 의사소통 등 세 가지로 유형화하고, 특히 상생 목표 지향적 의사소통 행위는 구체적인 의사소통 행위가 아니라 언어 문화의 차원에서 접근해야 한다고 주장하였다.

인 부분에 집중하고 있던 국어 활동 영역에 대하여 교육의 방향성을 바꾸고자 시도한 노력의 결과이기 때문이다. 다만 윤리적 덕목의 당위성과 더불어 이들의 구체적인 실천 방안까지 논의되지는 못했다는 아쉬움도 남는다.

위의 내용들을 바탕으로 '상생'과 '화용'의 의미를 논의해 보고자 한다. 첫째, '상생'은 '서로 돕고 살아간다'는 표면적 의미 이상을 지니고 있다. 서로 돕고 살아간다는 것은 의사소통의 가장 낮은 수준인 화자(필자)가 내용을 전달하고 청자(독자)가 내용을 이해할 수 있다는 범주에서 크게 나아가지 못한 것이다. 기존에 의사소통 교육이 가지고 있던 가치나 목표 역시 자신이 말하고자 하는 내용을 표현하고 상대방이 수용함으로써 결과적으로 원만한 인간관계를 형성하는 것이기 때문이다.

반면 '상생'이라는 화두에 담긴 의미는 이렇듯 원만한 인간관계 형성을 기반으로 하여 서로의 국어 능력뿐만 아니라 인성의 발전을 도모한다는 점에서 보다 진일보적이다. 의사소통이 구두 언어나 문자 언어로 단순하게 양분되었던 과거에는 지금처럼 소통의 양상이 복합적으로 나타나지 않았다. 하지만 소통의 방식이 복잡해지면서 예전에는 의식하지 못했던 부작용들이 속출하였는데, 대표적인 것 중 하나가 익명성에 의한 폐해이다. 익명성이 대중화된 계기는 인터넷의 보편적 사용으로 인한 사이버 의사소통의 확장이라고 할 수 있다. 문제는 이러한 익명성의 담보가 언어 사용에 있어 도덕적 기준을 무너뜨린다는 점이다. 익명성은 기본적으로 표현하는 사람의 과감성을 자극하며 이렇듯 과감한 표현이 지속되면 윤리적인 잣대는 그 기능을 상실하기 마련이다. 그러다보면 표현하는 내용의 사실 유무와 관계없이 상대방에 대한 온갖 비난과 흑색선전이 난무할 수밖에 없다. 인터넷이 보급된 이후 오랜 시간이 지났음에도 여전히 댓글 문화가 지닌 가장 큰 문제점을 익명성에서 찾고 있는 것은 이에 대한 부정적인 영향력을 엿볼 수 있는 대목이다.

이러한 소통의 방식에서는 원만한 인간관계 형성을 도모하기 어렵다. 사람이 관계를 형성한다는 것은 기본적으로 상대방에 대한 신뢰와 긍정적인 기대감이 있어야 하는데, 위와 같은 상황 속에서 소통 주체들이 서로를 독려한다는 것은 불가능하기 때문이다. 따라서 이러한 표현 관습을 개선하고 주체들이 올바른 성장을 할 수 있도록 만드는 데 '상생'의 가치는 매우 유용하다. '상생'에는 화자(필자)가 의사를 표현하는 것으로 그치지 않고 이를 통하여 상대방의 삶에 긍정적인 영향을 끼친다는 의미가 담겨 있다. 또한 청자(독자) 역시 내용을 받아들이는 데 머무는 것이 아니라 이를 바탕으로 다시 상대방의 인격적 성장을 꾀함으로써 역동적으로 상호작용하게 된다. 이렇게 본다면 상생의 가치는 온갖 부작용을 낳고 있는 현대 사회의 소통 구조에서 단순히 의사소통 능력 향상만을 목표로 하는 것이 아니라 궁극적으로 인성 함양을 추구한다는 점에서 훨씬 의미의 스펙트럼이 넓다.

둘째, '상생'이라는 것이 서로의 의사소통 능력 향상을 꾀하기 위해서는 일회적인 주고받음이 아니라 다양하면서도 지속적인 방법으로 교섭적 현상이 나타나야 한다. 이때 다양하다는 것은 소통의 유형을 의미한다. 단순히 면대 면의 소통만으로 논의를 한정짓지 않는다면 '상생'을 하기 위한 의사소통 유형은 매우 다양해진다. 두 사람 사이에서 이루어지는 면대 면의 방식은 물론이고 한 명의 발화 주체와 다수의 수용 주체, 다수의 발화 주체와 한 명의 수용 주체 등 많은 경우의 수가 발생할 수 있다. 또한 구어적 성격과 문어적 성격을 모두 가지고 있는 채팅 등을 통한 의사소통도 '상생'을 논할 때 반드시 언급해야 할 유형이라고 할 수 있다.

이와 함께 '상생'을 이룬다는 것은 지속적인 소통이 나타나야 한다는 점을 인식해야 한다. 아주 단순한 내용 전달이 목적이라면 일회적인 방식으로도 서로의 목적을 달성할 수 있을 것이다. 하지만 이렇듯 단순한 내용 전달의 양상은 '상생'이라는 화두를 접목시키기 어렵다. 물론 서로의 간단한 내용 전달을 통해 소통의 주체가 만족감을 얻게 된다면 그것 또한 작은 '상생'의 범주에 들어갈 수 있지 않느냐는 반론도 가능하다. 그러나 소통 주체 간 서로의 의미가 교섭하면서 내용이 축적되는 동안 역동성이 생겨나고, 이를 통해 국어 능력 향상을 도모하기 위해서는 일회적인 주고받음만으로 상생을 이루었다고 말하기 어렵다. 따라서 '상생'은 화자(필자)와 청자(독자) 사이에 소통하고자 하는 주제를 바탕으로 하여 상호 간 지속적인 피드-백이 이루어져야 한다. 이러한 지속적 상호작용은 한 번의 의사소통에서 이루어질 수도 있지만, 주제나 전달 방식에 따라 시간차를 두고 이루어지는 경우도 많다. 전자의 경우 대화 상황을 전제로 한다면 한 번 마주한 상태에서 서로의 내용을 여러 차례 주고받으면서 의미가 교섭되고 결과가 도출되는 것을 말한다. 후자의 경우 인터넷 댓글을 통한 소통을 예를 들면 하나의 이슈에 대해서 수많은 사람들이 오랜 시간 동안 의견을 달면서 의미 교섭이 이루어지는 형태를 들 수 있다. 심지어 누군가 달아 놓은 댓글의 내용에 이견을 보이는 글이 달리면 다른 사람들이 그 견해에 대해 자신의 생각을 표현하는 등 변형된 방식도 나타난다. 중요한 것은 의사소통의 횟수가 아니라 '상생'이라는 목적을 이룰 수 있도록 충분히 소통하고 교섭을 했느냐의 여부이다.

셋째 '상생'은 앞에서도 설명했던 것처럼 소통이 이루어지는 상황에서 화자(필자)와 청자(독자) 간 표현과 이해의 물리적인 균형이 동등하게 보장되어야 한다. 의사소통의 특성상 화자(필자)는 청자(독자)가 되기도 하고 다시 그 역할이 뒤바뀌면서 매우 역동적으로 이루어진다. 그리고 이러한 의사소통 양상은 일회적인 것이 아니라 지속적인 교섭 작용임을 언급하였다. 따라서 '상생'을 지향한다는 것은 의사소통의 참여 주체들이 자신의 생각을 표현함과 동시에 경청하는 속에서 담화를 형성하며, 서로를 견제하면서도 국어 능력 향상에 도움이 되는 모습을 의미한다.

그러나 교육과정이 지속적으로 개편되고 있는 오늘날에도 학교 현장에서 이루어지는 의사소통 관련 교육은 다분히 발화 주체 중심에서 벗어나지 못하고 있다. 과밀 학급의 문제점과 다양한 학습 자료 부재라는 정책적 한계점을 언급하는 것과 무관하게 표현 중심 교육의 풍토는 쉽게 바뀌지 않고 있는 실정이다. 그러다보니 듣기·말하기 통합 영역이라고는 하나 말하기 중심의 표현 교육으로 일관하고, 쓰기는 강조하나 읽기 교육을 통한 이해는 제대로 이루어지지 않는다. 그런 속에서 학습자들은 자연스레 다른 사람의 담화를 듣거나 읽기보다는 자신의 주장만을 표현하는 데 익숙해졌고, 이것은 일방향적 소통의 부작용을 가중시키고 있다.

올바른 말하기를 하는 데 있어서 기본적인 전제는 충실한 듣기가 선행되어야 한다. 국어교육의 영역 구분이 '듣기·말하기'로 통합되기 이전에 '말하기'를 우선하고 '듣기'를 뒤에 놓았던 제6차 국어과 교육과정 이후 '듣기'를 전면으로 배치한 것은, 인간 언어의 인지능력 발달과 더불어 듣기의 가치를 강조하는 방증이라고 할 수 있다. 따라서 이상적인 목표라 할지라도 '상생'을 지향한다면 표현의 양적인 기회 못지 않게 이해의 과정도 충분히 보장되는 교육이어야 한다. 다만 이때의 동등한 주도권 보장이란 물리적이고 기계적인 수치를 말하는 것이 아니다. 학습자 동료들의 의사소통이건 교사와 학습자의 의사소통이건 소통의 참여자들이 상대방을 배려하면서 충분히 경

청하거나 정독하고, 자신의 주장을 명확하게 전달할 수 있도록 기회를 보장받는다는 것을 뜻한다.[21]

지금까지 '상생'이 지닌 의미에 대한 고찰을 하였다면, 이와 함께 '화용'의 특성도 살펴볼 필요가 있다. '상생'을 실천하는 구체적인 방법론으로서의 의미가 강한 만큼 이에 대한 면밀한 검토가 이루어진다면 교육적으로 전이하는 데 용이하기 때문이다.

우선 '화용'의 가장 일반적이고 종합적인 의미는 언어의 사용 원리를 뜻하며, 언어의 사용에 동원되는 언어 기능 및 형식, 그리고 언어 사용에 참여하는 화자와 청자, 발화 상황과 언어 사용 목적에 따른 전략 등이라고 할 수 있다(박영순, 2013: 13-14).[22] 즉 '화용론(話用論, pragmatics)'이라는 분야는 기본적으로 언어학의 용어이며 말하는 이와 듣는 이, 장소, 시간 등으로 구성되는 맥락과 관련[23]하여 문장의 의미를 체계적으로 분석하려는 의미론의 하위 분야라고 할 수 있다.[24] 이는 언어학에서 화용론적 접근은 언어와 행위의 연관 관계,

---

21 이러한 상생적 의사소통의 양상에 대해서는 보다 세부적 필요충분조건과 이들 과정에 대한 천착이 필요하다. 뒤에서 구체적인 의사소통 역량과 실제에 대한 설명을 통해 보다 자세히 언급하겠다.

22 박영순(2013)은 '화용'이라는 용어보다 '화용론'이라는 학문적 영역에 깊이 접근한 논의다. 여기에서는 '화용론(話用論, Pragmatics)'을 그리스어의 'practikos(actions, conditions for action)'에서 온 용어로 규정하며 언어의 사용 원리를 연구하는 학문이라고 하였다.

23 박영순(2013)에서는 화용론에서 텍스트의 환경이 중요하다고 보고 B. Malinowski와 R. W. Firth의 'context of situation'의 네 가지 요소를 다음과 같이 인용하였다.

① participants in situation(대화 참여자)

② the actions of the participants(참여자들의 행위)

③ other relevant features of the situation(상황의 다른 해당 요소)

④ the effect of the verbal action(언어 행위의 결과)

즉 발화의 참가자, 참가자의 행위, 상황의 다른 요소(물리적, 사회적 상황 등), 언어 행위의 결과(칭찬, 비난, 요청 등)가 모두 상황 맥락을 구성하게 되는 환경이라고 하였다.

즉 언어-행위(speech-act)의 의미 이해에 초점을 맞춘다는 견해(백춘현, 2011: 176-177)을 통해서도 확인할 수 있다. 이러한 언어 행위는 말과 연관된 인간의 삶과 질서에 영향을 끼치게 되며 이것은 결국 언어의 사회적 사용과 기능에 관한 규칙으로 발전하게 된다.[25]

이 연구에서는 기존의 '상생화용'에서 '화용'이 지니고 있는 언어학적 의미가 '상생'을 도모하는 데 충분하지 않다고 보고 '상생적 의사소통'으로 다시 정의해 보고자 한다. 이는 '화용'의 의미를 투박하게 '말하기의 쓰임(국립특수교육원, 2009)'이라고 단순히 정의내리기에는 그 이상의 복합적 속성이 담겨 있기 때문이다. '상생'이 사전적 의미보다 다양한 맥락을 함의하고 있는 것처럼 '화용'이 가진 속성 역시 복합적 의미 양상으로 접근해야 보다 명확한 이해가 가능할 것이다.

오늘날 의사소통은 표현의 주체와 이해의 주체, 시간과 장소, 그 맥락 속에서 어우러지는 인간관계를 중시한다. 반면 화용은 말하는 이와 듣는 이의 관계, 효과적인 주제의 선택, 시간과 장소의 적절성 등과 관련한 규칙과 용법을 분석하고 정리하는 작업이 주된 관심사라 할 수 있다.[26] 물론 의사소통과 화용론의 의미적 중첩으로 인해

---

24 임지룡(2013)은 G. Leech(1983: 6)의 논의를 빌려 의미론과 화용론의 상호 관계를 '의미주의', '상보주의', '화용주의' 등 세 가지로 나눈 뒤 의미론 속에 화용론이 포함되는 입장을 지지하였다.

25 이창덕(1994)에서는 화용론을 국어교육 영역 가운데 기능 영역과 관련성이 높다고 전제한 뒤 이를 '미시적 관점의 화용론'과 '거시적 관점의 화용론'으로 구분하였다. 이때 미시적 관점의 화용론은 오늘날 의미론에서 말하는 화행의 특성과 매우 유사한데, 이는 화용론의 연구 영역이 지나치게 확대되거나 축소될 위험 때문에 언어 형식의 사용 연구(미시적 관점)에 치우쳤다고 하였다.

26 윤평현(2013: 293-295)는 화용론의 연구 분야를 ① 화자의 의미, ② 맥락 의미, ③ 말해진 것보다 많은 것을 의사소통하는 방법, ④ 상대적 거리의 표현 등으로 구체화시키면서 방법론과 규범적 측면을 강조하였다.

이 둘이 유사하다고 보는 시각도 있다. 이유미(2011: 34-35)에서는 화용이라는 것이 말의 쓰임을 연구한다는 측면에서 화용론 자체가 의사소통과 다르지 않다고 하였다.

하지만 인간 관계 중심의 의사소통론과 말의 기능을 연구하는 화용론은 완벽히 같은 것이라고 보기 어렵다. 화용은 의사소통 행위가 있어야 발생하는 것이기 때문에 의사소통에 의해 드러나는 발화에 대한 언어 이론이며, 의사소통이 근간이 되어 나타나는 언어 연구인 것이다. 즉 화용은 의사소통 주체들에 의해서 실제로 나타난 언어적 발화 자체가 논의의 대상이 된다. 화자와 청자가 지니고 있는 언어적 발화의 의미가 무엇이며, 맥락에 따라 어떻게 해석되는지 등을 밝히는 데 가치를 둔다. 표현된 발화 내용을 연구 대상으로 하다 보니 화자와 청자의 의미 양상을 분석하는 것이라고 해도 실질적으로는 화자의 표현에 논의가 집중된다.[27]

이러한 점에서 본다면 결국 화용은 의사소통을 효과적으로 하기 위한 방법론이라고 할 수 있으며, '상생'이라는 화두와 더 적절한 결합은 '화용'이 아니라 '의사소통'이 된다. 즉 '상생'이라는 가치가 말의 규칙을 만드는 화용에 중점을 두는 것이 아니라 소통 주체들의 관계성을 중시한다는 점에서, 그리고 이러한 관계성이 건전한 사회를 유지하는 데 기여한다는 점에서 '상생적 의사소통'이라는 용어를 사용하는 것이 보다 적합하다. 그 동안 사용했던 '상생화용' 역시 이러한 소통 주체들의 관계성에 큰 관심을 보였다. 소통의 규칙 자체보다

---

27 이유미(2011)에서도 화용론과 의사소통론의 청자 역할이 명확하게 구분되고 있다. 화용론에서는 청자가 단순히 '의미 해석자'에 머물며 화자가 담화를 주관하는 기능적 측면에 집중하고 있지만, 의사소통론에서는 청자를 의미 해석자, 제2의 화자, 발화문의 수용적 측면에서 의미 부여자, 발화문 효과성 결정자 등으로 확대하여 제시하고 있는 것이다.

주체들의 배려적 관계 형성이나 인성의 강조 등 일반적인 '화용'의 테두리를 뛰어 넘고 있었던 것이다. 결국 '상생적 의사소통'은 단순히 '화용'이라는 '쓰임의 양상'에만 국한하지 않고 상생을 이루기 위한 소통의 전제와 환경적 요소, 소통 주체들의 관계성 등을 두루 포함하고 있다. 또한 의사소통을 통해 나타나는 올바른 사회·문화적 현상까지 폭넓게 담고 있으며, 이는 기존 '상생화용'의 가치를 충분히 수렴한 것이다.

위의 논의에 대하여 조금 더 구체적으로 살펴보도록 하겠다. 쓰임의 양상에 초점을 둔다는 것은 어떠한 언어로 의사소통을 하는가, 어떠한 목적을 이루기 위해 의사소통을 하는가, 얼마나 많은 의사소통 참여자 간 텍스트의 주고받음이 이루어지는가, 어떠한 환경에서 의사소통이 이루어지는가, 의사소통 참여자들이 어떠한 심리적 상태에서 텍스트를 주고받는가, 어떠한 매체를 통해 의사소통을 하고 있는가 등등 매우 다양한 요소들이 고려 대상이 된다. 특히 오늘날 매체의 경우 단순히 음성언어나 아니면 문자 언어로 의사소통이 이루어지는가의 거시적 매체 수준을 넘어 이들을 어떠한 매개체를 통해 전달하고 피드-백하느냐가 매우 중요한 요소로 부각되고 있다. 미디어 매체의 발달과 환경 변화가 가져 온 이러한 현상은 다수가 생산의 주체로 나타나기도 하고 수용의 주체가 되기도 한다는 점에서 가변적이다.

위에서 언급한 내용들, 즉 '쓰임의 양상'을 화용에서 말하는 것이라면 '상생적 의사소통'은 이러한 쓰임의 양상을 둘러싸고 있는 다양한 사회·문화적 현상들을 분석하고 올바른 소통 주체의 모습을 정립함으로써 담화 주체들이 서로의 문화를 이해하고 상호 교섭하는 데 그 목적이 있다. 이것은 과거보다 발화 주체의 주도권만 더욱 강하게 부각될 수 있는 환경에서 인간이 올바른 윤리적 가치관을 가지고 관계를 형성하도록 만드는 소통의 가장 높은 단계이다. 소통의 주체들은 올바른 인성 함양을 지향하며 공동체 사회 속에서 자신의 발전뿐만 아니라 상대방의 의사소통 능력 향상에도 기여할 수 있어야 한다. 그리고 이러한 가치는 자연발생적으로 갖춰지는 것이 아닌 만큼 오랜 시간 동안 체계적인 교육을 통하여 체화해야 발현될 수 있다. 이렇게 볼 때 현장 교육이 학교 외적 변화를 따라가기 어려울 정도로 급격하게 바뀌는 사회 속에서 '상생적 의사소통'은 기술언어학적 차원의 접근이 아니라 그 자체로 인간이 의사소통을 할 때 나아가야 할 지향성이라고 하겠다.

지금까지 논의된 내용들을 기반으로 '상생화용'과 '상생적 의사소통', 그리고 '상생적 의사소통 교육'이 지닌 의미를 재개념화하고자 한다. 먼저 최현섭(2004, 2005)의 논의를 바탕으로 기존에 널리 사용되어 왔던 '상생화용'의 개념을 요약하면 다음과 같다.

> 상생화용이란, 화자가 청자에게 진실한 언어 사용을 바탕으로 상대방에 대한 존중과 배려를 하며, 이를 통해 의미를 생성하는 것이다.[28]

그 동안 논의되었던 '상생화용'은 소통 참여자 간의 관계 형성에 관심을 기울였지만 용어가 지닌 특성으로 인해 언어의 사용 양상, 즉 화용적 방법론에 많은 집중을 하는 것처럼 보인다. 의미의 생성을 교섭 작용으로 보고 있으면서도 '화용'의 특성이 화자 중심에 치우친 만큼 실효성 있는 교섭 상황을 보이기는 어렵다. 또한 오늘날, 그리고 앞으로 변화될 소통의 다양성을 예측하지 못했기 때문에 화

---

28 최현섭(2004, 2005)에서는 새로운 의사소통 모델로 '상생화용'을 제시하면서 그 특징을 ① 진실한 언어 사용, ② 상대 존중 및 배려, ③ 의미의 생성 등 세 가지로 구분하여 설명하고 있다.

자와 청자 등 다분히 듣기·말하기의 차원에서만 의사소통을 다루고 있는 것도 한계라고 할 수 있다.

이러한 점들을 보완하여 이 연구에서 말하고자 하는 '상생적 의사소통'의 개념은 다음과 같다.

> 상생적 의사소통이란, 사회·문화적 환경에서 소통의 주체들이 상생을 도모하기 위한 존중과 배려의 의미 교섭 작용이다. 이는 다양한 소통 방법으로 담화를 형성하면서 상호문화적 관계를 지향하는 역동적 의사소통을 말한다.

'상생적 의사소통'에서는 기본적으로 소통에 참여하는 표현 주체의 담화와 또 다른 참여자인 이해 주체의 피드-백을 하나의 과정으로 여긴다. 이 둘은 상황에 따라 주체의 성격이 언제든지 바뀔 수 있다. 따라서 각각을 분리하는 것은 표현에 치우쳤던 과거의 모습을 답습하는 것에 지나지 않는다. 소통의 주체들이 의미를 교섭하는 방식도 듣기·말하기에 국한되지 않고, 미디어 매체의 발달 등에 따라 매우 다양하게 이루어질 수 있다.

중요한 것은 소통의 방식을 인식하는 것과 함께 이러한 소통을 통해 상대방의 사회·문화적 특성을 이해하고 더불어 살아가는 태도를 갖추는 일이다. 이러한 소통 주체의 차이에 대한 이해를 상호문화성이라고 한다면 이것은 '상생화용'에서 강조했던 상대 존중 및 배려의 가치를 계승하는 것부터 시작한다. 그런 속에서 올바른 소통의 주체가 될 수 있도록 인지적 능력과 바람직한 인성을 갖추도록 하는 데 '상생적 의사소통'의 의의가 있다고 하겠다.

마지막으로 이 연구에서 '상생적 의사소통 교육'의 개념을 정리하면 다음과 같다.

상생적 의사소통 교육이란, 상생적 의사소통을 지향하면서 그 방법적 지식을 익히고 가치를 함양하는 교육을 의미한다. 이때 상생적 의사소통 교육은 국어교육 모든 영역의 종합적 발현이며, 소통의 주체들이 살아가는 학습 생태계 전반에 걸쳐 올바른 삶의 인격 형성에 기여할 수 있어야 한다.

지금까지 '의사소통' 혹은 '의사소통 교육'은 국어 기능적 측면에만 치우친 경향이 있었다. 이른바 '듣기 · 말하기, 읽기, 쓰기'의 차원 안에서 각각을 강조해보기도 하고 통합하기도 하는 등 다양한 변화를 모색하며 진일보한 모습을 보였다. 하지만 상생적 의사소통 교육은 단순히 국어사용 능력 향상만을 꾀하는 것이 아니라 삶의 질적 향상을 도모하는 것인 만큼 기능 영역의 테두리를 벗어나야 한다. 즉 기능 영역과 더불어 문법적 지식과 문학적 경험 등이 함께 교육되어야 비로소 온전한 상생적 의사소통 교육이 가능하게 된다는 것이다. 또한 상생적 의사소통 교육이 이루어지는 장(場)은 교실을 벗어나 학습 생태계 전반으로 확대시켜 바라볼 필요가 있다. 그런 속에서 올바른 상생적 의사소통 교육을 받은 학습자가 궁극적으로 원만하고 안정된 사회를 형성하는 데 기여할 수 있다는 교육적 신념이 전제되어야 한다.

이러한 개념 정의와 특성들을 바탕으로 '상생화용'과 '상생적 의사소통', 그리고 '상생적 의사소통 교육'의 내용을 도식화하면 다음과 같다.

〔그림 2〕 상생화용, 상생적 의사소통, 상생적 의사소통 교육

	상생화용	상생적 의사소통	상생적 의사소통 교육
영역	듣기·말하기	듣기·말하기, 읽기, 쓰기, 문법, 문학	영역 통합 교육
목적	상생 언어의 사용	상생적 소통을 통한 관계 형성	상생적 관계 형성을 위한 지식, 가치, 실천 교육
범위	화자와 청자의 삶	소통 주체의 삶	소통 주체가 속한 학습 생태계 전반에 대한 교육

1.4. 상생적 의사소통 교육의 전제

상생적 의사소통 능력은 학습자가 생득적으로 지닐 수 있는 범주의 것이 아니다. 전술했든 개인차는 있겠지만 이러한 능력은 학습 생태계 속에서 소통의 주체가 지속적인 교육을 통해 얻을 수 있는 것이다. 그러므로 상생적 의사소통을 보다 깊이 논하기 위해서는 이러한 교육을 효과적으로 실천하도록 국어교육 내 여러 가지 기본적인 전제들이 갖춰져야 한다. 상생적 의사소통이라는 것이 그 동안 전혀 없었던 방식이나 내용들을 새롭게 만들었다기보다는 인간이 소통을 하면서 지향해야 할 가치의 문제라고 했던 만큼 기본적인 전제들은 매우 중요하다. 그리고 이러한 전제들은 교육과정이나 국어과가 지니고 있는 이론적인 배경이 될 수도 있고, 학교 현장에서 상생적 의사소통을 위한 교수-학습이 원만하게 일어날 수 있는 환경적인 것도 있다. 상생적 의사소통 교육이 가능하도록 만드는 전제들을 보다 구체적으로 논의하면 다음과 같다.

국어과 교육과정 속 '듣기 · 말하기' 영역과 '쓰기' 영역, 또는 이를 심화시킨 '화법과 작문' 교과에서 각 영역의 고유성만을 부각시키기보다는 조금 더 실질적인 통합의 모습을 지향해야 한다. 그런 가운데 통합 문식성 교육이 이루어질 수 있도록 의사소통 교육의 방향성을 설정하는 것이 필요하다.[29] 그리고 기본적으로 교육과정은 국어 교과의 교육이 실제로 발생하는 가장 높은 수준이면서도 큰 지침이 된다. 김도남(2008: 10)에서도 수업 활동의 토대는 교과서이지만 그 교과서의 토대가 교육과정임을 명시하면서 국어과 수업에서 소통의 강화를 도모하려면 교육과정에서의 소통이 무엇보다 중요하다고 강조하였다. 의사소통과 관련한 교육 내용과 가치를 바탕으로 교과서가 제작되는 것이고, 이는 현장의 교사들에게 숙지된다. 그리고 교과서 내용을 숙지한 교사는 실제 교실에서 수업 시간에 학습자들에게 그 가치를 전달하게 된다. 문자 언어로 시작한 교육의 내용이 구두 언어로 학생들에게 전달된다는 특이점은 차치하더라도 궁극적으로 교육과정의 가치가 교사들을 통해 교수-학습되는 일련의 메커니즘은 숙지할 필요가 있다. 따라서 통합적 의사소통의 교육 내용을 체계적으로 구성하는 노력은 교과서로 구현하는 것보다 훨씬 중요한 사전 작업이라고 할 수 있다.

이와 함께 기능적 영역들을 제외한 다른 영역들, 예컨대 문법이나 문학 영역 또한 상생적 의사소통 교육의 범주와 연계시킨다는 관점을 직시하는 노력이 필요하다. 문법 능력은 기능 영역뿐만 아니라 국어 능력 일반에서 정확하게 사용하기 위해 가장 기반이 되는 요소

29 여기에는 기존의 문식성에 대한 인식이 읽기와 쓰기 중심에 치우쳐 있다는 비판에서 시작한다. 즉 전통적 인식에서 바라보는 문식성의 가치가 오늘날 복잡한 의사소통 상황을 모두 담아내기 어렵다는 문제의식을 반영한 것이다. 이에 대한 논의는 다음 장에서 보다 자세히 다루도록 하겠다.

로 인식되고 있다. 2007 개정 국어과 교육과정 이후부터는 텍스트 중심의 국어교육이 강조되면서 독립적인 문법 교육을 지양하고 한 편의 텍스트를 학습하는 과정 속에서 자연스럽고 실제적으로 문법 능력을 향상시킬 수 있도록 교육의 방향성이 바뀌었다. 여기에서 텍스트는 실용문일 수도 있고 문학 텍스트일 수도 있으며 담화 텍스트가 되기도 한다. 따라서 문법 능력은 강조하지 않아도 의사소통 능력에 이미 큰 영향력을 행사하고 있는 것이다.

문학 능력도 넓은 의미에서 상생적 의사소통 교육의 범주 안으로 들어와야 한다. 현재 국어과 교육과정을 이루는 영역 구분 중에서 문학은 독립적인 성격을 갖는 것처럼 보인다. 듣기・말하기, 읽기, 쓰기 등은 국어 기능이라는 틀로 묶이고, 문법은 위에서 말한 것처럼 보다 잘 표현하고 수용할 수 있는 기제로 작용한다는 점에서 의사소통과의 연결이 자연스럽다. 이에 반해 문학은 개별 교과로 존재하는 것도 그렇거니와 대학수학능력시험의 영역 구분 등에서도 드러나듯 현실 교육과정 속에서 독립적인 위치를 차지하고 있는 실정이다. 하지만 문학 텍스트를 통한 미적 언어 경험은 의사소통 교육에서 충분히 긍정적인 기여를 할 수 있다. '상생'이라고 하는 말은 소통 주체의 삶 전반과 관련된 것이기 때문이다. 그런 만큼 좋은 문학작품을 통해서 얻게 되는 가치관 형성이나 의사소통 상황에서 수려한 문학적 표현의 적용 등은 '상생적 의사소통'을 실천하는 데 유용하게 작용한다.

더불어 학습자들이 생활하는 환경에 대한 생태학적 인식 변화가 있어야 한다.[30] 상생적 의사소통 교육의 방향성은 교실 안과 교실 밖

---

30 생태학이란 인간이 중심이 되어 환경을 이용하려는 도구적 가치관에서 벗어나 인간과 환경이 조화롭게 어울리는 모습을 지향하는 철학이다. 이에 대한 논의는 뒤에서 구체적으로 제시하겠다.

의 이중적인 언어생활을 지양하고,[31] 학습자들에게 보다 실제적인 국어교육이 될 수 있도록 하는 것이다. 단편적인 언어 지식의 습득으로 끝나는 것이 아니라 의사소통 교육을 통해 인간의 삶 자체를 풍요롭게 만들도록 일조해야 한다. 이러한 의사소통 교육은 교사가 학습자를 교육하는 교실 환경만으로 국한되어서는 의미가 없다. 학습자들이 소통의 주체가 되어서 담화 상황을 형성하는 경우는 삶의 과정에서 매순간, 어떠한 방법이든 지속적으로 발생하기 때문에 교육의 경계를 구분하면 안 된다. 어찌 보면 교사가 교실 안에서 의사소통 교육을 하는 시간보다 교사가 부재한 여타의 상황들 속에서 소통 주체끼리 이루어지는 담화가 실질적인 가치를 지닌다고 볼 수도 있다. 그러므로 상생적 의사소통 교육에서 교수-학습이 이루어지는 모습은 단순히 교실 안으로 협소하게 바라봐서는 안 된다. 학습자들을 둘러싼 교실 안·밖의 생태학적 환경을 고려하여 의사소통 교육의 장을 넓히는 관점의 전환이 이루어져야 하는 것이다. 그런 속에서 학습자들이 다양한 사회·문화적 영향을 받게 되고, 상황을 결정하는 매체의 유형에 따라 의사소통 교육의 깊이와 폭을 넓힐 수 있게 된다. 한정현(2012: 213-214)에서는 이러한 교수-학습의 구조를 교실생태학으로 제시하였는데, 이를 발전시키면 다음과 같다.[32]

---

31 실제 학교 현장에서 국어과 관련 수업을 하면 학습자들의 이중적인 언어생활을 쉽게 관찰할 수 있다. 즉 수업 중에는 언어 예절이나 비속어 사용 금지, 상대방에 대한 배려 등 다양한 수업을 진행하지만, 정해진 교과 시간에만 적용될 뿐이다. 수업 시간이 끝나면 학습자들만의 언어 세계가 열리며, 그 속에 국어교육은 매장된 지 오래 되었다.

32 Bronfenbrenner의 생태학적 관점에 영향을 받은 김혜숙(2006)에서 변용한 것이다.

〔그림 3〕 상생적 의사소통 교육을 위한 학습 생태의 구조

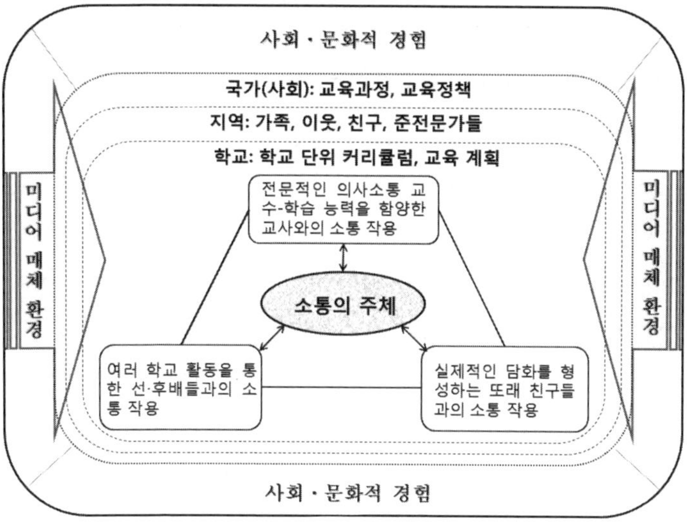

위의 구조에서 소통의 주체는 주변의 환경과 상시적으로 상호 교섭하는 역동적인 학습자라고 할 수 있다. 그리고 교실 안에서는 전문가 집단인 교사, 또래 집단인 또 다른 학습 주체와 관계를 형성하게 된다. 이렇게 교실 안에서 교수-학습되는 의사소통은 교실 밖에서도 이어지는데, 작게는 학습 주체의 가족 구성원들이 이에 해당하며, 넓게는 지역 사회의 준전문가[33]들 또한 소통을 나누는 대상들이 될 수 있다. 중요한 것은 상생적 의사소통 교육을 논의할 때 소통의 주체가 생활하고 있는 학습 생태는 사회 · 문화적 영향을 반드시 전

33 '준전문가'라고 하는 것은 전문가임을 증명하는 자격증은 없지만, 특정 분야에서 오랜 시간 동안 매우 익숙한 경험을 축적한 사람들을 말한다. 이러한 준전문가 집단은 나이의 많고 적음의 문제와 관계없이 학습 주체를 중심으로 매우 다양하게 존재한다. 예컨대 그림이나 노래, 춤 등을 꾸준히 배워서 다른 사람보다 월등한 경우도 준전문가라고 할 수 있으며, 컴퓨터에 관심이 많아 소프트웨어나 하드웨어 등을 남들보다 잘 다루는 경우도 이에 해당한다.

제해야 하며, 다양한 매체 환경의 기술적 변화에 따라 달라진다는 점이다. 결국 바람직한 상생적 의사소통 교육을 위한 환경은 외적인 담화의 상황에서 벗어나 유·무형의 요소들까지 기본적으로 확장시켰을 때 비로소 그 의미를 가질 수 있게 된다.

이렇듯 학습 생태의 구조를 인식하는 것과 더불어 꾸준히 병행되어야 할 과제는 학교 현장 교사들에게 연수를 통한 재교육을 하는 일이다.[34] 많은 국어교육 연구자들은 온갖 비난을 감수하고 보다 나은 교육과정을 만들기 위해 부단히 노력하고 있다. 그러나 아이러니하게도 현장에 있는 대다수의 국어 교사들은 교육과정의 내용 변화에 대해 무감각하다. 교육과정이 바뀌어도 교과서 안의 텍스트가 '정전'이라는 상징성 아래 유지되고, 학교에서 실시하는 시험 문제의 유형이 큰 변화 없이 지속되면서 교육과정의 취지와는 무관하게 기존의 교육철학을 고수하는 경우가 비일비재하게 발생하는 것이다. 그러다보니 개정 국어과 교육과정이 단위 학교에 배포되어도 연구를 병행하거나 특별히 관심을 보이는 몇몇 교사를 제외하면 기본적인 방향성조차 파악하지 못하는 상황도 쉽게 발생한다.

이러한 악순환은 의사소통 교육뿐만 아니라 국어교육 전반의 개선을 위해 노력한 연구자들의 시간을 무의미하게 만든다. 아무리 심

---

34 현장 교사들을 위한 재교육 연수가 과연 상생적 의사소통 교육을 위한 전제인가 하는 문제 제기가 나올 수 있다. 여기에서 말하는 전제는 상생적 의사소통을 가능하게 만드는 기본적인 분위기 형성이다. 그리고 상생적 의사소통의 가치를 직접적으로 가르치는 존재가 국어 교사라는 점에서 이들이 이에 대한 지식과 태도를 갖추고 있어야 한다는 것은 당연한 의무이다. 물론 준전문가 집단을 통해 다양한 의사소통 상황을 경험할 수 있지만, 상생적 의사소통 교육의 부담은 국어 교사들이 상당 부분 지게 된다. 이렇게 본다면 아무리 상생적 의사소통이 가능한 환경을 조성하고 텍스트를 확보했다고 해도 교사의 소양 없이 교육은 이루어지지 않는다. 따라서 현장의 교사들이 상생적 의사소통에 대한 교육을 받는 것은 그 가치를 구현하기 위한 기본 전제라고 할 수 있다.

혈을 기울여 유익한 교육 내용을 만든다 하더라도 일선 현장에 있는 교사들이 그 가치를 학습자들에게 교육하지 않는다면 아무 의미가 없기 때문이다. 따라서 이러한 문제를 해결하기 위하여 교육과정이 바뀌고 국어교육의 패러다임이 전환될 때 현장 교사들의 재교육이 절실히 요구된다. 지금은 교사들의 자발적 참여를 통해 재교육 연수가 이루어지고 있지만 그 실적은 매우 미비하다. 교사들의 재교육은 상생적 의사소통 교육의 가치가 무엇인지, 이러한 가치가 오늘날 왜 필요한지, 이러한 가치를 교수-학습하려면 어떠한 준비가 필요한지 등에 대해서 알리는 가장 적극적인 방법이다. 상생적 의사소통이 무엇인지를 국어교육의 최전선에 있는 주체들에게 모두 전달할 수 있어야 그 교육도 가능한 것이다. 아무리 좋은 패러다임을 만들어낸다고 하더라도 학습자들이 직접적으로 수용할 수는 없는 만큼 교수의 주체인 교사들의 역할은 그만큼 중요하다. 그리고 이러한 재교육 연수는 기성세대 국어 교사와 젊은 국어 교사들 사이에서 교육적 방향성에 대한 간극을 좁히는 데에도 일조할 수 있을 것이다.

2. 국어교육 제반 환경 변화와 상생적 의사소통 교육의 필요성

2.1. 생태학과 상생적 의사소통의 상관성

서두에서 언급했던 것처럼 상생적 의사소통의 가치를 구현하는 데 있어 동양과 서양의 사유 방식과 더불어 깊이 조명해야 할 철학적 배경으로 생태학을 들 수 있다. 오늘날 국어교육 전반에 영향을 미치고 있는 사회적 구성주의[35]와 함께 학습자들이 환경 변화에 조금 더 탄력적으로 대응할 수 있는 바탕을 생태학으로 보았기 때문이다.

이에 따라 생태학의 담론이 지니고 있는 기저가 국어교육의 어떤 점을 발전시킬 수 있는지, 그리고 상생적 의사소통 교육을 실천하는데 어떻게 기여할 수 있는지 고찰해 보도록 하겠다.

생태학과 상생적 의사소통 교육의 접점을 알기 위해서는 생태학의 지향점과 상생적 의사소통 교육에서 근간으로 여기는 부분이 무엇인지를 살펴볼 필요가 있다. 이 둘의 속성에서 교집합의 여부를 찾으면 생태학이 새로운 의사소통 교육의 기저 이론으로 자리 잡을 수 있다는 사실을 확인하는 좋은 근거가 된다. 따라서 생태학의 발전 과정[36]과 이것이 의사소통 교육에 끼치는 영향을 살펴보고, 한 걸음 더 나아가 상생적 의사소통 교육과의 연관성을 탐구해 보도록 하

---

35 임성규(2001: 7)은 '지식'에 대한 인식의 관점에 따라 지식을 외적인 객관적 실체로 보는 '객관주의'와 인식 주체의 주관에 의해서 구성된다고 보는 '구성주의'로 나뉜다고 하였다. 그리고 구성주의는 다시 지식을 구성하는 '방법'에 따라 개인의 인지 체계를 강조하는 '인지적' 구성주의와 사회적 상호작용을 강조하는 '사회적' 구성주의로 나눌 수 있다고 정리하였다. 이와 함께 구성주의가 국어과 영역에 구체적인 영향을 끼쳤다는 점은 원진숙(2001)과 박영민(2005)의 연구를 통해 보다 면밀하게 살필 수 있다. 원진숙(2001: 88-92)에서는 구성주의 이론이 제5차 교육과정기 이후 지배적 담론으로 자리 잡게 되었다고 말한다. 박영민(2005: 232-235)는 사회 구성주의 학습 이론을 보다 중시하며 이를 통해 이루어지는 수행평가가 학습자들의 '실제발달영역'의 향상을 도모할 수 있다고 주장하였다. 교육과정이 바뀌면서 인지 구성주의 이론이 지나치게 개인적인 의미 구성에만 초점을 맞춘 나머지 표현이나 이해 교육이 이루어지는 구체적인 사회·문화적, 상황 맥락을 간과했다는 비판이 제기되었다. 이에 따라 오늘날 국어교육의 학습자들은 환경과 역동적으로 상호작용하면서 자신의 국어 능력을 향상시킬 수 있도록 노력해야 한다는 점에서 사회적 구성주의가 지닌 가치를 수용하고 있다(김혜숙 외, 2014: 155-157).

36 생태학 전반에 걸친 논의는 박이문(2001), 박인기(2003, 2009), 노상우(2003), 정영희(2006), 최현섭 외(2007) 등에서 꾸준히 제기되고 있다. 여기에 동양적 생태학을 주장했던 박희병(2005)의 논의를 더하면 그 내용은 보다 풍부해진다. 다만 2000년을 전후해서 전개된 생태학은 일반론적인 범주였고 이를 토대로 하여 국어교육에서 주목했던 내용들은 수행평가가 전면적으로 도입되었던 7차 국어과 교육과정의 시기와 비슷하게 전개된다.

겠다.[37]

먼저 생태학이 가지고 있는 특성과 지향하는 바를 논의해보자. 김윤옥(2005: 34-37)의 견해를 빌리면 생태학의 발전을 다음과 같이 설명할 수 있다. 생태학은 1866년 독일의 동물학자인 Ernst Haeckel에 의해서 새로운 용어로 만들어졌는데, 동물학이나 식물학 같은 보편적인 용어처럼 보다 적절하게 사용하기 위하여 생물학이라는 제한된 의미의 대체어로 생태학이란 단어를 도입하였다. 그 후 1960년대 환경에 대한 위기의식이 광범위하게 퍼지면서 생태학의 가치가 대중에게 급속도로 전파되었고, 환경과 인간 및 다른 생명체와의 관계를 규명하기 위한 적합한 지침으로 널리 받아들여지게 되었다.[38] 한승희(2000: 11-13)은 McIntosh의 생각을 인용하여 생태학적 사고는 세기말 시대정신의 변화이며 조직과 공동체, 그리고 사회 안에서 일어나는 인간 행동 일반을 바라보는 사고방식의 전환이라고 주장한다. 결국 학습이라는 것을 인간의 생존과 발달을 위한 필수적인 생명 과정으로 이해한 뒤, 학습 생태계라는 개념을 인간이 학습을 통하여 육체적이고 정신적인 생존과 발달을 지속시켜 나가는 방식으로 이해하려는 시도라고 본 것이다. 이러한 견해들을 바탕으로 김윤옥(2005: 36)은 생태학적 패러다임에서 존재의 의미는 개체 자체에서 나오는 것

---

37 한정현(2012: 207-208)에서 논의했던 내용을 상생적 의사소통 교육에 적용할 수 있도록 수정하였다.

38 생태학은 하나의 통일된 사고 체계나 이론이 아니며 학문의 근원과 영역을 확실히 규정하기 어렵다. 그 출발이 비록 과학 영역이었다 할지라도 '생태학'이 함의하고 있는 범주의 특성상 인문학 전반에 걸쳐 두루 적용되고 있기 때문이다. 생태학을 지나친 '이성만능주의'에 대한 반성에서 찾는다면 이는 생물학적 의미와는 또 다른 담론 범주를 형성하게 된다. 요컨대, 생태학은 '생명성'을 가진 주체가 주변 환경과 어떻게 유기적인 관계를 형성하느냐에 주안점을 둔다. 따라서 여기에는 과학을 기반으로 하는 교육공학적 요소와 인문학적 바탕을 둔 철학적 요소가 총체적으로 담겨져 있다.

이 아니라 개체 간의 관계에서 나오는 것이라고 보기 때문에 언제나 전체의 맥락적 관계를 중시한다고 하였다. 따라서 생태학을 생물 유기체가 자신을 둘러싸고 있는 사회, 환경과 상호작용하면서 자신의 생존과 적응을 영위하는 양상에 대해 연구하는 학문으로 정의하였다.

이렇게 생태학 전반의 특성을 살폈다면 그 담론을 어떻게 의사소통 교육의 영역으로 가져올 수 있는지에 대한 고민이 필요하다. 생태학 자체가 매우 거시적인 담론인 만큼 국어교육 안에서 논의할 수 있는 범주를 설정하는 것이 요구되기 때문이다. 이를 살피기 위해 생태학과 국어교육의 접목을 시도했던 기존의 연구 성과들을 살피면 다음과 같다.

우선 곽춘옥(2003: 6-17)은 교수-학습과 평가가 함께 이루어져야 한다는 패러다임 중 하나가 생태학이라고 말했다. 생태학적 평가 패러다임의 가장 핵심적인 내용은 평가 자체가 교실 생태계의 한 부분으로서 진행 중인 교수-학습 과정과 통합적으로 이루어진다는 점을 강조한 것이다. 따라서 바로 '지금 여기'의 교수-학습 과정에서 실제로 할 수 있는 것이 무엇인가를 일차적 평가의 대상으로 삼되 그 수행의 결과물뿐만 아니라 과정까지도 함께 평가함으로써 평가를 학습의 주요한 도구로 활용한다고 하였다. 신헌재(2010: 222)에서는 수행 과제부터 학습자의 실제 언어생활과 밀접한 연관성을 맺어야 하며, 학습자 자신의 언어생활을 개선하는 데 기여해야 한다는 점을 역설하였다. 김윤옥(2005: 45-47)은 생태학적 듣기·말하기를 언급하면서 학습자들의 실제 언어 환경을 중요시하였다. 즉 듣기·말하기가 이루어지는 문화나 사회 환경 등 주변 요소들과 유기적 관계를 중시하지 않으면 제대로 발전하고 유지되기 어렵다는 점을 주장하며 학습자의 수준에 맞는 수행 과제가 주어져야 한다는 점을 강조하였다. 원진숙(2003: 145-148)은 생태학과 관련하여 국어과 평가의 원리 중 '통합성의 원리'와 '개별화의 원리', 그리고 '대화성의 원리'를 언급하면서 역동성과 연속성, 의사소통의 확장을 강조하였다.[39]

한편, 상생적 의사소통 교육을 생태학과 연관시키기 위해서는 생태학의 특성 상 태도와 관련된 고찰이 필요하다. 생태학이 지식만을 추구하는 것이 아니라 학습자가 속해 있는 삶 자체를 중요시 여긴다는 점에서 인간의 정의적 영역과 깊이 맞닿아 있기 때문이다. 의사소통이라고 하는 담화 행위가 인간이 살아가는 생태계 환경 속에서 끊임없이 이루어지고 있는 현상이기 때문에 기본적으로 어떻게 의사소통을 할 것인가도 중요하지만, 어떠한 태도로 의사소통 행위에 임할 것인지도 매우 심도 있게 살펴야 한다.

이러한 점들을 고려한다면 생태학이라는 담론이 의사소통 교육에

---

39 이 밖에도 평가의 전반적인 영역을 생태학과 결합시켜 논의한 이론은 Marry Jett-Simpson 외(원진숙 역, 2004: 25)의 주장을 살펴볼 필요가 있다. 여기에서는 수행평가와 유사한 평가 유형으로 '생태학적 평가(Ecological Assessment)'라는 용어를 사용한다고 하였으며 그 특징을 다음과 같이 정리했다.

- 생태학적 평가는 진행 중인 수업의 일부로서 학습자의 문식적 환경 안에서 이루어진다.
- 생태학적 평가는 실제적인 문식성 자료들의 활용을 필요로 한다.
- 생태학적 평가는 실제적인 문식성 과제 수행을 필요로 한다.
- 생태학적 평가는 시간을 두고 이루어지는 학생의 문식성 성장과 발달에 주목한다.
- 생태학적 평가는 학습자의 반성 및 자기 평가 과정에의 참여를 필요로 한다.
- 생태학적 평가는 읽기 쓰기 과정에 대한 교사의 전문적인 지식을 필요로 한다.
- 생태학적 평가는 문식적 학습 과정에 대한 기술을 필요로 한다.
- 생태학적 평가는 교사와 학습자의 협력을 필요로 한다.
- 생태학적 평가는 다양한 맥락 안에서 이루어지는 다양한 문식성 학습 평가를 요한다.
- 생태학적 평가는 교수와 평가의 통합을 요구한다.
- 생태학적 평가는 읽기, 쓰기, 그리고 학생의 학습에 대한 앎 속에서 이루어지는 변화에 대해 역동적이면서도 수용적인 태도를 지닌다.
- 생태학적 평가는 교사와 학생의 개인차를 수용할 수 있도록 설계된다.

기여하고 있음을 충분히 확인하게 될 것이다. 그리고 이러한 정의적 요소의 특징 중에는 윤리성이 매우 두드러진다.[40] 이러한 윤리성을 '상생적 의사소통 윤리'라 칭하고 생태학과의 연관성을 살피도록 하겠다. 이에 따라 상생적 의사소통과 생태학과의 연계성을 증명하기 위해 상생적 의사소통이 지향해야 할 윤리적 특성을 논의해 보면 다음과 같다.[41]

먼저 상생적 의사소통 윤리는 사회적 관계성을 지향한다. 박영민(2009ㄴ: 203-204)에서도 쓰기 윤리의 특성으로 의사소통 자체가 사회적 관계 속에서 실현된다는 점을 밝혔지만 그 양상이 조금 다르다고 할 수 있다.[42] 쓰기 윤리에서의 사회적 관계는 필자가 예상하는 독자나 텍스트들, 사회·문화적 맥락, 담화 공동체의 규범 등과 복합적으로 상호작용한다는 점을 강조하였다. 반면 상생적 의사소통 윤리에서는 화자와 청자를 예상하여 상황이 설정되는 것이 아니라 면대 면으로 이루어지는 만큼 사회적 관계성이 쌍방향적으로 이루어진다. 즉 사회적 상호작용의 휴지기가 매우 짧거나 없는 가운데 관계가 형성되는 것이다.

또한 상생적 의사소통 윤리는 즉시적이면서도 지속적인 특성을 지니고 있다. 즉 담화를 형성하는 과정에서 고민의 결과 발현되는

---

40 이러한 윤리성을 능력의 범주에 넣는다면 오늘날 국어교육에서 가르쳐야 할 요소들이 분명해진다. 물론 상생적 의사소통 능력의 하위 요소들에 대해서는 보다 세심한 고찰이 필요하다. 여기에는 앞에서 언급한 다문화적 성찰도 필요하며, 기본적인 의사소통 윤리 전반에 대한 논의도 있어야 할 것이다. 이에 대한 언급은 생태학 논의에 이어서 구체적으로 다루도록 하겠다.

41 한정현(2014: 794-797)의 논의를 상생적 의사소통 윤리에 맞도록 수정·보완하였다.

42 박영민(2009ㄴ)에서는 쓰기 윤리의 특성을 사회적 관계 속에서 실현된다는 점과 영역 특수성을 지닌다는 점, 그리고 교육을 통해 실현될 수 있다는 점 등으로 정리하였다.

것이 아니라, 자아 속에 내면화되어 있던 모습이 원활한 의사소통 상황 속에서 즉각적으로 오가는 것이다. 물론 구두 언어를 중심으로 하는 듣기 · 말하기의 경우 문자 언어에 비해 상대적으로 더 즉시적인 측면을 지닐 수 있다. 하지만 문식성의 의미 확장 등 학습자의 환경 변화에 따라 구두 언어나 문자 언어를 활용한 의사소통의 양상이 복잡해졌다는 점을 지속적으로 강조하고 있는 만큼, 즉시성과 지속성은 충분히 수렴할 수 있는 특징이라고 하겠다. 따라서 화자(필자)건 청자(독자)건 의사소통을 형성하는 담화 속에서 발화를 할 때마다 어떤 윤리 의식을 지녀야 할까를 매 순간 고민한다면 원만한 대화를 기대하기 어렵다. 학습자가 평소 가지고 있던 의사소통의 윤리성을 바탕으로 인지적인 능력이 자연스럽게 나올 수 있어야 체화된 것이라고 할 수 있다. 그렇기 때문에 상생적 의사소통 윤리는 짧은 커리큘럼으로 습득할 수 있는 것이 아니라 교수-학습의 연속성을 통해 자신의 능력으로 만들어야 한다.

이와 함께 상생적 의사소통 윤리는 주변 환경으로부터 밀접한 영향을 받는다. 여기에서 환경이라고 하는 것은 학습자가 주로 생활하는 교실이나 학교만을 의미하는 것이 아니다. 작게는 가정에서부터 나아가 지역사회 전반에 걸쳐 학습자가 관계 맺고 있는 환경들이 상생적 의사소통 윤리에 영향을 끼친다. 교실 환경의 경우에도 학습자와 교사가 일방향성을 지향하는 전통적 교실의 모습인가, 아니면 교과교실의 변형 등을 통하여 상호소통을 추구하는 형태인가에 따라 의사소통 교육의 방향성이 달라지는 것이다. 즉 학습자가 어떠한 환경에서 담화 내용을 주고받느냐에 따라 그 의사소통의 방향성이나 내용 등이 달라지기 마련이며, 이는 자연스럽게 윤리적 측면으로 이어지게 된다. 자신이 처한 환경에 적응하면서 발화의 주체가 되느냐, 혹은 수용의 주체가 되느냐에 따라 취하는 태도가 달라지는 것이다.

따라서 다양한 환경과의 관계맺음과 유기적이고 체계적인 연계는 학습자가 상생적 의사소통 윤리를 형성하는 데 있어 매우 중요한 조건이자 특징이라 할 수 있다.

이제 위에서 언급한 윤리적 특성과 생태학이 어떻게 관계를 맺고 있는지 조금 더 구체적으로 살피도록 하겠다. 상생적 의사소통 윤리의 특성을 핵심적으로 요약하였을 때 이를 '관계성'과 '즉시성 및 지속성', 그리고 '환경과의 조우'라고 명명한다면 이러한 요소들은 생태학[43]의 특성과 맞닿아 있음을 확인하게 된다. 오만석(2011: 15-16)은 생태 사상의 중심 입장 중 하나가 세계를 살아 있는 생명체들 간의 상호 연결된 전체로 인식하려는 유기체적이고 전일적인 자연관이라고 하였다. 즉 학습자를 둘러싼 환경을 모두 유기체로 바라보고 이들과의 원만한 관계성을 강조하고 있는 것이다. 박육현(1999: 22-24) 역시 생태주의 언어학을 상호 의존되어 있는 관계에 대한 연구로 규정하고 언어의 지속적인 흐름과 변화 자체를 중시하였다. 학습자들 사이에서 일어나는 언어 사용 양상이 정적인 것이 아니라 역동적 언어학이라는 전제 하에 열린 시스템적 사고, 과정적 사고 등의 입장에서 접근하였던 것이다. 이창덕(2003: 5-6)은 언어 내적 요소들 간의 상호작용, 언어와 외적 상황 맥락과의 유기적인 관계, 언어 사용자의 환경과 인간관계, 언어 사용자가 속한 사회의 역사와 문화 등 다양한 요소가 고려되면서 언어교육이 이루어져야 한다는 것이 생태학적 언어교육의 입장이라고 하였다.

---

43 초기에는 유기체와 그 유기체를 둘러싼 외부 세계 사이의 관계에 대한 학문으로 시작되었으나(박육현, 1999: 20), 1970년대 이후 환경문제의 근원에 대한 논쟁이 생태학적 사유들의 분류를 가져옴에 따라 근본생태학, 사회생태학, 생태사회주의, 생태마르크스주의, 생태여성주의 등으로 나뉘게 되었다(이은정, 1999: 7-12).

한편, 이종흔(2011: 65-67)은 생태 윤리가 인간과 자연의 동반적 관계를 추구한다고 보았다. 생태 윤리적으로 볼 때 인간은 생명 공동체의 평범한 구성원이기에 동료 구성원과 생명 공동체에 대해 존중심을 가져야 한다는 것이다. 즉 모든 생명체는 상호 의존성이라는 연결망 속에서 서로 얽혀 있는 생태학적 공동체의 구성원인 만큼 이러한 생태학적 인식이 우리의 일상적 인식으로 다가올 때 새로운 생태 윤리가 출현하게 된다고 하였다. 결국 생태 윤리라는 것은 학습자 개인을 둘러싼 환경 제반을 생태학적으로 인식하고 그러한 삶 속에서 개인이 지켜야 할 도덕적 가치라고 말할 수 있다. 이러한 도덕적 가치는 다분히 학습자가 지속적으로 발전할 수 있는 정의적 측면의 특성을 말하며, 이와 함께 학습자가 주변 대인관계를 비롯한 생태적 환경 전반에 걸쳐 조화롭게 어울릴 수 있는 심정적 차원의 의미라고 하겠다.

요컨대 상생적 의사소통 교육은 단순한 언어 능력 향상을 목표로 하는 것이 아니라 인간의 삶 전반에 걸친 기술적, 문화적, 도덕적 성장을 도모한다는 점에서 생태학의 관점과 교집합을 보인다. 생태학은 학습자의 학습 생태를 바탕으로 교수-학습이 이루어지는 장(場)을 넓히고 사회라는 커다란 생태계와 유기적으로 조응하는 철학이다. 상생적 의사소통 역시 소통의 주체들이 담화를 형성하는 상황을 삶의 전 영역으로 확대하고, 다양한 환경 속에서 어떠한 사회 구성원으로 성장하느냐에 관심을 둔다.

이렇게 본다면 상생적 의사소통 교육은 생태학을 기반으로 하여 이루어질 필요가 있다. 특히 상생적 의사소통 교육에 내재하고 있는 윤리적 속성은 생태 윤리의 그것과 여러 가지 면에서 공통점을 갖는다. 소통의 주체(화자 · 필자)와 주체(청자 · 독자)가 상호 의존하면서 환경과 어우러져 살아간다는 점에서 특히 그러하다. 따라서 의사소통 담화를 이루는 주체와 주체는 기본적으로 생태학적 공동체의 구성원 중 하나라는 인식을 자각할 수 있어야 한다는 것이 상생적 의사소통 윤리의 기반이 된다. 그리고 이들 구성원이 효과적으로 상호 의존하면서 서로가 지속가능한 성장[44]을 도모할 수 있도록 노력해야 한다는 점 또한 상생적 의사소통 윤리의 기본 전제가 된다고 하겠다. 결국 생태 윤리가 함의하고 있는 내용은 의사소통 윤리가 지향하는 바를 담고 있다는 점에서 이후 상생적 의사소통 역량을 설정하고 실천 방안을 모색할 때 유용한 기저 이론의 특성으로 작용하게 될 것이다.

2.2. 다문화 사회로 인한 의사소통 교육의 변화

국어교육에서 의사소통 교육은 영역 통합을 지향하고 있으나, 기술적 통합 외에 이러한 과정이 왜 필요한가에 대한 근본적인 원인을 밝히는 데에는 아직 많은 논의들이 진행되고 있다. 따라서 국어교육을 둘러싼 다양한 환경의 변화를 살피는 것은 향후 상생적 의사소통 능력을 제시하고 논의하는 과정에서 가장 기본적인 바탕이 되는 만큼 중요하다고 할 수 있다. 여기에서는 상생적 의사소통 교육을 위해 필수적으로 점검해야 할 부분으로 다문화성이라는 화두에 주목하고자 한다.

당위적이지만 사회 구조가 복잡해지면서 의사소통 교육의 외연은 매우 확장되었다. 즉 학습자가 속해 있는 사회 환경 자체가 지역과

44 김혜숙 외(2014: 47-52)에서는 생태학을 기반으로 하는 이러한 능력을 '지속가능성 문해력'이라고 정의하였다. 즉 생태학이 지니고 있는 복합적인 인식론을 바탕으로 학습자의 사고능력을 교육적으로 개념화한 것이다. 특히 국어교육에서는 언어, 환경, 그리고 인간이라는 복합적인 관계성을 이해하고 이를 바탕으로 총체적인 소통을 할 수 있는 힘을 '지속가능성 문해력'이라고 하였다.

지역의 경계, 나아가 인종의 구분을 뛰어넘으면서 의사소통 교육이 담당하는 대상 자체가 커진 것이다. 그리고 의사소통 교육이 국어교육에서 보다 집중적으로 다룰 수 있는 분야라면, 자연스레 국어교육의 화두 역시 다문화성에 관심을 가질 수밖에 없다.

이러한 국어교육 제반의 변화에 발맞춰 문화의 다양성에 대한 연구는 최근 급격히 늘어나고 있는 추세이다. 이러한 현상은 이른바 우리 사회가 빠르게 '다문화 사회'로 진입하고 있는 것과 무관하지 않다.[45] 이처럼 다문화가정의 지원이나 정책에 대한 규모가 점점 방대해지면서 다문화 시대를 대비하는 국어교육적 차원의 연구도 활발하게 이루어지고 있다. 박영민 · 최숙기(2006)은 다문화 시대에 적합한 국어교과서 단원 개발을 고민하였고, 김혜숙(2012)는 다문화 시대를 대비하여 통합적 문법교육을 주장하였다. 원진숙(2007)은 다문화 시대에 맞는 국어교육의 역할을 모색하는 등 국어교육 전체를 조망하는 단계에서부터 세부 영역과 교재 구성 방향에 이르기까지 다양한 연구의 필요성과 시의성을 강조하고 있다(한정현 · 김혜숙, 2013ㄱ: 182-183). 특히 김혜숙(2012: 7-8)에서는 언어와 문화의 공통된 본질적 속성이 분열임을 강조하면서 단일 민족이라 할지라도

---

45 2013년 3월 12일자 교육과학기술부 보도자료(다름을 재능으로, 모두를 위한 다문화교육! 「다문화학생 교육 선진화 방안」 발표)에 의하면 '2011년 기준 초 · 중 · 고에 재학 중인 다문화학생(국제결혼 · 외국인가정자녀)은 총38,678명으로 전체 재학생의 0.55%를 차지한다고 밝혔다. 또한 초등학생이 74.1%(중 19.7%, 고 6.2%)이며, 학년이 낮을수록 인원수가 증가하는 양상이고 만 5세 이하 외국인주민 자녀가 모두 취학할 경우, 2014년에는 다문화학생이 전체 초 · 중 · 고생의 1%를 넘어설 것으로 예상된다고 하였다. 구체적으로 초 · 중 · 고 재학생 대비 다문화학생 비중은 ('07) 0.19% → ('09) 0.35% → ('11) 0.55% → ('13 예상) 0.87% → ('14 예상) 1.12%이고, 2011년 행안부 외국인주민자녀 통계는 만0세(16,428명) 만1세(17,304명), 만2세(16,607명), 만3세(15,584명), 만4세(10,775명), 만5세(8,844명)으로 집계되었다.

필연적으로 다문화를 이루고 있다고 한 점이 특징이다. 즉 기존의 다문화와 관련된 연구들이 대부분 해외 이주민이나 새터민들과 관련한 국적의 속성에 주목했다면, 위 논의에서는 같은 민족 안에서도 사회언어학적 측면에서 볼 때 문화의 다양성은 반드시 생겨날 수밖에 없다고 생각한 것이다. 이러한 주장은 다문화성의 외연을 매우 확대시킨 만큼 미래지향적 국어교육을 논의함에 있어 시사하는 바가 크다고 하겠다.

위에서 언급한 내용들을 토대로 하면 다문화 시대의 국어교육을 외국어로서의 한국어교육이나 혹은 국어교육의 한 분야로만 국한하지 않고 있다는 흐름을 찾을 수 있다. 즉 다문화를 국어교육 속에서 일부 할애하여 가르쳐야 한다는 소극적 시각으로 바라보지 않고, 국어교육의 방향성 자체가 다문화교육을 지향하고 있다는 점을 강하게 보여 주고 있는 것이다.

이에 따라 앞으로는 국어교육의 통합적 구현 속에서 어떻게 다문화 시대의 모습을 반영해야 하는지에 대한 성찰이 요구된다. 많은 연구자들을 통해 다문화시대에 맞는 국어교육적 방향성에 대한 모색이 필요하다는 기본적인 지식은 숙지할 수 있게 되었지만, 일반 대중의 높은 관심에 비해 아직 국어과에 적용되는 구체적인 실현 방안의 모색은 미비한 상황이다. 그러므로 다문화 시대의 확대가 피할 수 없는 현실이라면 이에 맞는 의사소통 교육의 면밀한 계획과 준비 등이 선행되어야 한다.

상생적 의사소통 교육과 다문화성과의 관계를 살피기 위해 이를 조금 더 구체적으로 들여다보자.[46] 먼저 국내에도 널리 알려진 다문

---

46 한정현 · 김혜숙(2013ㄱ: 185-188)의 논의를 상생적 의사소통 교육에 적용할 수 있도록 수정 · 보완하였다.

화학자 Banks(모경환 외 공역, 2008: 1-2)는 다문화교육 자체가 학생들의 삶에 중대한 변화를 추구하는 하나의 개혁운동이라고 하였다. 특히 다문화교육은 민족, 인종, 종교, 문화, 사회계급의 다양성이 국가의 자산을 풍부하게 하고, 시민들의 개인적 · 공공적 문제를 해결하는 방식을 증가시켜 준다고 가정하였다. Banks의 논의는 비단 다문화교육의 정의뿐만 아니라 다문화 현상과 세계시민교육의 방향 등 거시적 차원의 문제를 입문서 형식으로 다뤘다는 점에서 의미를 찾을 수 있다. 다만 근본적으로 다양한 인종이 함께 살아가는 미국이나 유럽 쪽에 초점이 맞춰져 있는 만큼 이를 우리나라의 교육 현실에 맞게 끌어올 수 있는 노력이 필요하다.

장인실(2003: 418)은 현 교육과정에 단순히 교과목을 첨가하거나 보충하는 수준으로 머물지 말고, 교육과정 전체에 다문화교육의 가치가 적용되는 것이 필요하다고 주장하였다. 즉 서로 다른 문화를 동등하게 인식하고 편견 없이 다양한 문화를 익히도록 지식과 태도, 가치 교육을 제공해야 한다는 점을 강조한 것이다. 이는 단순히 다문화교육을 피상적인 차원에서 언급하지 않고 현장 적용의 차원으로 확대했다는 점에서 의미를 지닌다. 특히 다문화교육을 위한 교사 양성이나 한국어교육의 개선 방안에 대해 언급함으로써 다문화 시대라는 현상을 국어교육 속에 어떻게 접목시킬 수 있을지에 대한 시사점을 제공해 준다.

원진숙(2007: 33)은 다양한 민족과 인종, 여러 사회 계층 출신의 학생들에게 어떻게 하면 평등한 교육적 경험을 제공할 수 있는지를 고민하는 것이 중요하다고 역설하였다. 그리고 평등한 교육을 통해 지적, 사회적, 개인적 발달 면에서 자신의 잠재력을 최대한 발휘할 수 있도록 하는 데 최우선적인 관심을 두는 교육이라고 하였다. 이와 함께 다문화주의[47]를 근간으로 하는 다문화 교육은 생활 방식에 대한 공통의 가치 체계, 국가 정체성, 교육 등에서의 사회 통합을 지향한다고 하였다. 이러한 논의는 국어교육, 특히 의사소통 교육이 다문화 시대에서 어떠한 역할을 담당해야 하는지에 대한 전반적인 방향성을 제시했다는 점에서 의의를 지닌다. 국어교육의 각 영역이 어떻게 변모해야 한다는 구체적인 대안 제시는 없지만, 그럼에도 국어교육과 다문화교육의 상관성을 밝히고 초점을 잡는 데 큰 도움을 주었다.

이 밖에도 이지은(2008),[48] 최숙기(2007),[49] 권순희(2008),[50] 안병환(2009),[51] 조용환(2011),[52] 고희성 · 김혜숙(2013)[53] 등에서 다문화교

---

47 '다문화주의'는 일반적으로 다문화교육의 중심이념으로 여겨지는데, 여기에서는 다문화주의를 궁극적으로 국민 통합, 사회 통합 이데올로기의 필요성에서 나온 것이라고 하였다. 한편 박영민 · 최숙기(2006: 68)에서는 문화적 다양성을 인식하고 이를 이해함으로써 다양한 사회적 담론을 이해하는 것을 목적으로 한 이념이라고 정리하였다.

48 이지은(2008: 221)에서는 다문화교육의 궁극적인 목표가 학습기회의 균등성을 사회 내에서 실행시키는 것이고, 단기적으로 달성해야 할 목표는 과소평가되고 평가 절하되어 소외되는 집단들에게 효율적 평등을 강구하며, 다른 집단들의 교육과 동등한 전략 및 방법들을 개발하는 것이라고 하였다.

49 최숙기(2007: 12-21)에서는 모든 학생들이 그들의 문화적, 인종적, 민족적, 성별, 사회적 계급의 특성과 관계없이 학교에서 평등한 교육을 받는 것을 의미한다고 하였다. 즉 다문화 요소를 가진 교육은 학자들의 다양한 명칭 부여를 떠나 학교에서 교육적 평등을 경험할 수 있어야 한다는 점을 강조하였다.

50 권순희(2008: 92)에서는 인류의 보편적 문화가치를 추구하고 세계 문화의 다양성을 접하게 하여, 세계의 다양한 문화를 편견 없이 수용하고 이해할 수 있는 능력을 기르는 교육이라고 하였다.

51 안병환(2009: 156-158)에서는 사람들의 다양한 민족, 문화, 사회계급 등에 관계없이 동등한 교육기회를 제공함으로써 다문화적 역량을 강화하여 궁극적으로 사회구성원들의 생활의 질을 높일 수 있도록 하는 것이라고 하였다.

52 조용환(2011: 10-11)에서는 이질적인 문화들 간의 상호존중과 상호이해 속에서 더 높은 인간적 이상을 지향하는 방향으로 나아가는 것이 다문화교육이라고 하였다. 특히 지배적인 문화시장에서 합당한 평가를 받기 어려운 각종 소수문화, 지역문화에 대한 이해를 증진하는 교육이 되어야 함을 강조하였다.

53 고희성 · 김혜숙(2013: 110-116)에서는 국어 교사가 다문화 교육을 효과적으로 하

육에 대한 논의는 다양하게 전개되어 왔다. 그리고 지금까지 폭넓게 연구되었던 내용을 바탕으로 다문화교육에서 공통적으로 강조하는 요소들을 추출할 수 있다. 이를 상생적 의사소통 교육의 특성과 접목시켜 논의하면 다음과 같다.

첫째, 다문화교육은 '평등교육'을 지향한다. 여기에서의 평등은 교육을 받을 수 있는 기회의 평등[54]뿐만 아니라 학습자 개인이 자신의 가치에 따라 남을 배려하는 가치의 평등을 의미한다. 즉 이러한 가치 인식과 태도를 바탕으로 개별문화를 인정하고 이를 일반화하는 상호문화성을 전제로 한 평등교육이 되어야 하는 것이다. 그리고 이러한 '평등교육'의 속성은 상생적 의사소통에서 지향하는 가치와 부합한다. 상생적 의사소통에서도 소통의 참여자 간 표현과 이해의 지속적 상호작용이 중요하다고 했던 것처럼, 다문화교육에서 지향하는 평등의 개념은 상생적 의사소통 교육에서 실현하고자 하는 가치의 기반이 될 수 있다.

둘째, 다문화교육은 '정의적인 요소'들을 중시하고 있다. 기본적으로 교육이라고 하는 것은 상당 부분 지식의 기반을 전제로 한다. 다만 각 영역의 특성에 따라, 혹은 운영 방식에 따라 지식이 두드러지는 영역과 태도나 가치를 함양하는 정의적인 측면이 부각되는 영역 등의 차이가 생길 수 있는데, 다문화교육은 후자에 더 큰 의미를 부

기 위해 갖추어야 할 역량을 제시하였는데, '지식' 요소와 '기능' 요소, 그리고 '태도' 요소로 세분화하여 현장 적용 가능성을 타진했다는 점에서 의의를 지닌다.

54 이때 평등교육의 대상은 한국인 부모를 둔 학습자를 포함하여 외국인 부모를 둔 자녀, 외국인 근로자의 자녀, 새터민 자녀 등이 모두 포함된다. 물론 거시적 차원에서 보자면 서혁(2011: 3-4)의 논의처럼 다문화교육의 대상자는 특정 집단으로 제한하지 않고 모든 사회 구성원에게 동등하게 해당하며, 궁극적으로는 전 세계 인류(또는 생명체, 문화)에 대한 존중, 평화, 공존의 세계시민적 철학을 바탕으로 해야 할 것이다.

여한다. 그리고 상생적 의사소통 교육 역시 정의적인 부분을 무엇보다 중시한다는 점에서 상통하는 측면이 있다. 물론 이러한 의사소통 교육을 실현하기 위해서 구체적인 교수-학습 모형과 실제를 보여주는 지식적 측면도 소홀히 할 수는 없다. 하지만 '상생'이라는 궁극적 목표에 도달하기 위해서는 의사소통 참여자 간에 발생하는 화학작용이 필수적이며, 이것은 의사소통 기술이 아닌 의사소통 자체에 임하는 참여자들의 정의적 요소가 바탕이 된다.

셋째, 다문화교육은 '사회 통합'을 지향한다. 여기에서 말하는 통합의 개념은 인종이나 문화의 다원성을 받아들이고 더불어 살아가는 삶의 모습을 뜻한다. 이때 사회의 모습은 작게는 가정, 교실, 학교 등을 의미하며, 나아가 지역사회, 국가 차원으로 확대하여 적용할 수도 있을 것이다. 상생적 의사소통 교육 역시 단순히 소통 참여자 간의 화합만을 지향하는 것이 아니라, 이러한 가치의 확산을 통해 원만한 인간관계를 이루고 나아가 사회통합에 기여할 수 있도록 하는 데 목적이 있다는 점에서 궤를 같이 한다. '상생'을 지향하는 의사소통 교육은 표현의 주체만 부각되는 방식이 아닌 만큼 소통에 참여하는 모두가 최대한의 만족감을 얻을 수 있는 방향으로 나아가야 한다. 그리고 의사소통을 하는 과정에서 축적된 참여자들의 만족감은 결과적으로 분쟁이나 분열이 아닌 화합과 통합을 이루는 근간이 될 것이다.

넷째, 김혜숙(2012)의 논의처럼 오늘날 다문화성을 단순히 국적의 문제로 한정하지 않고 사회 구성원 모두에게 확장한다면 상생적 의사소통 교육의 중요성은 더욱 절실해진다. 다문화의 범주를 학급 내 모든 학습자들로 넓게 보는 것은 인식의 전환이라고 할 수 있다. 같은 국적을 가진 학습자라 할지라도 자라 온 환경이나 교육 여건, 부모의 가치관 등이 모두 다르기 때문에 이들은 태생적으로 문화적 다양성을 지니고 있음에도 의식하지 못하고 있었던 것이다. 이렇게 접근하면 서로 개별 문화의 특성을 지닌 학습자가 원만하게 의사소통을 하기 위해서 기본적으로 의식해야 할 것은 상대방에 대한 존중과 배려이다. 그리고 이러한 가치를 구현하는 데 필수적으로 요구되는 것이 상생적 의사소통 능력이라고 하겠다. 결국 다문화의 개념을 기존의 범주로 한정짓거나 학습자 개개인이 지니고 있는 특성으로 확대한다 하더라도 상생적 의사소통 능력은 원만한 상호문화적 교육을 하는 데 기반이 될 것이다.

2.3. 미디어 매체 환경의 변화와 의사소통 교육

오늘날 인간의 삶을 지배하고 있는 매체 중 절대적인 영향을 끼치고 있는 것은 미디어 매체라고 할 수 있다. 미디어 매체는 즉시적이고 지속적이며 동시다발적인 피드-백을 받을 수 있기 때문에 성인이건 초·중등 학습자건 일상이 바쁜 현대인들에게 필수적인 삶의 일부가 되었다.[55]

이렇듯 미디어 매체의 급속한 보급과 환경은 자연스럽게 미디어 교육이 무엇을 지향해야 하는가를 고민하도록 만든다. 모든 미디어가 디지털화되고 그런 속에서 능동적 수용자들은 일방향적이었던 의

---

55 눈을 뜨자마자 스마트폰을 찾는 것은 대중들의 일상이 된 지 오래다. 심지어 학급 내 구성원들끼리도 구두로 대화를 나누기보다는 자기가 앉은 자리에서 스마트폰을 가지고 채팅으로 의사소통을 하는 상황까지 심심치 않게 엿볼 수 있다. 그런가하면 학습자들은 자신이 관심을 보이는 분야에 대해서 대중들에게 메시지를 전달하기 위해 개인 블로그나 카페 등을 운영하며 보이지 않는 익명의 사람들과 의사소통을 나누고 있다. 또한 각종 SNS 활동을 통해 어떠한 사안에 대해서 매우 즉각적인 반응을 표현하고, 이에 따른 즉시적이고도 동시다발적인 피드-백을 받는 등 과거 텔레비전이나 검색 목적의 인터넷 사용과는 훨씬 복잡하게 변용되어 삶의 일부로 스며들었다.

사소통의 방식을 상호작용적 형태로 바꿨다(김양은, 2005: 80-82). 즉 미디어 매체의 공급자가 제공하는 혜택만 누리던 소극적 자세에서 벗어나 자신이 사용하는 매체를 통해 적극적으로 의사를 표출하고 직접 미디어를 제작하거나 운용하는 등 확실한 소통의 장(場)으로 활용하고 있는 것이다.

이러한 미디어 매체의 확산과 이에 대한 인식 변화는 인간의 삶에 긍정적인 영향을 주었지만 많은 부작용을 낳은 것 또한 사실이다. 미디어 매체의 다양성으로 인해 감당할 수 없을 만큼 과다한 정보가 제공됨으로써 무엇이 사용자에게 필요한지, 또는 그 정보가 올바른 것인지를 판별하는 것이 매우 어렵게 되었다. 이와 함께 미디어 매체에 매몰되어 면대 면의 의사소통을 꺼리게 되고, 과도한 미디어 매체 의존으로 인해 남을 의식하며 살아가기보다는 자기 위주의 사고방식만을 고집하는 등 인성 부재 또한 심각하다. 특히 인터넷으로 대표되는 미디어 환경 속에서는 자신을 드러내지 않고도 생각을 표명할 수 있는 익명성이 철저하게 보장됨으로써 이러한 폐해는 점점 심각해지고 있다. 익명성이 가져오는 솔직함이나 과감함, 무책임함 등을 감안하더라도 소위 사이버 공간에서 벌어지는 극단적 생각의 주고받음은 다른 삶의 공동체에게 잊을 수 없는 상처를 줄 만큼 부작용이 크다. 사이버 폭력이라는 말로 통어할 수 있는 이러한 현상은 테러에 가까울 정도로 우리 사회 곳곳에서 잠재적 위협이 되고 있다. 눈에 보이면서 폭력의 범주가 한정되어 있던 전통적 모습과는 달리 전 세계적으로 불특정 다수가 폭력의 대상이 될 수 있다는 점, 한 번 폭력의 희생자가 되면 설령 그것이 잘못된 정보로 인한 오해였다 하더라도 명예 회복을 하기 어렵다는 점 등 사회에 끼치는 악영향은 상당하다. 오인수(2014: 2-3)은 이러한 사이버 폭력의 특성을 다음과 같이 정리하였다.

〈표 3〉 전통적 폭력과 사이버 폭력의 특징 비교

전통적 폭력	사이버 폭력
학교나 학교 주변에서 주로 발생함.	공간에 제약을 받지 않고 발생함.
신체적, 언어적 폭력의 경우 발견하기 쉬움.	비가시적 형태로 발생하여 실태 파악이 어려움.
주로 힘의 불균형에 의해 발생하고 지속됨.	힘의 불균형과 상관없이 손쉽게 발생함.
학교폭력을 행사하거나 목격한 범위에서 영향을 미침.	사이버 매체를 통해 실시간으로 빠르게 확산됨.

이처럼 광범위한 위험성을 담보하고 있기 때문에 미디어 교육의 접근 방법 또한 달라져야 한다. 그동안의 미디어 자체를 가르치거나 미디어 언어를 가르치는 수준에서 벗어나 사회적 소통의 차원에서 교수-학습이 이루어질 필요가 있는 것이다.[56] 그리고 이러한 사회적 소통은 미디어 능력을 갖추고 있어야만 올바르게 이루어지는 것이 가능하다. 미디어 매체의 속성이 지속적인 변주를 지니고 있다 보니 연구자에 따라서 조금씩 설명하는 방향성이 차이가 있지만, 일반적으로 미디어 리터러시(media literacy)로 이해할 수 있다. 정재찬(2009: 324-325)는 이전 연구들의 내용을 종합하여 미디어 능력이란 미디어 커뮤니케이션에 자신을 연결하고 미디어 텍스트를 주체적으로 수용 및 생산하는 것이라고 요약하였다.[57] 미디어 능력의 개념을 어떠한 방식으로 변형하건 그것은 '소통'을 목적으로 하고, 이러한 소통이 건전한 사회를 만드는 데 이바지한다면 '상생적 의사소통'의 가치를 담는 것은 필연적이다. 상생적 의사소통은 이미 국어 기능적

56 김양은(2005: 95-97)에서도 오늘날 미디어 교육의 방향성을 '언어' 차원에서 탈피해 '사회와의 소통' 차원으로 나가야 한다는 점을 역설하였다. 여기에서는 영상언어에 대하여 언급하고 있는데, 이러한 영상언어의 교육을 하더라도 단순한 텍스트 분석이 아닌 미디어 리터러시 향상을 목적으로 교육이 이루어져야 한다는 것을 강조하였다.

57 이러한 관점에 따른다면 김양은(2005)에서 말하는 '커뮤니케이션 능력'도 결국 미디어 능력으로 볼 수 있다.

영역을 벗어난 복합적 차원의 의미를 포함하고 있는 만큼 미디어 매체 환경 속에서도 올바른 교육의 방향성을 제시해 줄 수 있다. 미디어 매체를 통한 사회적 소통의 양상을 보면 상생적 의사소통의 가치를 어떤 부분에서 강화하면 좋을지 찾을 수 있다. 이를 위해 미디어 매체를 활용한 소통의 흐름을 보면 다음과 같다.

〔그림 4〕 미디어 매체를 활용한 의사소통의 양상[58]

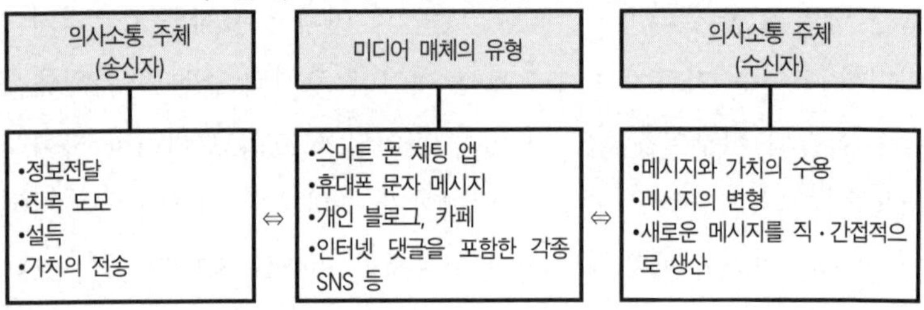

위의 양상을 보면 사회적 소통 목적으로서의 미디어 능력을 기르는 데 상생적 의사소통 교육은 매우 중요하다. 앞서 상생적 의사소통에서는 '주체-주체'를 인정하고 이러한 상호작용을 중요시여긴 만큼 '송신자-수신자'의 관계도 같은 맥락에서 이해할 수 있다. 소통에 참여하는 학습자들의 관계 형성도 중요하지만, 무엇보다 상생적 의사소통은 방법적 차원이 아니라 가치 지향이라고 한 만큼 미디어 매체를 사용하는 학습자의 태도와 직결된다. 즉 송신자가 자신의 생각을 담아 메시지를 전달하게 되면 그 속에서 자연스럽게 삶의 가치관이 들어오게 되고, 이때부터 1차 텍스트는 변형되어 주고받는 상황에서 지속적으로 상호 교섭한다. 이러한 교섭의 과정에서 소통 주체의 생각이 지나치면 상대방에게 상처를 주거나 극단적인 형태로 나

58 한정현(2010: 7-8)에서 연구했던 내용을 변형·보완하였다.

아갈 수 있는데, 이러한 부작용을 상생적 의사소통을 통해 어느 정도 극복할 수 있는 것이다. '상생'의 가치는 면대 면의 소통 상황뿐만 아니라 공간을 초월하여 사이버 세계에서도 언제나 유효하다. 같은 소통의 주체가 면대 면의 소통에서는 상생을 지향하고 미디어 매체 환경에서는 사이버 폭력의 가해자가 된다면, 미래 의사소통 교육의 방향성으로서 모순이다. 반대로 미디어 매체 속에서 죄책감 없이 상대방의 인격을 무시하는 주체가 면대 면의 소통 상황에서 상생을 생각한다는 것 또한 어불성설이다.

요컨대, 상생적 의사소통 교육은 미디어 매체가 지배하고 있는 학습자들의 삶 속에서 올바른 사회적 소통 방법의 방향성을 제시할 수 있다. 김은미 · 나은경(2008: 250-251)에서도 인터넷을 비롯한 미디어 매체는 단순히 '매체(medium)'로만 인식하지 말고 '환경(environment)' 또는 '사회 체계(social system)'로 이해해야 한다는 점을 강조한 만큼, 학습 생태의 범주에서 보다 거시적으로 접근해야 한다. 사회 체계로서 자리 잡은 미디어 매체 환경의 구조적 장악력은 이미 인간의 삶 대부분을 지배하고 있다. 그러한 속에서 건전한 시민 의식을 갖춘 소통의 주체가 되어 사회의 발전에 기여할 수 있도록 하는 데 상생적 의사소통이 지닌 가치는 매우 유용하다고 볼 수 있다.

2.4. 창의 · 융합 인재 육성 중심의 교육 기조

국어교육의 제반 환경 변화의 모습을 생태학 담론을 기반으로 하여 세부적으로 들여다볼 때, 다문화 사회의 변화와 미디어 매체 환경 등과 더불어 빼놓을 수 없는 것이 교육 기조의 방향성이다. 그리고 오늘날 국어교육에서 가장 중점적으로 고려해야 할 화두 중 하나는 창의 · 융합 인재 육성 중심의 교육이라고 할 수 있다.

일반적으로는 '창의 · 인성'이라는 용어가 두루 사용되었으나, 근래에는 '창의 · 융합'이라는 표현이 새롭게 대두하고 있다. 이는 용어 사용의 옳고 그름을 떠나 어떠한 시각에서 용어를 사용하느냐에 대한 쓰임의 차이로 보인다. 즉 교육의 목표를 강조한다면 '창의 · 인성'이 적절하지만, 교육의 결과로써 발생하는 현상을 논할 때 '창의 · 융합'이 보다 적합하기 때문이다.[59] 이 연구에서는 상생적 의사소통 교육이 필요한 이유로 사회가 요구하는 인간상에 중점을 두고 '창의 · 융합'을 고찰하고자 한다. 이는 상생적 의사소통과 인성적 측면에 대한 내용을 다른 항목들에서 꾸준히 논의하고 있기 때문이기도 하다.

창의 · 융합 중심의 교육 기조를 논하려면 국어교육뿐만 아니라 사회 전반에서 핵심 가치로 자리 잡고 있는 '융합' 또는 '융합 사회'의 모습을 살필 필요가 있다. 창의성은 여러 연구를 통해 상상력의 시각화, 확산적(발산적) 사고, 분석적 사고, 유추 · 은유적 사고, 비판적 사고 등 다양한 역량들이 논의되었지만(김성원 외, 2012: 393-394), 중요한 것은 이를 융합과 연계시키는 필요조건을 찾는 일이다.[60] 그

59 2014년도 교육부 보고 자료인 "2014 교육부, 이렇게 일했습니다"를 보면 '2. 문 · 이과 통합형 교육과정으로 **<u>창의 · 융합 인재 육성</u>**'이라는 주제를 통해 '창의 · 융합'을 강조하고 있다.(밑줄, 강조는 연구자)

60 김성원 외(2012)에서는 창의 역량과 인성 역량의 세부 요소들을 다음과 같이 정리하였다.

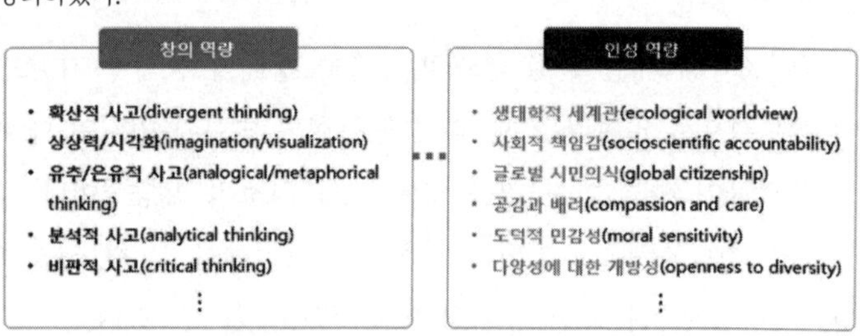

리고 이러한 과정 속에 상생적 의사소통의 가치가 요구된다는 결론의 귀결이다.

국어교육 패러다임이 변화하면서 '융합'이라는 용어는 과학기술만의 전유물을 벗어난 지 오래 되었다. 단순히 '녹아서 하나로 합치'는 기계적 수준의 적용을 벗어나 학문적 경계를 뛰어 넘는 논의의 확장을 가져온 것이다. 우리가 그 동안 생각해 왔던 듣기·말하기, 읽기, 쓰기 등 국어 활동 영역 안에서의 통합이나 문법, 문학 등과의 통합을 초월하여 간학문적(間學問的) 성격의 거시적 어울림을 지향하는 모습이 자연스럽게 이루어지고 있다. 이는 굳이 '글로벌'이라는 상투적 표현을 사용하지 않더라도 교실 안에서만 한정되었던 교육 활동의 폭을 확장시키자는 데 사회적 합의가 이루어진 결과이고, 그 속에서 학습자들의 생활환경과 미래 변화 양상을 충분히 반영하려는 노력의 일환이라고 하겠다.

이러한 움직임은 융합인재교육, 즉 'STEAM 교육'이라는 표현으로 빠르게 적용되고 있다. 주지하다시피 STEAM 교육은 여러 선진 국가에서 과학 기술 분야의 인재 양성을 위해 정책 차원으로 실시하고 있는 STEM(Science, Technology, Engineering, & Mathematics) 교육을 기반으로 한 뒤 Arts(예술) 부분이 결합된 통합 교육이다. 이때 예술은 좁은 의미의 미술(fine arts)만 해당하는 것이 아니라 인문 교양 분야(liberal arts)와 언어 소통 분야(language arts)까지도 모두 포함한 거대 예술을 말한다. 용광로 안에 다양한 학문들을 넣고 녹여서 지식의 균형을 유지하고, 자기주도적 체험 학습을 하는 가운데 창의성을 갖춘 인재를 양성하겠다는 취지의 교육 방법인 것이다.[61]

---

61 소태영(2014)는 이러한 융합형 인재를 위한 방법으로 '일반화와 구체화의 융합을 그려내는 미학적 교육'과 '이성과 감성의 융합을 그려내는 미학적 교육', '과학과 예술의 융합을 그리는 미학적 교육', '개인과 공동체의 융합을 그려내는 미학

그리고 STEAM 교육을 위시하여 이러한 융합 교육의 가치는 학교 현장에서도 조금씩 그 영향력을 넓히고 있다. 2007, 2009, 2011 개정 국어과 교육과정처럼 10년 주기로 바뀌던 이전 방식에서 벗어나 교육과정의 탄력적 운영이 이루어지면서 학습자들의 실제 삶과 연계성을 강화하기 위한 노력은 국어교육의 핵심 중 하나로 자리 잡았다. 하지만 국어교육 내 고유 영역만의 갇힌 틀 안에서는 학습자들이 행하는 복잡한 의사소통의 모습을 효과적으로 담아내는 데 한계점이 있었다. 따라서 2015 교육과정에 '문·이과 통합 교육과정', 또는 '융합 교육과정'이라는 별칭이 붙은 것은 역동적인 학습자들과 여러 미디어 매체들, 그리고 STEAM 교육의 강화를 통한 학문적 뒤섞임을 반영하겠다는 시의적절한 대응이라고 할 수 있다.

다만 형식적인 융합 교육이 아니라 보다 실질적인 융합의 가치를 담아내려면 국어교육 내 의사소통 교육에서도 새로운 철학을 기반으로 접근할 필요가 있다. '창의·융합 인재'를 양성하기 위해서는 'STEAM적 사고'를 할 수 있는 학습자를 교육해야 하고, 이러한 '사고'의 한 축을 인문학적 상상력이라고 한다면 국어교육은 그 바탕이 되어야 할 것이다. 박인기(2007: 47)에서도 국어교육에서 배우는 모든 과정이 인문학적 상상력의 역동성을 기를 수 있어야 한다고 강조한 것처럼, '창의·융합 인재'를 양성하는 데 있어 국어교육이 나아가야 할 방향성은 분명하다.[62] 국어 교과가 단순한 도구 교과로서 소극적 사용에 머무는 것이 아니라 국어교육을 통해 배우는 소양 자체가 '창의·융합 인재'로 학습자를 양성하는 과정에 기여할 수 있어야 하는 것이다. 이는 국어교육의 각 영역들이 교과 내에서 다양한 통합을

적 교육' 등을 강조하였다.

62 이 밖에 융·복합과 관련한 논의는 김창원(2012), 김시정·이삼형(2012), 한혜정(2014) 등을 참고할 수 있다.

이루는 것과 더불어 국어과가 다른 교과와 교과 간 통합을 실현할 때 보다 효과적으로 나타나게 된다. 창의성이건 융합이건 창의성을 기반으로 한 융합이건 특정 교과만의 독립된 교육을 통해서는 이를 구현하는 것이 불가능하기 때문이다.

그리고 이러한 '창의 · 융합 인재' 육성은 상생적 의사소통이라는 가치를 통해 더욱 분명하게 구현될 수 있다. 다음 장에서 구체적으로 밝히겠지만 상생적 의사소통 자체가 어느 한쪽으로 치우치기보다는 동 · 서양의 의사소통 가치들을 두루 섭렵하고 있는 철학적 담론인 만큼 융합을 지향하는 오늘날 사회 요구와 부합한다고 볼 수 있다. 즉 융합이라는 목표를 지향하면서 자칫 학문적 지식 축적과 인지 능력 향상에만 매몰된 나머지 타자와의 소통이 어렵게 되는 것을 예방할 수 있다는 것이다. 창의 · 융합 인재를 육성한다는 것은 우리가 살아가는 사회를 생태학적으로 보다 풍요롭고 따뜻하게 만들겠다는 국가적 의지이다. 그러기 위해서는 소통 주체의 올바른 관계 형성이 무엇보다 중요한데, 그 역할을 '상생'의 가치가 구현할 수 있다. 특정 입장만을 섭렵하려는 편협함이 아닌, 인간에 대한 신뢰와 배려라는 보다 큰 가치를 지향하는 상생적 의사소통 교육을 통하여 학습자들을 둘러싼 환경 변화에 탄력적으로 대응하고 사회가 요구하는 인재를 육성하는 데 기여하게 될 것이다.

3. 교육과정 비판을 통한 상생적 의사소통 교육의 가치 탐구

3.1. 교육과정의 내용과 상생적 의사소통 교육의 접점

오늘날 국어교육에서 직접적으로 '상생'이나 '상생화용'이라는 용어를 접하는 것은 쉽지 않다. '상생적 의사소통'이라는 표현은 이 연구에서 새롭게 정립한 용어인 만큼 이전의 연구 결과들을 바탕으로 살펴도 직접적인 사용은 찾아보기 어렵다. 일선 학교의 현장에서 뿐만 아니라 국어과 교육과정이나 교과서 등에서도 '상생'이나 '상생화용' 같은 용어는 사용하지 않는다. 이는 최현섭(2004ㄴ)과 최영환(2005), 최현섭 외(2007) 등을 필두로 여러 국어교육 연구자들을 통해 해당 용어의 학문적 적절성에 대한 검증을 마쳤음에도 불구하고 이론적인 타당성과 현장 적용 사이의 괴리감이 남아 있기 때문이다. 그렇다면 기존 의사소통 교육의 대안으로 떠올랐던 상생화용의 가치가 거시적 차원의 당위성만 언급한 채 제자리걸음을 하고 있는 것은 무슨 이유 때문일까? 그것은 상생화용이라는 거대 담론을 의사소통 교육 전반에 가시적으로 녹여내는 과정이 녹록치 않았던 이유가 크다. 상생화용의 화두가 처음 나타나기 시작했을 때에는 국어교육 현장과 학습자들의 환경 또한 급변하고 있던 과도기였기 때문에 다문화를 전면에 내세우고 창의·융합 인재를 구현하는 학문적 진척이 어려웠을 것이라는 유추가 충분히 가능하다. 불변의 법칙으로만 여겼던 '듣기, 말하기, 읽기, 쓰기'라는 영역 체계를 허물고 '듣기'와 '말하기'를 '듣기·말하기'로 통합하는 것에서부터 시작하여, '화법과 작문', '독서와 문법'[63]이라는 통합을 논의하는 속에서 상생화용이라는

63 물론 여러 부작용으로 인하여 2015년에 고시될 예정인 2015 개정 국어과 교육과정에서는 '독서와 문법'을 다시 분리시키는 것으로 의견을 모으고 있다. 다만 이 연구에서 말하고자 하는 것은 '화법과 작문', '독서와 문법'이라는 교과의 통합이 가져 온 국어교육 영역에 대한 의식의 전환이다. 여전히 '화법과 작문'은 살아남았지만 통합이 아닌 기계적인 결합이라는 비난과 많은 현장 교사들의 질책, 연구자들의 비판을 받는 속에서도 영역을 바라보는 관점은 분명 넓어졌다. 영역이 개편되고 통합되는 일련의 시기에 '상생화용'의 가치를 실현하는 데 집중하는 것은 쉽지 않았을 것이다.

거대 철학적 담론은 그 가치의 중요성을 떠나 선뜻 공론의 장으로 가져오기가 어려웠을 것이다.

하지만 그 내용들을 구체적으로 언급하지 않더라도 오랜 노력 속에서 상생적 의사소통의 가치는 부분적으로나마 국어교육 속에 스며들었을 것이다. 이는 다양한 매체의 보급으로 인한 학습자들의 언어생활 변화에 따른 자연스러운 결과이며, 국어교육 패러다임이 통합과 융합을 지향하는 속에서 나타난 필연적인 모습이다. 따라서 현재의 국어교육에서 지향하는 목표가 무엇인지 밝히고, 그 속에 상생적 의사소통의 가치와 부합되는 요소들을 찾아낼 수 있다면 앞으로 보완해야 할 부분과 전망 또한 가능하다. 이를 위하여 2011, 2015 개정 국어과 교육과정 중 '상생'의 가치를 담고 있는 내용을 중심으로 상생적 의사소통의 가능성을 살피도록 하겠다.[64]

다음은 2011 개정 국어과 교육과정 내에서 '중학교 1-3학년 군'과 선택과목의 세부 내용을 선별한 것이다.[65] 이 연구의 논의가 '의사소통 교육'이라는 전제를 달고 있지만 '상생적 의사소통'은 단순한 국어 기능 영역을 넘어서는 것이기 때문에 '문학'까지 포함하였다. 다만 '문법'의 경우 상생적 의사소통이 보다 효과적으로 이루어질 수 있는 기저라고 보았기 때문에 내용 선별에서는 제외하였다.

---

64 2011, 2015 교육과정을 모두 살피는 것은 최근에 적용되고 있는 교육과정과 앞으로 순차적으로 적용될 교육과정이라는 실제성 때문이다. 또한 2011 국어과 교육과정의 경우 제7차 국어과 교육과정 이후 10년 동안의 흐름을 담고 있는 반면, 2015 국어과 교육과정은 '문·이과 통합 교육과정'을 기치로 새로운 패러다임을 제시하고 있기 때문에 각각 의미를 지닌다고 보았다.

65 '듣기·말하기', '읽기', '쓰기', '문학', 그리고 고등학교 선택 교과 중 소통의 내용을 담고 있는 '내용 성취 기준'들만을 찾았다. 이는 '상생적 의사소통'이 국어 기능 영역과 더불어 사회·문화적 요소 등을 두루 지니고 있는 특성을 반영한 결과이다.

〈표 4〉 중1-3학년 군 세부 내용 정리(2011 국어과 교육과정)

영역 구분	내용 성취 기준
듣기 · 말하기	(1) 듣기와 말하기의 소통과정을 이해하고 효율적인 듣기와 말하기 계획을 세운다. (5) 주변에서 일어나는 문제에 대해 의견을 조정하며 토의한다. (7) 대화의 상황과 맥락을 이해하고 상대의 이야기에 공감하며 듣고 말한다. (8) 목적과 상대에 따라 말하기 방식의 차이를 고려하며 대화를 나눈다. (10) 화법의 다양성을 이해하고 서로 다른 집단 간의 소통의 중요성을 안다. (12) 전통적 듣기 · 말하기 문화를 이해하고, 오늘날의 듣기 · 말하기 문화를 성찰한다.
읽기	(7) 동일한 대상을 다룬 서로 다른 글을 읽고 관점과 내용의 차이를 비교한다.
쓰기	(4) 의견의 차이가 드러나는 문제에 대해 타당한 근거를 들어 주장하는 글을 쓴다. (10) 쓰기 윤리의 중요성을 인식하고 책임감 있는 태도로 글을 쓴다.
문학	(2) 갈등의 진행과 해결 과정을 파악하며 작품을 이해한다. (6) 사회 · 문화 · 역사적 상황을 바탕으로 작품의 의미를 파악한다. (7) 작품의 창작 의도와 소통 맥락을 고려하며 작품을 수용한다. (10) 문학이 인간의 삶에 어떤 가치를 지니는지 이해한다.

〈표 5〉 고등학교 선택과목 세부 내용 정리(2011 국어과 교육과정)

영역 구분	내용 성취 기준
국어 I	[화법] (1) 대화의 원리를 이해하고 상황과 대상에 맞게 언어 예절을 갖추어 말한다. (2) 공감적 듣기의 방법을 이해하고 대화와 타협을 통해 문제를 해결한다. (3) 부정적 언어 표현의 폐해를 인식하고 바람직한 의사소통 문화를 형성하는 태도를 기른다. [문학] (15) 문학은 가치 있는 내용을 언어로 형상화한 예술이며 사회적 소통 활동임을 이해한다.
국어 II	[화법] (1) 토론의 본질과 원리를 이해하고, 쟁점별로 논증하여 공동체의 문제를 합리적으로 해결한다. (2) 비판적 듣기의 기준인 신뢰성, 타당성, 공정성을 이해하고, 상대의 주장을 평가하며 듣는다. [작문] (9) 글의 전달과 사회적 파급력과 연관된 매체의 효과와 특성을 고려하여 내용을 선정하고 조직화하여 책임감 있게 인터넷상의 글쓰기를 한다. [문학] (14) 문학이 정서적, 심미적 삶을 고양함을 이해하고 작품을 수용 · 생산한다.
화법과 작문	(1) 화법과 작문에 필요한 사고 과정을 이해하고 자신의 의사소통 행위를 성찰한다. (2) 사회적 의사소통 행위로서 화법과 작문의 성격과 기능을 이해한다. (3) 언어 공동체의 담화 관습을 이해하고 화법과 작문의 윤리를 인식한다. (19) 공동의 의사결정 단계를 이해하여 공동체의 문제를 합리적으로 해결하기 위해 토의한다. (26) 의사소통에서 진정성이 중요함을 인식하고 진솔한 마음이 드러나도록 표현한다.

	(27) 갈등을 유발하는 상호작용의 장애 요인을 점검하여 원활하게 의사소통한다. (28) 대화 방식에 영향을 미치는 자아를 인식하고 관계형성에 적절한 방식으로 자기를 표현한다.
독서와 문법	(1) 사회적 소통 및 지식 창출 행위로서 독서의 특성을 이해한다. (13) 담화의 개념과 특성을 이해하여 적절하고 효과적인 국어 생활을 하도록 한다. (30) 사회적 공동체의 독서 활동을 통하여 다른 사람과 교감하며 글을 읽고 삶을 성찰한다.
문학	(4) 문학이 예술, 인문, 사회 등 인접 분야와 맺고 있는 관계를 이해한다. (11) 작품의 이해와 감상의 결과를 자신의 삶과 관련하여 내면화한다. (13) 문학을 통하여 자아를 성찰하고 타자를 이해하며 삶의 다양성을 이해하고 수용한다. (14) 문학 활동을 통하여 우리 사회의 다양한 공동체와 문제의식을 공유하고 소통한다. (15) 문학 활동을 통하여 삶의 질을 높이고 공동체의 문화 발전에 참여하는 태도를 기른다.

이어서 2015 개정 국어과 교육과정의 내용을 살피고자 한다. 역시 범주는 '중학교 1-3학년'과 고등학교 선택 과목의 세부 내용 중 상생적 의사소통이라는 주제에 부합하는 것들을 선별하였다. 2015 개정 국어과 교육과정의 선택과목은 이전 교육과정에 비하여 차이가 있기 때문에, 해당 과목이 지향하는 점 등도 고려하여 추출했으며, 그 내용은 다음과 같다.

〈표 6〉 중1-3학년 세부 내용 정리(2015 국어과 교육과정)

영역 구분	내용 성취 기준
듣기·말하기	[9국01-01] 듣기·말하기가 의미 공유의 과정임을 이해한다. [9국01-04] 토의에서 의견을 교환하여 합리적으로 문제를 해결한다. [9국01-07] 청중의 관심과 요구를 고려하여 말한다. [9국01-10] 상대의 감정에 공감하며 적절하게 반응하는 대화를 나눈다. [9국01-12] 언어폭력의 문제점을 인식하고 상대를 배려하며 말하는 태도를 지닌다.
읽기	[9국02-02] 독자의 배경 지식, 읽기 맥락 등을 활용하여 글의 내용을 예측한다. [9국02-06] 동일한 화제를 다룬 여러 글을 읽으며 관점과 형식의 차이를 파악한다.
쓰기	[9국03-01] 쓰기는 주제, 목적, 독자, 매체 등을 고려한 문제 해결 과정임을 이해한다. [9국03-10] 쓰기 윤리를 지키며 글을 쓰는 태도를 지닌다.
문학	[9국05-01] 문학은 심미적 체험을 바탕으로 한 다양한 소통 활동임을 이해한다. [9국05-07] 근거의 차이에 따른 다양한 해석을 비교하며 작품을 감상한다. [9국05-10] 인간의 성장을 다룬 작품을 읽고 바람직한 삶의 가치를 내면화한다.

〈표 7〉 고등학교 선택과목 세부 내용 정리(2015 국어과 교육과정)[66]

영역 구분	내용 성취 기준
국어	[듣기·말하기] [10국01-01] 개인이나 집단에 따라 듣기와 말하기의 방법이 다양함을 이해한다. [10국01-02] 상황과 대상에 맞게 언어 예절을 갖추어 대화한다. [10국01-04] 협상에서 서로 만족할 만한 대안을 탐색하여 의사 결정을 한다. [10국01-05] 자신의 의사소통 과정을 점검하고 조정하며 듣고 말한다. [10국01-06] 언어 공동체의 담화 관습을 성찰하고 바람직한 의사소통 문화 발전에 기여하는 태도를 지닌다. [읽기] [10국02-01] 읽기는 사회와 서로 영향을 주고받으며 소통하는 사회적 상호 작용임을 이해한다. [쓰기] [10국03-01] 쓰기는 의미를 구성하여 소통하는 사회적 상호 작용임을 이해한다. [10국03-05] 글이 독자와 사회에 끼치는 영향을 고려하여 책임감 있게 글을 쓰는 태도를 지닌다. [문학] [10국05-04] 문학의 수용과 생산 활동을 통해 다양한 사회·문화적 가치를 이해하고 평가한다.
화법과 작문	[12화작01-01] 사회적 의사소통 행위로서 화법과 작문의 특성을 이해한다. [12화작01-02] 화법과 작문 활동이 자아 성장과 공동체 발전에 기여함을 이해한다. [12화작01-03] 화법과 작문 활동에서 맥락을 고려하는 일이 중요함을 이해한다. [12화작02-01] 상황에 맞는 언어적·준언어적·비언어적 표현 전략을 사용하여 말한다. [12화작02-02] 청자의 특성에 맞게 내용을 구성하여 발표한다. [12화작02-05] 협상 절차에 따라 상황에 맞는 전략을 사용하여 문제를 해결한다. [12화작02-07] 대화 방식에 영향을 미치는 자아를 인식하고 관계 형성에 적절한 방법으로 자기를 표현한다. [12화작02-08] 부탁, 요청, 거절, 사과, 감사의 말을 상황에 맞게 효과적으로 한다. [12화작02-09] 갈등 상황에서 자신의 생각, 감정이나 바라는 바를 진솔하게 표현한다. [12화작03-06] 현안을 분석하여 쟁점을 파악하고 해결 방안을 담은 건의하는 글을 쓴다. [12화작03-07] 작문 맥락을 고려하여 친교의 내용을 표현하는 글을 쓴다. [12화작03-08] 대상에 대한 생각이나 느낌을 바탕으로 정서를 진솔하게 표현하는

66 2015 개정 국어과 교육과정은 '일반 선택(화법과 작문, 독서, 언어와 매체, 문학)'과 '진로 선택(실용 국어, 심화 국어, 고전 읽기)'으로 나뉜다. 실제 교과서가 완성되고 각급 고등학교에서 어떠한 과목을 선택하는지 통계가 나와야 하겠지만, 인문계 고등학교나 실업계 고등학교 등 특성에 맞는 선택 과목을 제시하기 위해 노력한 흔적이라고 할 수 있겠다.

	글을 쓴다. [12화작04-01] 화법과 작문의 사회적 책임을 인식하고 의사소통 윤리를 준수하는 태도를 지닌다. [12화작04-02] 화법과 작문의 가치를 이해하고 진심을 담아 의사소통하는 태도를 지닌다. [12화작04-03] 언어 공동체의 담화 및 작문 관습을 이해하고, 건전한 화법과 작문의 문화 발전에 참여하는 태도를 지닌다.
독서	[12독서02-03] 글에 드러난 주장이나 관점, 글에 쓰인 표현 방법, 필자의 숨겨진 의도나 사회·문화적 이념을 비판하며 읽는다. [12독서02-04] 글에서 공감하거나 감동적인 부분을 찾고 이를 바탕으로 글이 주는 즐거움과 깨달음을 감상하며 읽는다. [12독서02-05] 글에서 자신과 사회의 문제를 해결하는 방법이나 필자의 생각을 보완할 수 있는 방안을 찾아 창의적으로 읽는다. [12독서03-01] 인문·예술 분야의 글을 읽으며 제재에 담긴 인문학적 세계관, 예술과 삶의 문제를 대하는 인간의 태도, 인간에 대한 성찰 등을 이해한다. [12독서04-02] 의미 있는 독서 활동에 참여함으로써 타인과 교류하고 다양한 삶의 방식과 세계관을 이해하는 태도를 지닌다.
언어와 매체	[12언매01-04] 현대 사회의 소통 현상과 관련하여 매체 언어의 특성을 이해한다. [12언매02-07] 담화의 개념과 특성을 탐구하고 적절하고 효과적인 국어생활을 한다. [12언매02-11] 다양한 국어 자료를 통해 국어 규범을 이해하고 정확성, 적절성, 창의성을 갖춘 국어생활을 한다. [12언매03-01] 매체의 특성에 따라 정보가 구성되고 유통되는 방식을 알고 이를 의사소통에 활용한다. [12언매03-04] 매체 언어의 창의적 표현 방법과 심미적 가치를 이해하고 향유한다. [12언매03-05] 매체 언어가 인간관계와 사회생활에 미치는 영향을 탐구한다. [12언매04-03] 현대 사회에서 언어와 매체 언어의 가치를 이해하고 언어문화와 매체 문화의 발전에 참여하는 태도를 지닌다.
문학	[12문학01-01] 문학이 인간과 세계에 대한 이해를 돕고, 삶의 의미를 깨닫게 하며, 정서적·미적으로 삶을 고양함을 이해한다. [12문학02-04] 작품을 공감적, 비판적, 창의적으로 수용하고 그 결과를 바탕으로 상호 소통한다. [12문학04-01] 문학을 통하여 자아를 성찰하고 타자를 이해하며 상호 소통하는 태도를 지닌다. [12문학04-02] 문학 활동을 생활화하여 인간다운 삶을 가꾸고 공동체의 문화 발전에 참여하는 태도를 지닌다.
실용 국어	[12실국02-02] 정보에 담긴 의도를 추론하고 내용을 비판적으로 평가한다. [12실국02-03] 정보를 체계적으로 조직하여 대상과 상황에 적합하게 표현한다. [12실국03-02] 집단의 의사 결정 과정에 참여하여 합리적 방안을 탐색한다. [12실국03-03] 대화와 타협으로 갈등을 조정하여 문제를 협력적으로 해결한다. [12실국04-01] 상대를 배려하는 태도로 언어 예절을 갖추어 대화한다. [12실국04-02] 상대의 감정을 공감적으로 수용하며 자신의 감정을 적절하게 표현한다. [12실국05-01] 자신이 속한 공동체의 의사소통 문화를 이해한다.

심화 국어	[12심국02-01] 타인의 의견을 비판적으로 이해한다. [12심국02-03] 문제 해결에 필요한 방안을 탐색하여 합리적으로 의사 결정한다. [12심국03-03] 공동체의 언어문화 발전에 능동적으로 참여하는 태도를 지닌다. [12심국04-02] 협력적이고 성실한 태도로 문제를 탐구한다.
고전 읽기	[12고전02-04] 고전을 통해 알게 된 사실과 깨닫게 된 점을 바탕으로 삶의 다양한 문제에 대처할 수 있는 교양을 함양한다. [12고전03-02] 고전을 읽고 공동의 관심사나 현대 사회에 유효한 문제를 중심으로 통합적인 국어 활동을 수행한다.

위의 내용을 보면 2011 개정 국어과 교육과정에서도 강조되었지만 2015 개정 국어과 교육과정에서 학습자들의 삶의 실제를 보다 충실히 담아내려고 노력했다는 점을 찾을 수 있다. 이는 갑작스러운 변화의 양상은 아니다. 제7차 개정 국어과 교육과정 때부터 이론적인 국어 교육이 아니라 학습자들의 삶을 풍요롭게 해줄 수 있는 교수-학습이 강조되면서 꾸준히 내용이 보완된 결과물이라고 하겠다. 상생적 의사소통이라는 담론 역시 다분히 학습자들의 삶 속에서 발현되는 것인 만큼 최근의 교육과정에 그러한 모습이 상대적으로 많이 보이는 것은 당위적인 일이라고도 볼 수 있다.

교육과정에 명시되어 있는 영역 별 내용 성취 기준 중에서 상생적 의사소통의 가치와 연관성을 지닌 것의 선별 기준은 무엇보다 의사소통 참여자 간 상호작용의 여부이다. 상생적 의사소통이라는 화두 속에는 기본적으로 의사소통의 주체와 주체 간 상호작용이 전제되어 있다. 즉 상생적 의사소통의 궁극적 지향점 중 하나가 다문화 공동체 속에서 올바른 소통의 주체로 성장하는 학습자를 양성하는 것인 만큼 개인적 수준의 수용이나 생산 활동보다는 구두 언어나 문자 언어, 또는 매체 언어 등을 통하여 '화자(필자)-청자(독자)'의 상호작용이 이루어지는 항목들을 주된 논의의 대상으로 삼았다.

위의 표들을 통해 미루어 볼 때, 현행 국어과 교육과정 안에는 상생적 의사소통의 가치가 뚜렷하게 드러나지 않는다. 이것은 상생적 의사소통이 특정 영역을 막론하고 국어교육의 어느 영역, 어느 교과에서나 지향해야 하는 가치인 데 반해 현행 교육과정은 기본적인 철학이 그렇지 않기 때문이다. 물론 영역 통합을 지향하는 속에서 '상생'의 가치를 의미하는 항목들도 보인다. 예컨대 '공감'이나 '소통의 중요성에 대한 인식', '삶의 다양성에 대한 이해' 등이 이에 해당한다.

하지만 상생적 의사소통 교육이 기존에 없던 내용이나 활동을 갑작스레 국어교육에서 다루자는 것이 아니라 하더라도 현실 교육과정의 방향성은 그러한 가치 구현으로 보다 심화되어야 한다. 이것은 학습자를 둘러싼 사회·문화적 맥락과 의사소통 패러다임의 흐름을 조금 더 깊이 성찰하여 공동체의 질서 유지에 기여하고 지속가능한 발전을 도모할 수 있는 기반이 되기 때문이다. 그러기 위해서는 앞으로 적용될 교육과정의 모습을 전망해 보고, 상생적 의사소통의 가치가 어떻게 기저를 이룰 수 있을지 살펴보는 과정이 필요하다.

3.2. 국어과 교육과정의 전망과 상생적 의사소통 교육

앞에서 상생화용적 의사소통 교육을 반영한 내용 요소들을 살폈다면, 이제 이들이 어떠한 모습을 지향해야 하는지 거시적 차원에서 접근해 보도록 하겠다. 현실 교육과정이 해당 교과의 지엽적 모습을 담는 데 치우치다보니 상생적 의사소통의 가치를 담기에는 한계가 있는 만큼 국어과가 감당해야 할 교육 범주를 보다 확장시켜서 탐구하려는 노력이 필요하다.

이를 위해 먼저 2011 개정 국어과 교육과정에 나타난 목표를 정리하면 다음과 같다.

〈표 8〉 2011 개정 국어과 교육과정의 목표

교과	목 표
국어	가. 국어 활동과 국어과 문학에 대한 기본적인 지식을 익힌다. 나. 다양한 유형의 담화와 글을 비판적이고 창의적으로 수용하고 생산한다. 다. 국어의 가치와 중요성을 인식하고 국어 생활을 능동적으로 하는 태도를 기른다.
국어 I	가. 국어 활동과 국어와 문학에 대한 일반적인 지식을 바탕으로 다양한 상황에서 국어를 창의적으로 사용한다. 나. 다양한 유형의 담화와 글을 능동적이고 적극적으로 수용・생산함으로써 교양인이 갖추어야 할 일반적인 국어 능력을 함양한다. 다. 국어 문화에 흥미를 가지고 국어 현상을 탐구하여 국어 생활과 국어의 발전에 이바지하는 태도를 기른다.
국어 II	가. 국어 활동과 국어와 문학에 대한 전문적이고 심화된 지식을 익혀 다양한 상황에서 국어를 창의적으로 사용한다. 나. 다양한 유형의 담화와 글을 비판적이고 창의적으로 수용・생산함으로써 교양인이 갖추어야 할 심화된 국어 능력을 함양한다. 다. 국어 문화에 대한 폭넓은 이해를 바탕으로 미래 지향적인 국어 문화를 창조하는 태도를 기른다.
화법과 작문	가. 화법과 작문의 본질과 원리를 체계적으로 이해한다. 나. 원활한 소통으로 바람직한 인간관계를 형성하며 갈등과 문제를 해결한다. 다. 상황과 대상에 적합하게 효과적으로 정보를 전달하고 설득한다.
독서와 문법	가. 독서와 언어의 본질을 사회・문화적 소통 차원에서 체계적이고 전문적으로 해결한다. 나. 국어 현상을 탐구하고 다양한 자료를 분석하며 비판적・창의적 문제 해결 능력을 기른다. 다. 다양한 관점의 글을 비판적으로 읽고 논리적으로 의미를 재구성하며 사회적 공동체의 독서 활동에 능동적으로 참여한다. 라. 독서와 문법을 통하여 개인의 삶과 사회 현상을 성찰하며 국어 문화를 창의적으로 발전시키는 태도를 기른다.
문학	가. 문학에 대한 지식과 경험을 바탕으로 문학에 대한 체계적 이해를 갖추고 능동적으로 문학 활동을 한다. 나. 문학 수용과 생산 활동을 통하여 언어에 대한 통찰력을 기르고, 창의적으로 사고하고 소통하는 능력을 기른다. 다. 문학을 통하여 인간과 세계를 총체적으로 이해하고, 문학의 가치와 아름다움을 향유하며, 심미적 안목을 높인다. 라. 한국 문학의 보편성과 특수성을 이해하고, 우리 공동체의 문학 문화 발전에 적극적으로 참여한다.

의사소통의 개념을 크게 잡으면 국어 활동 영역이나 문학 등 모든 분야가 소통 능력 향상에 도움을 줄 수 있을 것이다. 더구나 상생적 의사소통의 관점으로 본다면 당연히 그러한 지향성을 가지고 교육이 이루어져야 한다. 그러므로 소통 전반에 대한 넓은 고찰을 위해서 현행 국어 교과가 다루고 있는 목표 층위를 분석해보도록 하겠다.

위의 목표들에서 공통으로 두드러진 부분을 찾으면 '담화와 글을 수용하고 생산'한다는 점이다. 특히 2007 및 2011 개정 국어과 교육과정에서 누차 '담화와 글'을 묶어서 제시하고 있는 것은 수용과 생산의 과정이 유사하다는 앞의 논의에 비춰볼 때 의미 있는 변화라고 하겠다.

하지만 '담화와 글의 수용과 생산'이 각 교과의 세부 목표에서 분절적으로 제시되고 있기 때문에 이들의 공통 지향성을 설정하기에는 어려움이 따른다. 즉 이 연구에서 바라보는 상생적 의사소통의 가치가 영역 통합과 더불어 사회·문화 전반의 모습을 담고 있는 지향성이라면 담화와 글의 수용과 생산 역시 이러한 목표를 이루기 위해 수렴되어야 하는데, 지금은 확산적 목표 제시에 그치고 있는 것이다. 그러므로 2011 교육과정의 목표는 상생적 의사소통 교육의 가치를 부분적으로만 담고 있을 뿐 충분히 함축하고 있지 못하다.

그렇다면 진통 끝에 완성된 2015 문·이과 통합형 국어과 교육과정에는 상생적 의사소통의 가치가 가시적일 만큼 충분히 반영되어 있을까? 문·이과 통합형 교육과정이 융·복합을 지향하기 때문에 국어과는 상대적으로 다른 교과에 비해 변화의 폭이 작게 느껴질 수 있다. 하지만 세부 교과가 재편되기 때문에 이러한 변화의 흐름에 맞춰 통합의 양상을 보는 것은 유의미한 작업이 될 것이다. 이를 위해 2015 개정 국어과 교육과정의 목표와 선택 교육과정 세부 교과 논의가 진행되었던 모습을 살피면 다음과 같다(김창원 외, 2014: 203-218).

〈표 9〉 2015 개정 국어과 교육과정의 목표

교과	목 표
국어	가. 다양한 유형의 담화, 글, 작품을 정확하고 비판적으로 이해하고 효과적이고 창의적으로 표현하며 소통하는 데 필요한 기능을 익힌다. 나. 듣기·말하기, 읽기, 쓰기 활동 및 문법 탐구와 문학 향유를 위한 기본 지식을 갖춘다. 다. 국어의 가치와 국어 능력의 중요성을 인식하고 국어생활을 주체적으로 하는 태도를 기른다.
화법과 작문	가. 화법과 작문의 본질과 원리를 체계적으로 이해한다. 나. 효과적으로 내용을 구성하여 전달하고 설득하는 능력을 기른다. 다. 바람직한 인간관계를 형성하고 효과적으로 자신을 표현하는 능력을 기른다. 라. 공감과 배려를 바탕으로 바람직한 의사소통 문화를 형성하는 태도를 기른다.
독서	가. 독서 활동의 본질과 원리를 체계적으로 이해한다. 나. 다양한 주제, 유형, 분야의 글을 적절한 방법으로 읽는 능력을 기른다. 다. 목적에 따라 가치 있는 글을 스스로 찾아 즐겨 읽는 태도를 기른다.
언어와 매체	가. 언어 운용의 원리로서의 문법과 사회적 소통에 복합적으로 작용하는 매체 언어의 특성을 체계적으로 이해한다. 나. 다양한 국어 자료를 통해 언어의 본질과 국어의 구조를 탐구하고 이를 자신의 언어생활 개선에 활용하는 능력을 기른다. 다. 매체 자료를 비판적으로 수용하고 창의적으로 생산하며 사회적 소통과 문화 형성에 참여하는 능력을 기른다. 라. 국어생활과 매체 언어 생활에 대해 성찰하고 국어와 매체 문화를 발전시키는 태도를 기른다.
문학	가. 문학의 본질과 가치, 한국 문학의 성격과 역사에 대해 체계적으로 이해한다. 나. 작품의 수용과 생산 활동을 중심으로 창의적·심미적·성찰적으로 사고하고 소통하는 능력을 기른다. 다. 문학을 통해 인간과 세계를 총체적으로 이해하고 공동체의 문화 발전에 참여하는 태도를 기른다.
실용 국어	가. 직무 수행을 위한 국어 사용의 원리를 이해한다. 나. 직무 수행에 필요한 다양한 국어 사용의 기능을 익힌다. 다. 다양한 직무 상황에서 효과적으로 의사소통하려는 태도를 기른다.
심화 국어	가. 학습 및 연구를 위한 국어 사용의 원리를 이해한다. 나. 학습 및 연구에 필요한 언어적 사고력과 심화된 국어 사용 능력을 기른다. 다. 학습 및 연구와 관련된 윤리를 지키고 국어 활동에 적극적으로 참여하는 태도를 기른다.
고전 읽기	가. 고전의 가치와 고전을 통한 국어 능력 심화의 중요성을 이해한다. 나. 고전을 제재로 하여 비판적·창의적 사고력을 신장하고 의사소통과 문화적 소통 능력을 기른다. 다. 고전과의 소통을 생활화하여 수준 높고 윤리적인 국어생활을 영위하는 태도를 기른다.

〈표 10〉 2015 개정 국어과 교육과정의 선택 교육과정 세부 교과

구 분		과 목	성 격	특 징
공통 필수 과목	A안	국어 I (5)	•화법·독서·작문·문법·문학 영역 •의사소통 능력, 정보처리 능력, 대인관계 능력 중심	I·II에서 동일 영역을 다루되, 국어 과목의 핵심 역량을 중심으로 위계화
		국어 II (5)	•화법·독서·작문·문법·문학 영역	

			•문제해결능력, 비판적 · 창의적 사고 능력, 문화 · 예술 향유 능력 중심	
	B안	국어 I (5)	•화법 · 독서 · 작문 영역 •언어적 사고력과 의사소통 능력으로 초점화	I · II에서 핵심 역량을 공통적으로 다루되, 국어 과목의 영역을 중심으로 위계화
		국어 II (5)	•문법 · 문학 영역 •국어 문화적 소양으로 초점화	
일반 선택 과목	A안	화법과 작문	현행 유지	현행 체제의 근간 유지 및 영역 기반 재편성
		독서와 고전	'독서와 문법'에서 '문법'을 분리하고 '독서'와 '고전'을 형식적으로 통합	
		문법과 국어생활	문법교육의 내용을 국어생활과 문화, 매체 언어 관련 내용과 유기적으로 통합	
		문학	현행 유지	
	B안	화법과 작문	현행 유지	현행 체제의 근간 유지 및 생활 중심 재편성
		독서	'독서와 문법'에서 '문법'을 분리하고 '고전'을 '독서'에 내용적으로 통합	
		언어와 매체	문법교육의 내용을 '언어'로 개편하여 2007 교육과정에서 개설했던 '매체 언어'와 통합	
		문학	현행 유지	
진로 선택 과목	A안	심화 국어	진학을 목표로 하는 학생들을 위한 학술적인 국어 능력 함양	선택 과목의 체계와 성격 중시
		실용 국어	취업을 목표로 하는 학생들을 위한 실용적인 국어 능력 함양	
	B안	실용 국어	취업을 목표로 하는 학생들을 위한 실용적인 국어 능력 함양	선택 과목을 진로형 교육 과정으로 간주

앞에서 언급했던 것처럼 2015 개정 국어과 교육과정의 선택 중심 교육과정은 '일반 선택(화법과 작문, 독서, 언어와 매체, 문학)', '진로 선택(실용 국어, 심화 국어, 고전 읽기)' 등으로 결정되었다. 그럼에도 다양한 논의들을 살피는 것은 그 자체로 교육과정 패러다임의 변화를 살필 수 있기 때문이다. 위의 〈표 10〉에서 보면 공통필수과목에서 A안이건 B안이건 '국어 I'의 강조점은 의사소통 능력이라는 것을 확인할 수 있다. 정보처리 능력과 대인관계 능력, 언어적 사고력 등 다른 능력 범주를 열거하더라도 모두 통합적 의사소통 교육의 테두리 안에서 논의가 될 수 있는 것들이다. 특히 상생적 의사소통 교육의 특징이 복합적 소통 방식을 지향하는 만큼 '국어 I'에서 논의

되고 있는 성격들은 이러한 가치를 어느 정도 실천할 수 있는 여지를 보인다. 특정 영역을 두드러지게 강조하지 않고 능력 차원의 제시를 통해 영역의 중요성보다 통합적 의사소통 교육 자체를 내세움으로써 보다 효과적인 상생의 가치를 구현할 수 있을 것이다.[67]

만약 '국어Ⅰ'이 상생적 의사소통의 가치를 일정 부분 실천할 수 있다면 심화 과목이라고 할 수 있는 '국어Ⅱ'에서도 이에 대한 기대감을 가져볼 수 있다. A안의 경우 '국어Ⅰ'의 내용들을 다분히 심화시킨 것으로 보이며, B안의 '국어Ⅱ'에 나타난 '국어 문화적 소양'이라는 내용에서 그러한 점들을 유추할 수 있기 때문이다. 상생적 의사소통이라는 용어는 없지만 시대적 요구를 반영하기 위해 노력하고 있는 만큼 이전의 내용들에 비하여 단순히 재구조화만을 취하지는 않을 것이다.

그러나 이렇듯 보다 나은 통합의 방향을 보인다고는 해도 여전히

67 일반선택과목의 경우에는 A안과 B안 모두 '화법과 작문'을 취하고 있으며 현행 유지라고 하였는데, 이는 결국 2009 개정 국어과 교육과정 이후 이루어졌던 영역 통합의 가치를 지속적으로 계승하겠다는 의도가 엿보인다. 다만 현행을 유지한다고 방향이 잡힌 만큼 '화법과 작문' 교과가 이전보다 얼마나 실질적으로 통합적 성격을 지니고 어우러질 수 있느냐의 숙제를 해결해야 할 것이다.
이 밖에 일반선택과목 중 'B안'에 보이는 '언어와 매체'의 신설은 바람직한 방향이다. 2007 개정 국어과 교육과정에서 '매체 언어'라는 교과로 처음 논의되었으나 교과서의 모습을 보이지도 못하고 다른 영역들 속에 그 가치를 나누어 제시하는 것으로 위안을 삼았다. 하지만 주지하다시피 학습자들을 둘러싼 환경의 변화는 하루가 다르게 복잡해지고 있으며, 이때 가장 큰 영향력을 끼치는 것은 '매체'라고 할 수 있다. 즉 인터넷은 물론이거니와 학습자들이 하루 종일 손에서 놓지 않는 스마트폰, 텔레비전 등등 매체의 다양성이나 유형화를 떠나 이들 속에 함의되어 있는 언어의 의미가 무엇인지를 탐구하는 것이 매우 시급한 즈음이다. 따라서 우여곡절 끝에 부활하는 '매체 언어' 관련 교과의 충실한 고민과 노력이 이루어져야 할 것이다. 매체 언어에 대한 강화는 기본적으로 통합적 국어교육의 실천뿐만 아니라 상생적 의사소통 교육의 화두와도 매우 잘 맞기 때문에 보다 적극적인 교육과정 및 교과서 개발의 노력이 필요해 보인다.

국어과 교육과정은 '상생'의 가치를 구현하는 데 아쉬움이 남는다. 그것은 '문・이과 통합형'이라는 큰 변화 속에서 다른 교과들이 교과 간 통합을 시도하는 데 반해 국어과 내부의 재구조화를 하는 것으로 그치고 있기 때문이다.[68] 상생적 의사소통 교육의 가치가 보다 효과적으로 구현되려면 앞에서 언급했던 학습 생태의 구조 안에서 다문화에 대한 이해, 미디어 매체 환경의 지식, 창의・융합 인재 구현의 방향성 등을 교육할 수 있어야 한다. 그리고 이러한 교육은 국어 교과의 재구조화만을 통해서는 제대로 실현되기 어렵다. 국어 교과의 재구조화라는 것은 국어과 영역들이 통합할 수 있는 최선의 방법에 대한 고려와 이를 교과서로 만들어 내는 작업이라고 할 수 있다. 이러한 노력을 통해 학습자들이 배우는 국어 교과의 위계가 보다 구체적으로 강화되고 영역 통합의 모습 또한 실제성에 맞게 발전할 수 있을 것이다.

문제는 이러한 국어 교과의 재구조화만으로 앞에서 강조했던 창의・융합 인재 양성에 효과적으로 기여할 수 있느냐에 대한 회의적인 반응이다. 결국 '문・이과 통합형'이라는 시대적 요구에 부응하기 위해서는 국어교육의 시각 자체를 넓힐 필요가 있다. 국어과 교육을 초월하여 학습자들이 모든 교과를 학습할 때 발생하는 실제 언어 수행, 수업 대화, 일상 대화, 매체 언어 등을 '의사소통 교육'이라는 이름으로 통합할 수 있을 때, 상생적 가치의 실천 또한 가능하게 될 것이다.

---

68 김창원 외(2014)에서 보고서의 제목을 '문・이과 통합형 **국어과 교육과정 재구조화** 연구'라고 명시한 것은 이러한 한계점을 보여주는 단면이다.(밑줄 및 강조는 연구자)

제 3 장

상생적 의사소통에 따른 의사소통 능력의 재개념화

1. 문식성의 의미 확대와 상생적 의사소통 교육

문식성은 기본적으로 국어 능력과 매우 직결되는 요소이다. 언어를 수용하고 표현하는 과정인 문식성 자체가 국어 능력과 매우 큰 공통분모를 형성하고 있기 때문이다. 그리고 의사소통 능력 또한 국어 교과의 주요 능력으로서 매우 깊은 유대관계를 맺고 있다. 따라서 문식성이 지닌 의미와 의사소통의 속성을 찾아보는 과정은 상생적 의사소통 교육을 지향하기 위한 이론적 기반으로 작용할 수 있다. 여기에서는 학습자를 둘러싼 생태학적 환경 변화와 다양한 사회·문화적, 기술적 요구들을 반영하여 기존에 가지고 있던 문식성의 의미를 확대할 것이다. 그리고 이러한 문식성의 확대가 상생적 의사소통 교육에 어떻게 기여할 수 있는지 살펴보고자 한다.[1]

문식성(文識性: literacy)이란 기본적으로 문자를 이해하고 쓸 수 있는 능력을 일컫는다.[2] 논란의 여지가 없어 보였던 이러한 문식성의 정의는 이후 시대가 변하고 교육 환경이 바뀜에 따라 그 의미 또한 다양해지면서 비판적 문식성, 평가 문식성, 다중 문식성, 문화적 문식성, 미디어 문식성, 다문화 문식성 등등 세부적으로 파생되어 왔다. 기존의 좁은 범주에 머물렀던 문식성의 한계를 벗어나 사회·문화적인 영향으로 인해 그 영역이 점차 확대되고 있는 것이다. 즉 지

---

1 한정현·김혜숙(2013ㄴ)의 논의를 기반으로 상생적 의사소통 교육의 관점에 맞도록 수정·보완하였다.

2 최인자(2002: 195)의 논의를 빌리지 않더라도 문식성(literacy)은 연구하는 사람에 따라 다양한 용어, 다양한 의미로 사용되어 왔다. 즉 문변력, 문해력, 문활력 등 'literacy'가 함의하는 부분을 어디까지로 보느냐에 따라 우리말로 옮기는 데 의견이 분분했던 것이다. 심지어 이병민(2005: 133)은 'literacy'의 개념과 정의에 대해서 보다 자세하게 살펴보겠다는 전제 아래 우리말 번역을 쓰지 않고 '리터러시'라는 단어를 그대로 사용하기도 하였다.

금까지 '문식성'이라는 어휘 해석의 한계 때문에 텍스트를 읽는다는 것에 그쳤던 소극적 기반에서 벗어나, 원만한 의사소통과 사회·문화적 실천에 도달할 수 있는 지식 혹은 능력으로 그 의미를 확대해야 한다는 주장이 많은 연구자들의 논의를 통해 공유되고 있는 실정이다(정혜승, 2010: 186). 그리고 한정현·김혜숙(2013ㄴ: 254)에서는 이러한 문식성의 다양한 특징들을 반영하여 오늘날 학습자들에게 필요한 문식성을 '지금 여기의 문식성'이라 규정하고 이에 대한 구체적인 내용을 제시하였다.[3]

문식성의 개념을 원만한 의사소통과 사회·문화적 실천에 도달할 수 있는 능력이라고 규정하고 그 외연을 넓힌다면 자연스럽게 문자언어로만 국한되었던 문식성의 범주에 음성언어까지 들어올 수 있는 여지가 생기게 된다. 박영목(2008: 200-206)은 Durant & Green(2001)의 논의를 인용하면서 이러한 문식성의 외연이 넓어지는 것과 더불어 문식 학습이 다음과 같은 세 측면을 지향한다고 정리하였다.

---

3 한정현·김혜숙(2013ㄴ)에서 말하는 '지금 여기의 문식성'의 특징은 다음과 같다.
첫째, 지금 여기의 문식성은 이른바 글말 교육의 단일 영역을 벗어난다. 인쇄 텍스트는 가장 기본이며 이를 포함하여 각종 음향이나 사진, 영상 등 '문'을 지칭할 수 있는 범주가 상당히 넓어졌다.
둘째, 지금 여기의 문식성은 텍스트에 대한 고차원적인 사고를 요구한다. 즉 단순히 텍스트에 대한 이해로 끝나는 것이 아니라 비판하고 평가하고 응용하는 등 사고의 확장을 통해 발현되는 능력이다.
셋째, 지금 여기의 문식성은 사회·문화적 상호작용을 매우 강조한다. 이는 한 개인이 텍스트만 해석하는 수준에서 벗어나 그가 살고 있는 환경과 교호하고 다른 개인과의 관계 형성이 중요하게 작용한다는 것을 의미한다.

〔그림 5〕 문식 학습의 세 측면

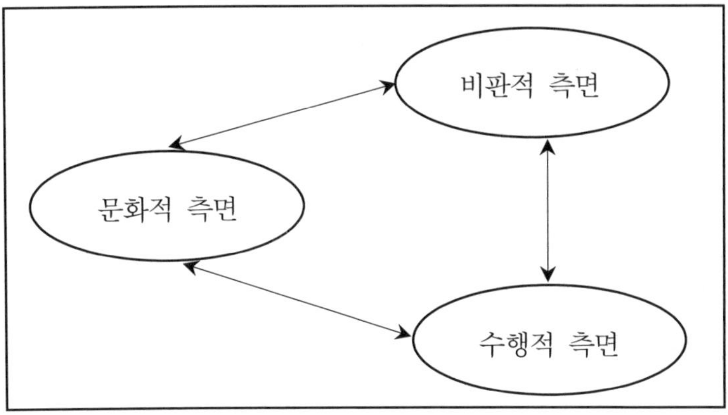

여기에서 수행적 측면에는 단순히 문자에 대한 이해뿐만 아니라 음성언어를 비롯하여 다양한 정보기술을 다루는 능력을 포함한다. 문화적 측면에서는 문식 학습과 문식 활동이 단순히 언어와 기술 체계를 작용 가능한 것으로 만드는 일 이상의 것이며, 그러한 작동 능력이 실제적 형식의 의미 구성 활동에 구체적으로 기여할 수 있다는 사실을 바르게 인식하는 과정이라고 하였다. 비판적 측면에서는 맥락과 역사와 힘에 대하여 명확한 고려가 중요하며 이에 적합한 언어적 비판 능력이 필요하다는 것을 강조한다. 이렇듯 문식 학습의 세 측면에서 요구하는 국어교육의 영역은 단지 문자 언어 수준을 넘어서는 것이다. 따라서 문식성과 음성언어의 상관성을 면밀히 밝히게 된다면 상생적 의사소통 교육이 지향해야 할 방향성 또한 논리적으로 도출하는 것이 가능해진다.

듣기·말하기와 문식성이 보이는 접점을 논하기에 앞서 두 대상의 연관성이 언급될 수 있는 가능성에 대해 살펴보도록 하겠다. 듣기·말하기, 즉 구술성과 문식성의 기본적인 관계를 가장 잘 드러낸 연구자로는 Ong(1979)를 들 수 있다. Ong(1979: 1-6)에서는 'orality'

가 현 시대의 문식성 확장에 기여하고 있다는 점을 밝혔다.[4] 또한 쓰기 능력은 듣기 능력과 매우 밀접하게 관련이 되어 있는데, 그것은 내용을 들을 때에는 마치 한 사람이 글로 된 텍스트를 읽을 때와 같은 상상을 가능하게 만들기 때문이라고 하였다. 특히 쓰기 활동은 학습자에게 남아 있는 1차적인 구술성에 의해 영향을 받는다고 하였으며, 환경의 변화에 따라 구술성과 문식성은 매우 활발하게 상호작용한다고 강조한 점이 주목할 만하다.[5]

한편 국내 연구자들의 논의를 통해서도 듣기 · 말하기 영역과 문식성의 연관성에 대한 생각을 엿볼 수 있으며,[6] 이러한 논의들로 미

---

4 This is what I propose to do here: to review the orality in our long cultral past in order to bring an understanding of it to bear on the present literacy and para-literary situation. 이하 문식성과 구술성의 관계에 대해서는 Walter. J. Ong. *Literacy and Orality in Our Times.*를 참조.

5 이러한 논의는 Ong(1995)에서도 곳곳에 드러난다. 오늘날 세계에 남은 구술성의 문화, 또는 구술성이 지배적인 그런 문화들 가운데 구술성이 지닌 매우 거대하고 복합적이면서도 영원히 접근하기 어려운 힘을 문자성(literacy)의 도움 없이 알아차릴 수 있는 문화는 거의 없다고 강조하면서 구술성과 문자성의 상관성을 피력하였다.

6 최인자(2001: 208)은 Fairclough의 말을 인용하여 전통적인 관점에서 볼 때 '말하기 능력'은 공식적인 언어능력이라기보다는 삶의 능력(life skill)이었지만, 이제는 네트워크화 된 상호작용 속에서 제반의 생산 행위가 이루어지고 있기 때문에 화법 능력이 주요 문식력으로 대두되었다고 하였다. 박영민(2004: 29-30)은 독서의 역사를 언급하면서 독서 형태의 변모가 음독(音讀)으로부터 묵독(黙讀)으로 이행되어 온 것을 지적하고, 기본적으로 문식성의 시원(始原) 시대에 구술문화가 근원적인 영향을 끼쳤을 것이라는 점을 강조하였다. 이형래(2005: 256)은 문식성의 의미가 문자 언어 사용 기능인 '읽기'와 '쓰기' 행위와 밀접한 관련이 있지만, 오늘날 다중매체의 발달로 듣기 · 말하기가 읽기와 쓰기 행위에 지대한 영향을 미치고 있음을 고려해 볼 때 화법적 요소가 포함되는 것이 타당하다고 주장하였다. 이병민(2005: 138-158)은 소리나 동영상은 구어적 성격이 강하기 때문에 문어 중심의 서구사회에서 새롭게 구어적 성격의 리터러시 활동이 등장하게 되었다는 Ong(2002)의 말을 인용하였다. 그런 속에서 인터넷 멀티미디어 환경과 21세기 미디어 환경에 우리 한국인들이 빨리 적응하는 것 자체가 사회가 가진 구어적(口語的) 성격의 결과라는 점을 강조하였다. 이러한 주장은 오늘날

루어 볼 때 듣기 · 말하기 영역이 문식성과 연관되어 있다는 점은 명확하다. 개별 연구자의 생각에 따라 그 연관성의 정도는 차이가 있겠지만, 오늘날 사회 · 문화적 특성을 고려할 때 듣기 · 말하기는 지금 여기의 문식성을 규정하는 데 적지 않은 역할을 하고 있다는 점을 확인하게 된다. 결국 과제는 듣기 · 말하기가 어떤 의미로 규정되어서 문식성을 형성하고 상생적 의사소통 교육에 기여하는가를 밝히는 것이다.[7]

문식성을 구체적 언어 사용 맥락에서 본질적인 목적으로 그 지식을 적용할 줄 아는 능력으로 규정하거나(박영목, 2003: 3), 어떤 분야에서 의사소통하고 실천할 수 있는 능력(정혜승, 2010: 186)으로 정의한다면, 미래의 국어교육이 지향하는 문식성은 결국 이 연구에서 논의하고 있는 상생적 의사소통 능력으로 귀결 지을 수 있을 것이다. 또한 언식성 역시 이러한 상생적 의사소통을 효과적으로 구현하는

개인적 차원이나 사회 · 문화적 차원, 더 나아가 직업적 차원에 이르기까지 구어적 성격, 즉 듣기 · 말하기의 역할이 매우 중요하다는 논의로 이어질 수 있기 때문에 큰 의의를 지닌다.

7 이러한 맥락에서 언식성과 문식성의 관계를 살폈던 이창덕(2011: 218-219)의 논의는 좋은 참고 자료가 된다. 여기에서는 개념의 발달 과정이나 의사소통 교육에서 듣기 · 말하기, 읽기, 쓰기가 차지하는 비중과 역할을 고려할 때 언식성과 문식성이 교집합을 이루는 제2 유형을 지지하는 입장에서 둘의 관계를 논의하였다. 즉 구두 언어로 소통하는 능력인 구술력과 문자 언어로 소통하는 능력인 문식력 사이에 서로 다른 부분이 분명히 존재하고, 공통 영역 또한 나타난다고 본 결과물이었다. 그리고 이들의 관계가 다음의 세 가지 경우로 논의될 수 있다고 하였다.

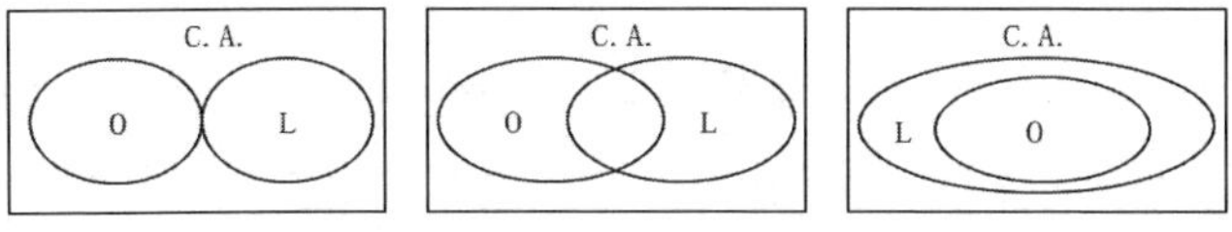

C. A. (Communication Ability: 의사소통 능력, O(Oracy: 구술력), L(Literacy): 문식력

기저 능력의 역할을 해야 할 것이다. 따라서 기존 문식성이 보이는 어휘의 한계를 뛰어넘고 언식성이 지닌 사회·문화적 특성을 반영하는 것이 상생적 의사소통 능력을 규정하는 바탕이라는 점을 인식해야 한다. 이것은 앞에서 지속적으로 논의했던 다양한 학습 생태계 변화에 탄력적으로 적응하는 과정이며, 의사소통의 주체가 상생의 가치를 실천하는 데 있어 언어관과 문화관을 보여 주는 지표가 된다.

2. 동·서양 의사소통의 변별성 비교

2.1. 서양적 관점의 의사소통 특성과 의의

2.1.1. 서양적 의사소통의 특성

서양 철학사에서 소통과 관련하여 자기만의 가치를 공고히 한 철학자들은 실존주의자, 현상학자 등 무수히 많다. 따라서 이들을 모두 언급하는 것은 물리적으로 한계가 있기에 논의의 방향성에 부합한다고 판단되는 Husserl과 Habermas, 그리고 Merleau-Ponty의 논의를 집약적으로 살펴보도록 하겠다.

먼저 현상학을 대표하는 Husserl은 근본적으로 의사소통의 문제를 합의를 토대로 한 새로운 상호관계의 형성이라는 관점에서 바라보았다(박인철, 2001: 173-180). 즉 의사소통은 단순히 상호이해의 차원에서 그치는 것이 아니라 상호합일 내지는 융합의 맥락에서 이해된다는 것이다. 여기에서는 의사소통의 목적이 서로에 대한 통일성을 산출하는 것이며 이러한 의사소통이 곧 '공동화'의 기초가 된다고 하였다. 공동화 이전에 나와 타자는 서로에 대해 객관적이고 대상화된 존재에 불과하지만 공동화 이후에 나와 타자는 서로에게 유의미한 존재가 되며 타자는 제3자가 아닌 바로 '너'가 된다는 점에 주목하였다.[8]

이러한 Husserl의 의사소통에서 가장 중요하게 여기는 것은 의사소통의 주체는 인격체라는 점이다. 인격체는 기본적으로 자기 자신과 타인에 대해 책임을 질 수 있는 존재를 말하는 것이며, 이러한 책임과 합리성이 바탕이 된 인격체 간의 의사소통이 이루어질 수 있을 때 공동화가 가능하다고 보았다. 더불어 의사소통의 주체인 인격체는 이들이 속한 사회・문화와 역사(고향 세계) 속에서 제약을 받으며 그 속에서 새로운 공동체 문화를 만들어 가는 것이라고 하였다. 주체와 대상은 항상 인식을 통하여 연결되어 있는 만큼 객관적인 대상을 상정하는 일은 불가능하다는 것이 Husserl의 기본 전제이다. 따라서 주체가 대상과 의사소통하는 과정은 주어진 환경과 맥락에 따라 다양하게 변주가 가능하며, 이러한 현상 자체를 존중해야만 효과적인 상호작용이 이루어졌다고 보는 것이다.

이러한 Husserl의 의사소통은 기본적으로 의사소통에 참여하는 각 주체들의 인성과 사회적 지위를 한껏 높게 책정했다는 점에서 의미를 갖는다. 즉 단순히 화자와 청자가 대화를 주고받는 것이 의사소통이 아니라 충분한 인격을 갖춘 주체들이 주어진 환경에서 서로에게 유의미한 존재가 되었을 때 비로소 의사소통이 이루어진 것이라고 정의내린 점에서 오늘날 의사소통 교육이 가야 할 길을 잘 보

8 박인철(2001)에서는 Husserl의 의사소통 이론이 의미를 갖기 위해서 제한이 필요하며, 이 제한은 다음의 두 가지 관점에서 이루어질 수 있다고 하였다. 첫째는 의사소통이 이루어지는 상황의 제한이고, 둘째는 의사소통을 수행하는 주체의 제한이 그것이다. 전자는 건전한 의사소통이 이루어질 수 있는 기능 조건과 관련하며, 후자는 의사소통 공동체에 편입될 수 있는 자격이 무엇이냐는 문제와 관련된다고 보았다.

여 준다고 할 수 있다. 비록 역사를 함께 하지 않은 외부인, 이른바 다문화성의 주체가 있다면 유의미한 의사소통을 하는 데 큰 제약이 따른다는 한계를 지니지만, Husserl의 논의는 대화 그 자체만이 아니라 이를 둘러싼 제반 여건에 깊은 관심을 보였다는 점에서 의의를 찾을 수 있을 것이다.

한편 Habermas는 '의사소통적 이성'을 내세워 기존의 이론들이 가지고 있던 불확실성을 개선하는 데 주력하였다. 최영송(2012: 103-123)에서는 Habermas가 '소통'보다 '행위'를 내세운 소통적 행위 이론을 기반으로 이러한 불확실성을 개선하였다고 서술한다. 여기에서는 구체적으로 Habermas의 소통적 화용론이 오스틴의 언어적 화용론을 '확장'시킨 것이라고 하였다. 오스틴이 언급했던 화용론 중에서 발화수반행위, 즉 무엇인가를 말함으로써 어떤 행위나 관계에 돌입하는 것에 관심을 갖고 발화에 따른 행동의 조정과 합의가 의사소통의 성공 여부를 결정한다고 보았다. 이에 대해 홍남기(2009: 188-191)은 Habermas의 의사소통에 나타난 언어 양상이 발화수반적 언어 행위라고 말하며, 여기에서는 의사소통 참여자들이 언어적 상호이해를 통해 합의에 도달하는 절차를 중요시한다고 하였다. 당사자들이 의사소통행위를 통해 상호이해와 합의에 이르기 위해서는 의사소통적 언어행위가 이루어지는 화용론적 전제 조건, 즉 이상적 담화 상황의 조건을 충족시켜야 한다는 점을 강조하였다.[9] 조맹기

---

9 홍남기(2009)에서 말하는 어떤 타당성 주장이 수락되고 언어적 상호이해가 발생하기 위한 조건으로 다음의 네 가지를 인용하였다.
① 주장에서 이해 가능한 표현이 사용되어야 한다.
② 주장에서 진술된 내용의 진리성이 확보되어야 한다.
③ 주장을 통해 제기된 규범이 옳거나 타당해야 한다. 즉, 규범이 상호주관적인 관계를 통해 정당화되어야 한다.
④ 주장을 통해 표현된 의도가 진실되어야 한다.

(2007: 73-74)에서는 Habermas의 의사소통을 '환경의 자극에 반응하는 개별 유기체의 행동으로 보지 않고, 최소한 둘 이상의 유기체가 서로에게 반응하고 태도를 취하는 상호작용'으로 정리하였으며, 의사소통 행위는 호혜성과 상호인정을 의미한다고 보았다. 결국 위에서 언급한 이상적 담화 상황을 구현하기 위하여 호혜성과 상호인정이라는 전제를 두고 있는 것이다.

이러한 Habermas의 의사소통은 국어교육에서 이루어지는 의사소통의 가장 큰 영역인 발화수반적 언어 행위의 의미를 정치하게 보이고 있다는 점에서 큰 의의를 지닌다. 오히려 지나치게 발화수반적 의미에만 치우친 나머지 상호이해의 조건을 벗어난 인간의 자유로운 언어 사용의 양태나 발화 상황에서 주고받는 유의미한 피드-백 속에서 '진실됨'이 아닌 주관적 가치의 다양성을 묵과했다는 단점이 한계로 보일 수 있다. 또한 Habermas가 주장하는 이상적 담화 상황 구현은 실제 의사소통 상황에서 실현 불가능한 그야말로 '이상적'인 전제에 불과하다는 비판도 나올 수 있다. 하지만 의사소통이 지닌 이성적 측면을 보다 특화하여 담화가 이루어지는 목적에 따라 효율적인 접근이 가능하다는 점에서 교수-학습에 활용할 수 있는 여지를 지닌다고 하겠다. 교육의 목적 중 하나가 이상을 지향하면서 현실을 최대한 긍정적으로 변화시키는 것이라면 많은 비판을 감수하더라도 Habermas의 가치관은 유의미한 것이다.

몸에 대한 담론으로 유명한 Merleau-Ponty는 소통에 있어서 주변세계와 상호작용하는 주체를 만드는 것에 주목하였다. 박광훈(1998: 92-102)는 Merleau-Ponty에 의하여 제시되는 신체는 정신과 신체가 분리되지 않은 상태에서 세계를 능동적으로 경험할 수 있는 생생한 신체라는 점을 강조하였다. 아울러 신체를 통한 경험의 중요성을 부각시켰다는 점에서 가치를 지닌다고 하였다. 즉 Merleau-Ponty에게 있어서 신체는 사물과 정신이 끊임없이 상호 교섭하는 과정으로 묶여 함께 존재하며, 다른 인간과의 대화 과정에 있는 온전한 주체로서 물질적인 동시에 정신적인 실체라는 것이다. 이민선(2012: 102-106)은 Merleau-Ponty의 몸을 관계를 형성하고 경험을 쌓아가는 주체적 존재로 간주하고 이러한 몸이 능동적으로 삶을 전개한다는 점을 강조하였다. 특히 몸이 주변 세계에 상호작용하기 때문에 사회・역사성을 갖는다는 점에 가치를 두면서 몸이 사회 및 역사와 관계를 맺으며 행동하는 속에서 실존적 의미를 형성하게 된다고 보았다. 몸이 주변 세계에 반응한다는 것은 이호형・김혜숙(2014: 546-550)에서 언급한 '체현된 배려'와도 의미를 공유한다. 인간이 소통을 할 때 무엇보다 주목해야 할 점은 교육을 통해 신체화된 언어를 사용할 수 있어야 한다는 것이다. Merleau-Ponty의 관점에서 본다면 배려의 가치나 상호문화성 등 아무리 좋은 상생적 의사소통의 원리도 경험을 통해 체화된 이후에 발현될 수 있다.

이와 같이 Merleau-Ponty의 몸 개념은 데카르트를 위시한 사유 중심의 철학자들이 몸의 가치를 껍데기로 전락시킨 데 대하여 정면으로 반박했다는 점에서 의의를 지닌다. 특히 인간과 인간이 의사소통을 하는 데 있어 몸이라는 대리적 수단을 이용하는 것이 아니라 그 자체를 독립된 주체적 존재로 인정해야 한다는 점을 강조함으로써 의사소통 행위 당사자들의 자존감을 높였다고 볼 수 있다. 언어 지식과 도덕적 가치가 체화된 몸은 원만한 의사소통의 도구로 작용할 수도 있지만, 몸 자체가 소통의 개별 주체로서 의미를 갖게 되는 것이다. 이렇게 체화된 몸에 대한 인식은 소통 주체들이 상대방에 대한 존중과 배려를 보다 적극적으로 할 수 있도록 만드는 데에도 일조한다. 인간의 몸이 사상을 대변하는 껍데기가 아니라 그 자체로 소통의 총체라는 인식이 서로를 인정하게 만드는 원동력이기 때문이다. 이를 오늘날 의사소통 교육의 현장에 구체적으로 녹여내는 것은 지난한 노력이 요구되지만, Merleau-Ponty의 몸 개념은 발화만 생각하지 않고 발화를 담고 있는 학습자 자체에 대한 관심을 요구하기 때문에 유의미한 연구가 될 것이다.

2.1.2. 서양적 의사소통의 의의

지금까지 언급한 철학자들로 미루어 볼 때 서양적 의사소통의 의의는 이성적 바탕에 기반한 상호작용을 완성된 하나의 행위로 보았다는 점이다. 합리주의로 대표되는 서양적 사고는 표현 주체의 발화와 더불어 수용 주체의 피드-백을 온전한 의사소통으로 여기고 있다. 그리고 의사소통을 바라보는 이러한 인식은 상대방에 대해 인정[10]하는 개인의 인격적 수양을 중요시 여긴다는 점에서 가치를 지닌다. 단순히 발화자 중심의 의사소통이 아니라 상대방의 피드-백을 잘 수용하기 위한 발화 주체로서 준비한다는 것은 상생적 의사소통 교육을 논할 때에도 시사하는 바가 크다. 삶의 가치관 중 하나인 서양적 개인주의가 이기주의로 흐르지 않는 것은 의사소통 주체로서 이러한 인격적 수련을 지속해야 한다는 책무감과 노력이 있었기 때문이다. 여기에서 책무감은 어쩔 수 없이 따라가는 수동적인 형태의 모습을 의미하지 않는다. 서구적 이성의 사유를 통하여 원만한 사회를 형성하고 유지하기 위해서 그러한 의식이 필요하다는 소통 주체들의 자발적이고 능동적인 합의를 말하는 것이다.

이렇듯 주체의 가치도 중요하지만 서양적 의사소통은 외적 환경

10 이른바 상대방을 인정하는 이성적 사고는 '인정의 정치학'을 통해 보다 구체적으로 나타난다. 이에 대한 논의는 4장에서 자세히 다루도록 하겠다.

과 맥락에 많은 관심을 보인다는 것을 확인하게 된다. 김정탁(2009: 134)는 서구인들이 의사소통에 있어서 객관성과 명료성을 최우선 가치로 삼고 있기에 애매모호한 표현을 수용하기 어렵다고 하였다. 여기에서 애매모호한 표현이라는 것은 동양적 사고에서의 중의성 내지 돌려 말하기 등으로 해석할 수 있을 것이다. 서양적 의사소통은 주체가 마주하는 상황과 환경을 중시하고 그 속에서 정확한 해석을 바탕으로 의사소통하는 것을 지향하는 만큼, 객관성과 명료성은 가장 기본적인 전제라고 볼 수 있다. 특히 다양한 의사소통의 양상 중 발화수반적 행위를 중시한다면 이러한 의식은 보다 확고해질 수밖에 없을 것이다.

객관성과 명료성을 중요시 여긴다는 것은 의사소통을 할 때 불분명함을 미연에 방지한다는 점에서 장점으로 작용한다. 특히 요즘처럼 정보의 양이 많은 생태 환경에서는 명료하지 않은 의사 표현이 다양한 해석의 논란을 일으키고 오해를 불러오는 경우가 생기기 때문이다. 상생적 의사소통 또한 '상생'을 지향한다고 해서 무조건적인 수용만을 올바른 소통의 방식으로 볼 수 없다. 배려와 공감을 기본적인 태도로 지닌다고 하더라도 상대방에 대해 한없는 포용으로 일관하는 것은 오히려 문화적 우월감의 표출로 보이기도 한다. 담화 상황에 따라서는 이견의 여지가 생기지 않는 객관적이고 명료한 표현이 불필요한 기대감이나 오해의 소지를 없앨 수 있다. 그리고 이렇듯 분명한 의사 표명이 곧 상생의 구현이 되기도 한다.

하지만 우리의 전통적 사고방식에서는 무조건 의사표현을 분명하게 하는 것만이 올바른 소통이 아니라는 의식이 여전히 강하게 자리잡고 있다. 이것은 예부터 이성을 중시하는 서구적 표현보다 우리말에 완곡어나 돌려 말하기 등이 많고, 지금도 흔하게 사용되고 있다는 사실에서 확인할 수 있다. 따라서 중요한 것은 서구적 의사소통이 지니고 있는 장점을 상생적 의사소통 교육의 상황에서 얼마나 시의 적절하게 활용할 수 있느냐이다. 그러기 위해서는 이러한 서구적 의사소통의 가치를 상생적 의사소통 능력 안으로 녹이는 작업이 이루어져야 할 것이다.

2.2. 동양적 관점의 의사소통 특성과 의의

2.2.1. 동양적 의사소통의 특성

동양적 의사소통의 특징을 찾기 위해서는 우리나라뿐 아니라 동양 문화권 전체를 풍미했던 유교와 불교, 그리고 중국의 대표적인 철인(哲人)들의 자취를 따라가는 노력이 필요하다. 여기에서는 논의의 일관성을 위해 서양적 의사소통과 마찬가지로 철인들의 생각과 가치를 조명하고자 한다. 이에 따라 상생화용이라는 주제와 연관성이 많은 인물로 '공자'와 '장자', 그리고 '원효'의 의사소통관을 살펴보도록 하겠다.

먼저 의사소통에 관한 동양적 사고의 대표적인 예로 공자의 화행을 들 수 있다. 『논어』에 담긴 수많은 문답 속에서 공자가 추구했던 의사소통의 방향성과, 이후의 사상가들에게 전달된 동양적 사고의 기반을 확인할 수 있는 것이다. 최현섭 외(2007: 66-72)에서는 『논어』의 구절을 예로 들면서[11] 공자의 화행에 나타나는 특징으로 억측과

---

11 공자께서 전혀 하지 않는 일 네 가지가 있다. 지레짐작으로 억측하지 않았으며, 반드시 틀림없다고 장담하지 않았으며, 자기 의견만을 고집하지 않았으며, 매사를 자기중심적으로 처리하지 않으셨다.

공자께서 괴이한 일, 힘쓰는 일, 도리에 어긋난 일, 그리고 귀신에 대해서는 말하지 않으셨다.

호언장담, 아집과 고집에 사로잡힌 언행을 거부하고 있으며, 일상에서 많은 사람들의 귀를 솔깃하게 만들고 호기심 끌리게 하는 신기한 일, 기이한 사건, 자극적인 것들을 대화의 주제로 삼지 않았다고 하였다. 이희재(2010: 310-320)은 공자가 대화 주체들의 개성을 존중하는 소통 방식을 지향하였음을 강조하고 있다. 특히 공자가 항상 열린 마음으로 상대의 이야기에 귀 기울이며 소통하려는 마음가짐을 지녔다는 데 주목하면서 이러한 공자의 문답법의 특징을 개방성, 정직성, 상대성, 경청과 침묵 등으로 나누어 설명하였다. 이때 개방성이란 선입견이나 고정관념과 같은 마음을 갖지 않는 공정한 태도이며, 정직성이란 단순히 대화의 내용을 꾸미지 않는 것에서 나아가 심중에 있는 것과 표현되는 것이 일치하지 않았을 때 느끼는 부끄러움이라고 하였다. 상대성은 대화의 상호관계성을 중요시 여기고 미리 확정된 정답 없이 상대방의 개성과 상황에 맞게 말하는 것이며, 경청과 침묵은 의사소통에서 표면적인 언어 행위가 아니지만 상대방과 교감하기 위한 대화자의 매우 중요한 덕목임을 강조하고 있다.[12] 이와 함께 강신주(2011: 139-143)은 『논어』에서 찾아볼 수 있는 공자의 소통 방식 중 가장 두드러진 것은 배려라는 점을 역설하였다.[13]

공자께서 '신기한 것을 찾고 괴이함을 행하는 것을 후세에 그것을 받들 경우가 있으나 나는 그런 짓을 하지 않겠다'고 하셨다.

- 이상 『논어』

12 이희재(2010)에서는 『논어』의 다음과 같은 구절을 예로 들며 경청과 침묵의 중요성을 언급하고 있다.

더불어 말할 만한데 말하지 아니하면 사람을 잃고, 가히 더불어 말할 만하지 못한데 말을 하면 말을 잃는다. 지혜로운 이는 사람을 잃지 않고, 또한 말도 잃지 않느니라.

- 『논어』

13 공자가 태묘에 들어갔을 때 일일이 물어보았다. 어떤 사람이 말했다. "누가 저런 추인의 아들이 예를 안다고 했는가? 태묘에 들어가서 일일이 묻고 있다니!" 공자

타인에 대한 섬세한 배려가 없다면 아무리 좋은 예절을 만들어 놓아도 쓸모가 없으며, 그러한 배려의 기본이 의사소통의 화행 속에 나타나야 한다는 점을 강조한 것이다.

이러한 공자의 화행은 대화를 할 때 모든 것을 다 고려해야 한다는 생각으로 인하여 일견 조심스럽고 소심한 화행의 방식이라고 비판할 수도 있다. 특히 맹자처럼 논리적이고 강한 어조로 상대방을 설득시키는 데 대화의 초점을 두기보다는 잘 듣고 방향성을 제시한다는 점에서 소기의 목적을 달성하는 데 시간이 많이 걸리고 직접적인 효과가 떨어지는 것처럼 보이기도 한다. 하지만 오늘날 학습자들의 언어생활에서 가장 문제가 되는 점들에 대하여 무엇이 그 원인이고 대안은 어떠해야 하는지를 이미 오래 전에 보여 주고 있다는 사실에 주목해야 한다. 주장은 강하나 상대방을 인정하려 하지 않고, 자신의 내면을 솔직하게 표현하기보다는 듣는 사람의 귀를 솔깃하게 만드는 데 주력하며, 한 사람 한 사람 대화자의 사회·문화적 배경에 대한 배려 없이 획일적인 전달만을 내세우는 삭막한 환경 속에서 무엇이 진정한 의사소통의 방향성이 되어야 하는지를 명쾌하게 보여 주고 있는 것이다.

공자와 함께 동양적 의사소통의 특성을 잘 보여주는 예는 장자를 들 수 있다. 강신주(2011: 190-195)에서는 소통에 담겨 있는 의미를 해석하면서 장자가 집필한 『장자』의 가장 핵심적인 내용이 '잊음'과 '비움'이라고 하였다. 소통은 구체적으로 막혔던 것을 터서 물과 같은 것이 잘 흐르도록 하는 작용을 나타내는 개념이며, 막혔던 것을 터 버리지 않는다면 물과 같은 것이 흐를 수 없기 때문에 '소'라는

가 이 말을 듣고 말했다. "이렇게 하는 것이 바로 예다."

- 『논어』

개념은 우리 마음으로부터 선입견을 비운다는 것, 즉 장자가 말했던 '잊음'이나 '비움'과 같은 맥락이라고 본 것이다. 마음 깊숙한 곳에서 선입견을 비워야 타자와 연결될 수 있는 희망을 품을 수 있다는 점에서 노나라 임금의 '바닷새 이야기'를 예로 들며[14] 소통의 기반이 무엇이어야 하는지를 강조하고 있다. 전숙경(2009: 96-99)는 『장자』에 담긴 의사소통의 특징을 현재 교육의 모습과 관련지어 설명하였다. 즉 교사의 태도가 대체로 수용적이고 유연하며 학습자의 화행에 따라 변화한다는 점, 학습자가 스스로 사색하여 답을 찾고 변화할 수 있는 시간을 준다는 점, 삶과의 연관 즉 개인적 경험을 바탕으로 하고 있다는 점 등이 그것이다. 특히 장자의 의사소통은 음성으로 표현된 상호작용이나 특정한 교육 의도만으로는 소기의 목적을 달성하기 어렵기 때문에 기다림, 체험, 자발성 등이 가지는 교육적 힘을 통해서 함께 실천해야 한다는 것을 강조하였다.

그리고 이러한 구체적 진술로 교육 패러다임의 전환을 이끌고 앎에 대한 욕구와 강화와 기다림을 강조하였으며, 앎을 추구하는 학습자의 능동성과 수용적 태도 등을 중시한 점이 장자가 말하고자 하는 의사소통의 특징이라고 하였다. 한편 강신주(2002: 4-5, 37-42)는 장자의 논의를 이해하기 위해서 소통이 자타 사이에 이루어지는 '지적인 이해(intellectual understanding)'나 혹은 '정서적 교감(feeling response)'과 구별되어야 한다고 전제하였다. 지적인 이해나 정서적

---

14 너는 들어보지 못했느냐? 옛날 바닷새가 노나라 서울 밖에 날아와 앉았다. 노나라 임금은 이 새를 친히 종묘 안으로 데리고 와 술을 권하고, 아름다운 궁궐의 음악을 연주해주고, 소와 돼지, 양을 잡아 대접하였다. 그러나 새는 어리둥절해하고 슬퍼하기만 할 뿐, 고기 한 점 먹지 않고 술도 한 잔 마시지 않은 채 사흘만에 결국 죽어버리고 말았다. 이것은 자기와 같은 사람을 기르는 방법으로 새를 기른 것이지, 새를 기르는 방법으로 새를 기른 것이 아니다.

- **『장자』**

교감에 대한 논의는 근본적으로 독립된 주체 및 타인을 전제로 하고 있기 때문이라는 것이다.[15] 이를 기반으로 하여 '소통'이라는 개념은 『장자』에서 '왕래함', '꿰뚫음', '정통함' 등을 의미한다고 보았다. 구체적으로 말해서 그 대상이 무엇이든 '통'이라는 개념은 행위 주체가 그 대상에 정통하고, 그것과 충돌을 하지 않게 되는 것을 의미한다는 뜻이다. 결국 '통'은 자타 사이의 대립과 갈등, 즉 차이가 전제되어 있을 때 의미를 지니는 개념이라고 주장하였다.

『장자』에 나타난 장자의 의사소통 덕목은 일견 간단해 보이지만 쉽게 접근할 수 없다는 점이 특징이다. 장자의 사상을 대표하는 어휘가 '무위자연'인 만큼 의사소통에 있어서 필요한 가치와 목표 역시 이상적이고 보편성을 갖기에는 비현실적이라는 비판도 받을 수 있다. 하지만 오늘날 학습자들의 특성을 규명하는 핵심어 가운데 다문화성이 부각된다는 점을 감안한다면 장자의 가치는 새삼 두드러진다. 앞에서 김혜숙(2012: 7-8)의 논의를 통해 다문화성을 다루었는데,[16] 이러한 논의에 기반한다면 장자의 소통에 나타난 가치들이 오

15 강신주(2002)는 소통이 인식론적으로 이해되기보다는 무엇보다도 먼저 삶이 이루어지는 실존적 사태로 이해되어져야 한다고 주장하였다. 소통은 기본적으로 독립된 주체와 독립된 타인 사이의 인칭적 관계맺음이라기보다, 우리가 소통을 통해 새로운 주체로 거듭날 수 있다는 비인칭적 생성에 그 논점이 있는 개념이라는 것이다. 따라서 소통은 기본적으로 윤리적 차원에서의 명제라기보다는 실존적 차원의 명제로 논의되어야 한다고 역설하였다. 이러한 주장에는 다양한 의문부호가 생길 수 있다. 소통을 통해 새로운 주체로 거듭날 수 있다는 이른바 교섭성의 의미와 더불어 기본적으로 소통이 관계맺음이라는 당위적 명제라는 것과, 과연 소통의 개념이 윤리적 차원에서 자유로울 수 있는가 등이 그 예이다. 다만 철학적 관점에서 바라보는 소통의 개념과, 국어교육에서 통용되는 소통의 의미가 다소 차이가 생길 수 있는 만큼 이에 대한 비판을 하는 데 초점을 두지는 않겠다.

16 김혜숙(2012)는 기존의 다문화와 관련된 논의들이 대부분 해외 이주민이나 새터민들과 관련한 국적의 속성을 보였다면, 이 논의에서는 같은 민족 안에서도 사회언어학적 측면에서 볼 때 문화의 다양성은 생겨날 수밖에 없다고 본 것이다.

늘날 충분히 빛을 발할 수 있을 것이다. 다문화 교육의 가장 핵심적인 부분 중 하나가 상대방을 인정하고 선입견 없이 바라보는 것이라면 장자의 '비움'과 '잊음'은 상대방과 의미 있는 소통을 실천하기 위한 대전제가 될 수밖에 없기 때문이다.

동양적 철학이 분명하게 나타나는 또 다른 이론은 원효의 '화쟁론(和諍論)'이다. 화쟁론은 넓게 보면 불교적 교리의 하나로 분류할 수 있다. 신옥희(2011: 7-9)는 불교의 가르침이 지니고 있는 특징으로 모든 존재가 다른 개체들과의 불가분의 연결 속에서 인연(因緣)에 의해 발생 및 변화하고, 결국에는 소멸한다는 점을 강조하였다. 이는 기본적으로 화쟁론을 포함한 불교적 세계관이 인간과 인간의 만남 그 자체를 소중히 여긴다는 태도적 가치라고 할 수 있다.

화쟁론의 의미를 조금 더 깊이 연구한 것으로는 김정탁·이경열(2006)을 참고할 수 있다. 여기에서는 원효의 화쟁론이 언어가 갖는 이항대립의 부작용을 오늘날 용어인 기표와 기의의 개념으로 나타냈다고 극찬한다.[17] 특히 원효의 화쟁론의 핵심은 의사소통 행위자의 쟁론을 완전히 해소시킨다는 의미보다는 생각의 차이를 나누고 확인하는 것이라고 하였다.[18] '화(和)'라는 말이 '화해'라는 가치를 갖기 전

이것은 다문화성의 외연을 매우 확대시킨 만큼 미래지향적 국어교육을 논의함에 있어 의미하는 바가 크다고 할 수 있다.

17 김정탁·이경열(2006)에서는 이러한 원효의 화쟁론이 서양 근대기호학의 창시자라고 할 수 있는 Saussure보다 무려 1300년이나 앞선 것이었다고 강조한다. 조금 더 지속적인 연구가 필요하겠지만 이러한 연구를 십 분 수용한다면 우리가 그 동안 의지했던 서양의 의사소통 이론에 대한 방향성은 수정될 여지가 있을 것으로 보인다. 마치 서양 음운학과 음성학의 성과를 세종대왕이 그에 못지않은 연구 축적으로 남겼던 것처럼 단순히 동양과 서양을 이분법적으로 나누는 선입견보다 공시적 차원에서 함께 비교하는 과정이 더 가치가 있을 것이다.

18 이경열(2007: 92-94)는 화쟁은 생각의 차이인 쟁(諍)과 동거의 화(和)가 거침없이 서로 오가는 이중적 보충이나 대리와 같은 교직성의 꼬임이라고 하였다. 다시 말해 화쟁 원리는 생각의 차이를 교직시켜 나가는 의미이지 모든 차이를 해

에 '회(會)', 즉 '모이다' 혹은 '함께 하다'는 의미가 강하다(이경영, 2010: 15-17)는 것은, 소통의 주체가 모여 관계를 형성할 때 같은 문제를 공유한다는 것이지 하나의 생각으로 합친다는 의미는 아닌 것이다. 즉 원효는 화해의 가치를 직접적으로 추구하기보다는 서로 상충되는 것들이 끊임없이 얽히고설키는 속에서 관계 형성에 기여한다고 본 것이다.

이러한 화쟁의 가치는 상생적 의사소통 교육의 정의적 측면에서 시사하는 바가 매우 크다. 기본적으로 소통의 과정이 주체와 주체 간 문화적 차이를 인정하는 데에서 시작한다고 했던 만큼 화쟁론은 그러한 인식을 하도록 만드는 출발점이 되는 것이다. 어떻게 화쟁을 할 것이냐를 따지기보다는 서로의 상이성을 인정하고 그 속에서 끊임없이 관계맺음을 지향하는 것 자체가 생태학적으로 지속가능한 관계 형성을 추구하는 모습이다. 상생적 의사소통 교육에서 결과적으로 추구하는 목적 중 하나는 화해라고 할 수 있지만, 이것 자체가 궁극적 성취의 대상은 아니다. 화해는 의사소통 주체와 또 다른 주체가 정의적 능력을 기반으로 지속적인 상호 교섭을 하는 가운데에서 자연스럽게 도출되는 사회 현상인 것이다.

결국 화쟁은 화해로 가기 위한 지속적인 동력이 될 수 있는데, 이때 의사소통 상황에서 발생하는 중층성이 함께 녹아들 필요가 있다. 최인자(2006)은 상생화용 교육을 위한 소통의 중층적 기제를 인지적, 정의적, 역사적, 사회적 측면과 상호 교섭의 존재론적 층위, 그리고 상호 교섭의 윤리적 층위까지 매우 복합적인 요소들에 기인한다고 설명하고 있다. 그리고 이러한 소통에 관여하는 중층적 사회 맥락까지 고려할 수 있어야 바람직한 상생적 의사소통 교육이 이루어

소시키는 완전무결의 일치를 의미하지 않는다는 점을 강조한 것이다.

질 수 있다고 주장한다.

층위에 대한 관점의 차이는 있으나 본고에서도 상생적 의사소통 교육의 기저를 다양하게 살피고 있는 만큼 소통의 중층성에 대해서는 참고할 수 있는 여지가 많다. 다만 여기에서 언급하고 있는 중층성의 층위들을 모두 섭렵하지 않더라도 화쟁의 가치는 단순한 정의적 측면 이상을 담고 있다. 일회적인 의사소통에 대한 무의미함, 서둘러 자신의 의사를 관철하겠다는 현대인의 조급함, 우월주의에 빠져 자신만의 의사가 절대적이라는 이기심, 다매체 시대에서 늘어나는 익명성으로 인해 언제 극단적 표출을 할지 모르는 학습 주체들의 부정적인 의사소통 모습들을 화쟁의 가치를 통해 해소할 수 있기 때문이다. 불교에서 시작된 화쟁의 가치는 기본적으로 사람의 인연을 소중히 여기기 때문에 일회적인 주체 간 의사소통을 지양한다. 따라서 억지스러운 통합보다는 자연스러운 입장 확인과 그 속에서 서로를 인정하며 긴 호흡으로 다가가는 것을 중요시 여긴다. 궁극적으로 이러한 화쟁의 정의적 기반은 상생적 의사소통 교육이 나아가고자 하는 인간성 회복에 기여할 수 있을 것이다.

2.2.2. 동양적 의사소통의 의의

지금까지 언급한 내용들을 바탕으로 동양적 의사소통에서 두드러지는 가치들을 논의해보도록 하겠다. 서양적 의사소통이 개별 철학자들의 사상을 기반으로 하는 반면, 동양적 의사소통은 기본적으로 유·불·선의 영향을 강하게 받았다. 동양 철학과 종교적인 측면이 복합적으로 뒤섞이면서 바람직한 의사소통의 방향성을 제시하고 있는 것이다. 구체적으로 김정탁(2004)는 서양적 의사소통 방식에 반감을 가지고 동양을 대표하는 유교, 불교, 도교, 즉 유·불·선(儒·

佛 ・仙)의 사유 방식을 통합적으로 살폈다.[19] 이들 내용을 압축하면 유가(儒家)에서의 '입상진의(立像眞意: 모양을 만들어 뜻을 전한다)', 불가(佛家)에서의 '불립문자(不立文字: 말로서 세울 수 없다)', 도가(道家)에서의 '언어도단(言語道斷: 언어는 도를 해칠 수 있다)' 등으로 정리할 수 있다.[20] 김정탁(2004: 247-250)에서는 이들의 차이점을 아래의 표와 같이 제시하였다.

〈표 11〉 유 · 불 · 선의 의사소통관[21]

구분	의사소통관	내용	함의	이상적 표현방식
불가 (佛歌)	唯識論 (不立文字)	色卽是空 空卽是色 염화시중의 미소	비언어적 매개물을 강조 명상, 직관, 조화의 의사소통 현상 실재라는 이분법 부정	'藝'적 표현 (언어최소주의)
도가 (道家)	非命論 (言語道斷)	道可道 非常道, 名可名 非常名 得魚忘筌 得魚忘筌	得道를 위한 언어 무용 기표의 중계 없는 의사소통 언어는 수단, 마음이 중요	'藝'적 표현 (언어불신론/ 언어최소주의)
유가 (儒家)	言行論 (立像眞意)	書不盡言 言不盡意 형상의 뜻을 전달	언어와 말은 단편 의식과 행동이 중요	'禮'적 표현 (언행/ 행의 일치)

19 동양적 의사소통에 대해서 유, 불, 선과 관련한 개별 논의는 배규범(2000), 김정탁・이경열(2006), 박경남(2009), 박명기(2009), 윤사순(2011), 권상우(2012) 등에서 자세히 살필 수 있다.

20 유・불・선의 가치 담론이 매우 깊고 심오하기 때문에 이들 자체를 천착하는 것 자체도 의미가 있지만, 주제에 충실하기 위해 의사소통과 연관된 부분만을 비교 대상으로 한정하여 서술하였다.

21 김정탁(2004)는 유・불・선의 의사소통에 주목하면서 저서의 제목처럼 이들을 각각 '禮'와 '藝'로 명명하고 이를 통해 오늘날 의사소통의 문제점을 극복할 수 있다고 하였다. 물론 현대인의 의사소통 교육에서 정의적인 요소가 강조되어야 하는 만큼 동양적 사유 방식인 유・불・선의 가치를 되살리는 것은 매우 의미가 있는 작업이다. 하지만 여기에서는 서양적 의사소통 방식이 지나치게 이성적 사유에 집중한다고 비판하면서 동양적 가치에만 방점을 두었는데, 이는 다소 극단적인 진술이라고 볼 수 있다. 현대인의 의사소통에서 윤리의식을 강화하는 것은 다분히 지향해야 할 요소이지만, 복잡하고 중층적인 의사소통 양상에서 이성적 가치를 추구하는 서양의 사유 또한 필요하기 때문이다.

독자적인 철학적·종교적 입지를 확보하고 있는 사상들인 만큼 각자 그 이론적 깊이와 방향성을 지니고 있지만, 유·불·선의 의사소통 사유에서 공통으로 주목한 것은 표면적으로 드러나는 언어 행위의 역할이 크지 않다는 점이다. 유가의 경우는 언어가 행동과 일치하지 않으면 의미가 없다고 보았기 때문에 말만 많은 주체는 부정적으로 보았다. 도가 역시 기표보다는 기의에 중점을 두고 의사소통을 강조한 만큼 언어라고 하는 기표는 단지 수단에 불과한 것으로 간주하였다. 특이한 점은 불가의 사상에 나타난 '불립문자(不立文字)'인데, 언어 자체를 불신한다는 뜻이 아니라 진정한 의미를 전달하는 데 언어가 절대적으로 작용하지 않는다고 해석하는 것이 바람직하다. 즉 말이 많아지면 그 의미가 미화되고 흐려지는 만큼 최소한의 언어를 통해서 기의를 전달하려는 노력이 필요하다는 점을 역설한 것이다.

위의 내용으로 미루어 볼 때 동양적 의사소통의 특징은 의사소통의 수단인 언어나 의사소통이 발생하는 환경보다 주체의 내적 수양을 통해 함께 어우러지는 것에 큰 가치를 부여한다는 점이다. 윤사순(2011: 277-280)의 논의를 보면 동양적 의사소통에서 개인의 수양이 자기회복의 자족에만 머물지 않는다고 하였다. 이러한 노력은 타인과의 소통을 통해 바람직한 공생을 영위하는 것인데, 결국 개인이 속한 사회 속에서 원활한 대인관계를 지향한다는 점이 특징이라고 하였다. 권상우(2012: 26-32) 역시 동양적 사유에서 인간은 개인적으로 존재하는 것이 아니라 타인과의 관계 맺음을 통해서 의미를 지닌다고 하였다. 이에 따라 외부의 영향보다는 자신의 이기적인 욕망을 극복함으로써 타인과의 관계 맺음이 가능하다고 보았다. 박명기(2009: 68-69)의 경우 불가의 묵언수행 자체가 개인의 이기심을 버리고 타자와 진정성 있는 모습으로 마주서려는 경계와 기대의 동시적 모습이라고 강조하였다. 김정탁(2009: 135)에서도 동양의 의사소통 사상은 언어가 단지 필요한 수단일 뿐 모든 것을 다 표현하는 것은 불가능하다면서 언어에 대한 절대적 의존을 거부하였다. 이는 언어를 구사하는 주체의 능력이 저마다 다르기 때문에 훌륭한 의사소통 능력의 기준을 언어 사용 능력으로 간주할 수 없다는 의미로도 해석 가능하다. 따라서 단순한 언어 능력보다는 언어를 사용하는 주체가 어떠한 마음가짐으로 다른 주체와의 의사소통에 임해야 하는지를 중요시한다.

요컨대, 동양적 의사소통의 시사점은 언어 사용의 양상에 앞서 언어를 생각하고 표출하는 각각의 주체와 주체의 내면 형성과 교감 속에서 소통의 성패가 좌우될 수 있다고 보는 것이다. 그리고 이러한 동양적 의사소통 사유의 방식은 이 연구에서 탐구하려는 상생의 가치를 충분히 함의하고 있다는 점에서 큰 의의를 지닌다.

2.3. 동 · 서양 의사소통의 비교

서양과 동양적 의사소통이 지닌 의의를 다양한 철학자들의 생각과 유 · 불 · 선에서 지향하는 내용 등을 통해 살펴보았다. 두 가지 의사소통 모두 상호 교섭을 통한 관계 형성을 지향하고 있지만 세부적인 내용들은 다소 차이를 보인다는 점도 확인하였다. 이에 따라 서양 의사소통과 동양 의사소통이 보이고 있는 특징들을 항목별로 세분화하여 검토해 보고자 한다. 이러한 검토 과정은 앞으로 재개념화할 상생적 의사소통 능력의 구체적 내용을 구성하는 데 도움이 될 것이다. 서구적 이성주의와 동양적 인간주의가 각각의 장 · 단점을 지닌 만큼 어떠한 부분을 취할 것인가에 대한 논의가 필요하기 때문이다. 결국 동 · 서양 의사소통의 특징을 현대적 가치 안에서 재조명해보고 학습 생태의 소통 양상에 적용시킬 수 있다면 상생적 의사소통 능력을 논하는 과정 또한 상대적으로 수월할 것이다.

지금까지 논의했던 내용들을 바탕으로 서양과 동양의 의사소통 방식을 비교하면 다음과 같다.

〈표 12〉 동 · 서양 의사소통의 비교

	서양의 의사소통	동양의 의사소통
언어관	모든 대상은 언어로 바꿀 수 있음.	비언어적, 최소언어주의를 지향함.
쓰임의 특징	언어의 대립적 사고를 통해 의사 표출을 구현함.	언어는 수단에 불과하며 마음의 전달을 강조함.
언어의 성격	이성적, 정확성, 명료성 등을 강조함.	직관적, 조화로움, 명상적 언어를 강조함.
환경의 영향	의사소통 주체가 환경에 지배적인 영향을 받음.	환경보다는 의사소통 주체의 마음가짐이 중요함.
주체	인격적으로 완성된 의사소통 주체를 내세움.	언행일치가 가능한 의사소통 주체를 드러냄.
의사소통 목적	주체의 명확한 의사소통 내용을 전달함.	교감 속에서 타인과의 관계맺음을 중시함.

동 · 서양 의사소통에서 가장 두드러진 공통점은 소통의 주체가 높은 인성을 함양하고 있어야 올바른 상호 교섭이 일어난다고 보는 것이다. 서양적 관점에서는 소통 주체의 인격적 완성을 위해 노력해야 한다는 점을 강조하였고, 동양적 관점에서 말하는 언행일치는 결국 주체의 기본적인 소양이 중요하다는 전제가 깔려 있다. 언어 능력의 높고 낮음을 떠나서 소통의 주체가 타인과 의미를 교섭하겠다는 적극적인 태도를 지향하며 인격을 형성하기 위해 노력하는 것은 동 · 서양을 막론하고 역동적 관계를 맺는 기본이자 시작인 것이다.

이렇듯 주체의 소양을 다지는 시작은 동 · 서양이 유사하지만 철학적 환경이 다른 만큼 내용 면에서 볼 때 여러 가지 차이를 보인다. 먼저 기본적으로 언어관과 쓰임에 대한 인식 자체가 다른데, 서양 의사소통은 인간이 표현하고자 원하는 모든 대상을 언어로 바꿀 수 있다는 환원주의를 강조하는 반면 동양 의사소통은 이러한 언어를 최소화하는 데 가치를 둔다. 심지어 서양에서는 언어가 이항대립을 통해 의미를 보다 명확히 한다고 보았지만,[22] 동양적 의사소통에서는 언어를 사용하지 않고도 담화 주체의 의미를 전달할 수 있다고 여겼다. 즉 서양적 관점이 대립하는 언어를 통해 발화 주체의 의사를 분명하게 표현할 수 있다고 본 반면, 동양적 관점은 언어의 대립쌍 자체를 설정하는 노력이 큰 의미가 없다고 보았다. 언어는 인간의 생각을 다른 사람에게 전달할 수 있는 여러 가지 도구 중 하나일 뿐이기 때문에 명확한 언어 표현보다 진심을 전달하는 것이 더 중요하다고 강조한 것이다.

언어관과 그 사용 양상을 보면 언어와 환경의 상관성을 유추할 수가 있다. 즉 거의 모든 대상을 이항적 표현으로 나타낼 수 있다고 보는 서양적 사고에서는 환경의 영향이 지대할 수밖에 없다. 의사소통 주체가 어떠한 사회·문화적 환경에서 생활하느냐에 따라 보는 대상도, 이를 바꾸는 언어 표현도 달라지기 때문이다. 이에 반해 동양적 사고에서는 처음부터 최소언어주의나 심지어 비언어를 지향하기 때문에 소통을 하는 데 있어서 주위 환경에 큰 영향을 받지 않는다. 물론 환경적 요인에 따라 언어 지식이나 이를 통해 생각하는 사고의 차이는 발생하게 된다. 다만 동양 의사소통에서 추구하는 바는 상황을 비롯한 환경으로 인해 주체가 전달하려는 진심이 변질되어서는 안 된다는 점을 강조한 것이다.

위의 내용들을 참고하여 이후 논의할 상생적 의사소통 능력에서

---

22 '낮:밤', '남자:여자', '하늘:땅' 등 거의 대부분의 언어는 이항대립쌍을 지니고 있다는 사고방식이다.

담아야 할 가치는 다음과 같다. 먼저 모든 생각을 언어로 표현한다는 것보다는 적절한 언어 사용을 통해 소통을 하겠다는 기본 관점의 정립이다. 물론 상황 맥락에 따라 장황한 표현이나 잉여적 표현이 담화 분위기를 보다 긍정적으로 형성하는 경우도 많다. 오히려 너무나 사무적인 언어 사용이 상대방으로 하여금 삭막함과 비인간적인 이미지를 주는 상황도 발생한다. 다만 쏟아지는 정보의 홍수 속에서 소통의 주체가 필요한 내용만을 선별하고 표현할 수 있을 때 정확한 의사소통이 이루어진다는 가치 지향을 기본으로 삼는 것이 중요하다. 위트가 넘치는 표현도, 조심스럽게 다가가는 돌려 말하기도 결국은 소통을 통한 소기의 목적을 달성할 수 있을 때 빛을 발할 수 있는 것이다.

이와 함께 사회 · 문화적 환경의 영향은 소통을 좌우하는 큰 요소라고 보는 관점이 필요하다. 환경에 좌우되기보다는 주체의 마음가짐을 강조하는 것은 바람직하지만 이상적인 경우가 많다. 더구나 오늘날처럼 미디어 매체가 발달한 환경 속에서는 사회 · 문화적 맥락이 소통 주체에게 매우 큰 영향력을 행사하게 된다. 다문화적 요소나 창의 · 융합 인재 육성 또한 환경적 요소를 중시한 필요조건인 만큼 이에 대한 가치도 상생적 의사소통 능력의 고려 대상이 되어야 한다.

더불어 소통의 주체들이 역동적으로 상호작용하는 속에서 교섭이 일어나도록 만드는 소양 또한 상생적 의사소통 능력을 설정하는 주된 가치가 된다. 교섭은 단순히 의사소통 내용의 양적 축적을 의미하지 않는다. 소통의 주체가 서로 표현하고 수용하기를 반복하면서 마치 번갈아 가며 찰흙 인형을 만드는 것처럼 보다 풍부한 의미의 창출이 발생하는 것을 말한다. 이러한 교섭의 가치는 상생의 지향과도 일맥상통하기 때문에 의사소통 능력을 설정하는 속에서 함께 고민해야 할 것이다.

3. 상생적 의사소통 능력과 그 지향

3.1. 국어 능력의 개념과 상생적 의사소통 능력

고차원적인 의사소통은 단순히 생득적으로 얻어지는 것이 아니라 체계적인 교육에 의해 나타난다. 그리고 이러한 의사소통 능력은 다분히 국어 능력의 범주 안에 들어가는 만큼 국어 능력의 개념을 먼저 살피는 것이 보다 궁극적인 목표에 도달하기 위한 순리가 될 것이다. 많은 국어교육 연구자들이 국어 능력에 대한 구체적인 정의와 특성을 밝혔는데, 이들의 내용과 교육과정에서 도출할 수 있는 국어 능력의 요소는 무엇이 있는지 살펴보도록 하겠다.

먼저 권영민(2002: 6-10)은 국어 능력을 정보화 사회에서 수준 높은 정보와 지식을 생산하고 문화를 창조할 수 있는 정보 수행 능력이라고 정의하였다. 이 논의의 특징은 단순히 언어 기능의 숙달만을 전제하지 않는다는 것인데, 듣기・말하기, 읽기, 쓰기 등의 국어 기능과 관련된 활동이 아니라, 이러한 수준을 뛰어 넘어 문화적 맥락 속에서 활용해 나갈 수 있는 주체적인 능력이라고 하였다. 여기에서는 좁게 생각할 수 있는 국어 능력의 외연을 확장시켰다는 점에서 의의를 지니지만, 풍부한 언어 능력을 함양하고 논리적 사고와 문화적 감수성을 심화한다는 등 추상적 목표로만 일관했다는 것이 아쉽다.

신명선(2009: 303-308)은 국어 능력이 문제 해결 능력이라는 점에서 근본적으로 창의적 속성을 갖고 있기 때문에 '창의적 국어 능력'

과 동일시하였다. 오늘날 국어 능력이 창의성을 기하는 데 초점을 맞추고 있다면 국어적 창의성이 무엇인지를 밝히고 이를 증진시키는 것이 목표가 된다는 점을 강조하고 있다. 이러한 논의는 국어 능력을 기능 중심에서 탈피하여 접근하는 새로운 인식론의 바탕을 마련하였으나, '창의성' 자체를 인간 중심으로 볼 것인가 '산물 중심'으로 볼 것인가에 대한 논의만 나와 있을 뿐 궁극적으로 '창의적 국어 능력'이 무엇인지에 대해서는 가시적인 답을 구하는 데 어려움이 느껴진다.

임경순(2006: 374-377)은 국어교육의 성격이나 목표를 '국어 사용 기능 신장'에 두지 않고 국어 사용과 관련된 지식, 기능, 전략 등 인지적 영역뿐 아니라 태도와 같은 정의적 영역을 포괄하는 개념을 '능력'으로 대체하여 '국어 사용 능력 신장'에 두는 것이 어떤지 묻고 있다. 이렇게 했을 때 국어 능력은 결국 국어로 잘 살아가는 데 필요한 명제적, 방법적 지식뿐 아니라 수행, 윤리적 지혜나 감수성 등과 관련된 지식을 포함하는 삶의 지식 전부를 포괄한다고 보았다. 그리고 이를 포괄하는 개념으로 언어문화 능력을 상정한다면 국어 능력은 결국 언어적 차원에서 접근하는 문화 능력이 된다고 주장하였다. 이 논의는 확장된 문식성을 기반으로 국어 능력에 해당하는 대상을 삶에서 얻을 수 있거나 얻어야 하는 지식 일체로 보았다는 점에서 긍정적이다. 다만 이를 언어문화 능력으로 전이시키면서 가시적인 수렴이 어려울 만큼 논의가 복잡해졌다는 점으로 미루어 현장 적용에 이르기까지 많은 노력이 필요해 보인다.

김규훈·김혜숙(2014: 324-326)에서는 상호문화적 소통 능력에 입각하여 다문화 사회에 적합한 국어 능력을 밝혔다. 관계적 사고와 의미 교섭, 배려적 특성과 다양성에 대한 체험이 그것이며, 이들 요소가 학습자들에게 효과적으로 교수-학습되었을 때 '나'와는 다른 '타인'의 문화를 이해할 수 있다고 보았다. 이 논의는 그 동안 관습처럼 행했던 국어교육 현장의 속성을 재조명하고 다문화 시대에 맞는 국어 능력으로 발 빠르게 움직이자는 점에서 가치를 지닌다.[23]

국어 능력에 대한 국어교육 전반의 논의를 살폈다면 조금 더 세부적으로 실제 교육 현장에서 추구하는 바는 무엇인지 찾아보도록 하겠다. 그리고 이러한 내용은 국어과 교육과정을 통해 어느 정도 확인할 수 있다.[24] 국어 능력은 국어교육에서 도모하고자 하는 궁극적인 요소인 만큼 목표 차원에서 접근하는 것이 바람직할 것이다. 이에 따라 2011 개정 국어과 교육과정의 목표를 보면 다음과 같다.

[2011 개정 국어과 교육과정 목표]

● '국어' 교과의 목표

국어 활동과 국어와 문학을 총체적으로 이해하고, 국어 활동의 맥락을 고려하여 국어를 정확하고 효과적으로 사용하며, 국어를 사랑하고 국어 문화를 누리면서 국어의 창의적 발전과 국어 문화 창조에 이바지할 수 있는 능력과 태도를 기른다.

가. 국어 활동과 국어와 문학에 대한 기본적인 지식을 익힌다.
나. 다양한 유형의 담화와 글을 비판적이고 창의적으로 수용하고 생산한다.
다. 국어의 가치와 중요성을 인식하고 국어 생활을 능동적으로 하는 태도를 기른다.

● '국어 I' 교과의 목표

국어 활동과 국어와 문학을 총체적으로 이해하고, **건전한 교양인으로서**

---

23 이 밖에 국어 능력과 관련한 논의는 노명완(2002, 2004, 2007), 김종철(2007), 윤여탁 · 신명선 · 주세형(2012), 김상욱(2011), 방인태(2006), 서혁(2009) 등을 참고할 수 있다.

24 교육과정이 문서 차원의 접근인 만큼 국어 능력에 대해 깊이 탐구하기에는 부족하지만 현장성을 담고 있다는 점에서 참고 자료의 의미를 지니고 있다.

갖추어야 할 일반적인 국어 능력을 신장시켜 국어의 발전과 국어 문화 창조에 이바지할 수 있는 능력과 태도를 기르는 것을 목표로 한다.

가. 국어 활동과 국어와 문학에 대한 일반적인 지식을 바탕으로 다양한 상황에서 국어를 창의적으로 사용한다.
나. 다양한 유형의 담화와 글을 능동적이고 적극적으로 수용·생산함으로써 교양인이 갖추어야 할 일반적인 국어 능력을 함양한다.
다. 국어 문화에 흥미를 가지고 국어 현상을 탐구하여 국어 생활과 국어의 발전에 이바지하는 태도를 기른다.

● **'국어Ⅱ' 교과의 목표**

국어 활동과 국어와 문학을 심층적으로 이해하고, **성숙한 교양인으로서 갖추어야 할 전문적인 국어 능력**을 신장시켜 국어의 발전과 국어 문화 창조에 이바지할 수 있는 능력과 태도를 기르는 것을 목표로 한다.

가. 국어 활동과 국어와 문학에 대한 전문적이고 심화된 지식을 익혀 다양한 상황에서 국어를 창의적으로 사용한다.
나. 다양한 유형의 담화와 글을 비판적이고 창의적으로 수용·생산함으로써 교양인이 갖추어야 할 심화된 국어 능력을 함양한다.
다. 국어 문화에 대한 폭넓은 이해를 바탕으로 미래 지향적인 국어 문화를 창조하는 태도를 기른다.

- 강조 및 밑줄 연구자

2011 개정 국어과 교육과정의 경우 기본적으로 2007 개정 국어과 교육과정에 나타난 국어 능력의 요소들을 상당 부분 포함하고 있다.[25] 이것은 문구가 유사하다는 일차적 요건에서 나아가 국어교육의

25 논의를 간결하게 서술하기 위하여 2011 개정 국어과 교육과정만을 다루지만, 참고로 2007 개정 국어과 교육과정에는 국어 능력을 다음과 같이 명시하고 있다.

국어 능력이란 기존 지식의 수용이나 표출 능력이 아니라, 언어 기능을 통합적으로 운용하여 사고(의미)와 언어를 연결해야 하는 지적 기능으로서의 고등 정신 능력이다. 이 능력은 단순히 문자를 읽고 쓸 수 있는 기초 능력이

패러다임이 전면 수정이 아닌 통합을 강화하는 방향으로 보완되었기 때문이다. 위의 내용들을 참고하여 '국어'와 '국어 I ,II' 교과에서 추출할 수 있는 국어 능력은 의사소통 능력, 문학 능력, 문화창조에 이바지하는 능력이 유사하게 들어가 있음을 확인할 수 있다. 여기에 2011 개정 국어과 교육과정에서 두드러지는 것은 '건전한 교양인이 갖추어야 할 일반적인 국어 능력'과 '성숙한 교양인이 갖추어야 할 심화된 국어 능력'이다. 이들이 이전 교육과정에서는 제시되지 않았던 별개의 능력이라고 볼 수는 없다. 2011 개정 국어과 교육과정이 영역의 유의미한 통합을 보다 강하게 지향하면서 그 결과 궁극적으로 얻을 수 있는 항목들을 보다 구체화시킨 것으로 풀이된다.

한편 2015 개정 국어과 교육과정의 목표를 보면 다음과 같다.

[2015 개정 국어과 교육과정 목표]

● '국어' 교과의 목표

국어로 이루어지는 이해·표현 활동 및 문법과 문학의 본질에 대하여 이해하고, **의사소통이 이루어지는 맥락의 다양한 요소를 고려하여 국어를 개성 있고 품위 있게 사용**하며, **국어 문화를 향유하면서 국어의 발전과 국어 문화 창조에 이바지할 수 있는 능력과 태도를 기른다.**

● '화법과 작문' 교과의 목표

일상생활과 학습 상황에서 필요한 화법과 작문 능력을 기르고, 사회적

아닌, 의미를 언어화(표현)하고 언어에서 의미를 추출하여 재구성(이해)하는 데 필요한 지식, 기능, 맥락의 학습이 균형 있게 이루어질 때에 효과적으로 신장되는 능력이다.

- **교육과학기술부(2008: 15)**

위의 내용을 핵심 어휘로 압축하면 '표현'과 '이해'로 대변할 수 있다. 결국 여기에서 말하는 국어 능력은 '수용 능력'과 '생산 능력'으로 갈음할 수 있는 것이다.

소통 행위로서의 화법과 작문의 특성을 바탕으로 하여 바람직한 화법과 작문의 태도를 함양하며, 이를 통하여 **바람직한 의사소통 문화의 발전에 기여**한다.

● '실용 국어' 교과의 목표

직업 분야에서 직무 수행을 하는 데 필요한 **실용적인 국어 사용 능력을 기른다.**

- 강조 및 밑줄 연구자

2015 개정 국어과 교육과정은 이전의 교육과정들에 비해서 내용 체계가 많이 바뀌었기 때문에 공통 과목의 '국어'와 일반 선택 과목의 '화법과 작문', 그리고 진로 선택 과목의 '실용 국어'를 예로 들었다. 2015 개정 국어과 교육과정의 목표에서 주목할 만한 것은 과목은 달라도 해당 영역의 '의사소통'을 강조하고 있다는 점이다. 이는 앞에서 살폈던 것처럼 '국어'라는 교과가 학습자들의 실제 삶에 조금 더 가까이 다가가려는 지향성을 잘 보여준다. 즉 국어가 학습자들의 인지적 측면과 정의적 측면을 모두 성장시키는 데 매우 중요한 역할을 하지만, 그 핵심은 주체와 주체 간 효과적인 의사소통 능력을 신장시키는 데 있는 것이다. 물론 여기에서도 이전 국어과 교육과정처럼 문화창조 능력이나 문학 능력 등은 기본적인 국어 능력의 개념으로 계승되고 있다. 다만 이러한 국어 능력들 역시 의사소통 능력이 그 기반이라는 점이 특징이라고 하겠다.

국어 능력에 대한 개념을 문서 차원에서 살폈다면 사회·문화적 현상을 중심으로도 고찰할 필요가 있다. 사회·문화적 현상을 분석하는 것은 오히려 교육과정 문서를 통한 접근보다 훨씬 실질적인 논의가 될 수 있다. 이는 비단 현재의 모습뿐만 아니라 미래 사회의 모습까지 함께 보는 것이어서 유용한 국어 능력의 요소들을 얻을 수 있기 때문이다.

앞으로 변화될 사회의 모습을 예측할 수 있는 기본적인 내용으로 메가트렌드를 들 수 있다.[26] 박가열 외(2014: 51-55)에서는 10대 메가트렌드로 고령화, 개성화, 영리한 단순화, 디지털화/자동화, 글로벌화, 일상적 안심, 도시화, 환경과 윤리, 아시아로의 부의 이동 및 신뢰자본 등을 꼽았다. 이 중 국어 능력과 밀접한 관계를 맺을 수 있는 것으로 '개성화'와 '고령화', '글로벌화', '디지털화/자동화'와 '환경과 윤리', 그리고 '신뢰자본' 등을 선정할 수 있다.

먼저 '개성화'는 학습자들의 삶이 다른 이들과 함께 하는 경우보다 개인적인 시간이 많은 미래 사회의 환경적 특성과 관계가 있다. 그런 속에서 학습자의 개성은 두드러지지만 소통의 기회는 줄어들기 때문에 관계 유지를 위한 의사소통 능력이 절실하다. '고령화'는 현재도 그렇지만 초고속으로 고령화 되어 가는 속에서 세대 간의 단절이 심화된다는 우려이며, 의사소통을 기본적인 전제로 하는 국어 능력이 요구된다. '글로벌화'는 좁은 의미의 문화적 장벽(국가, 인종 등)이 대부분 무너지고 진정한 글로벌 세계가 된다는 것이며, 이때 학습자의 주관을 분명히 할 수 있는 국어 능력이 필요하다. '디지털화/자동화'는 앞에서도 언급했던 것처럼 미디어 매체의 급격한 보급으로 인한 결과인데, 이에 따라 디지털화/자동화 된 언어를 해독하고 또 같은 방식으로 표현할 수 있는 국어 능력이 있어야 한다. '환경

---

26 박가열 외(2014: 24-26)에서는 다음과 같이 서술하고 있다. 트렌드란 특정한 시점에 징후로 출발하되 다양한 사회문화적 영역에서 광범위한 대중적 지지를 얻어(포괄성), 5년 이상의 시간적 주기를 가지고(지속성), 필연적인 변화를 촉발하게 되는 사회문화 현상(필연성)이다. 즉, 사회의 다양한 현상 가운데 현재의 관찰을 통해 미래의 변화를 예측할 수 있는 것이 바로 트렌드라고 할 수 있다. 나아가 메가트렌드란 트렌드 가운데 장기적이면서 미래 방향성이 어느 정도 예측 가능한 변화라고 할 수 있다. 일반적인 트렌드가 약 10여년에 걸친 변화를 의미한다면 메가트렌드는 수십여 년에 걸친 변화를 말한다. 우리나라는 2007년 처음 메가트렌드를 발표하였으며, 지속적으로 보완하고 있다.

과 윤리'는 생태학적 측면에서 학습자가 살아가는 환경에 대한 존중이 필요하다는 것이며, 이것을 유지하는 기반인 윤리적 국어 능력을 갖춰야 가능하다. 끝으로 '신뢰자본'은 급격한 사회 변혁으로 인해 면대 면의 소통이 줄고 자동화 된 생활 속에서 떨어진 개인의 신뢰 회복을 말하며, 다른 사람들에게 자신을 신뢰할 수 있도록 만드는 설득의 국어 능력도 필요하다는 것으로 연계된다.[27]

교육과정과 미래 사회에 대한 조망 등을 바탕으로 하여 다양한 국어 능력의 범주들 중 이 연구에서 고찰할 부분은 '건전하면서도 성숙한 교양인이 갖추어야 할 고등 의사소통 능력'으로 초점화할 것이다. 이때 '고등 의사소통 능력'에서 의사소통은 좁은 의미의 그것과는 차이가 있다. 즉 보통 의사소통을 언급할 때에는 듣기 · 말하기, 읽기, 쓰기 등 국어의 기능적 영역에만 국한하여 설명한다. 하지만 '상생적 의사소통'이라는 가치를 다루다 보면 국어 기능 영역뿐만 아니라 위에서 밝힌 다양한 국어 능력의 범주 또한 상당 부분 필요하다는 것을 알 수 있다. 기계적인 국어 활동에 의한 내용 전달이 아닌 보다 복합적인 의사소통의 특성을 강조할 필요가 있다는 것이다. 여기에는 다양한 메시지를 언어 기호로 만들 때 필요한 문법 능력도 영향

27 이근호 외(2012)에서는 미래 사회의 메가트렌드와 교육에 대한 요구를 다음과 같이 정리하였다.

분야	메가트렌드		교육에 대한 요구(우선순위 순)
사회	인구구조의 변화	저출산과 고령화, 외국인 유입 및 다문화가족 증가, 가족 구조 변화	인성교육, 평생교육, 학생 특성 중심의 개별화 교육
기술	과학 정보통신 기술 발전	기술혁신, 네트워크(유비쿼터스) 사회, 가치관 및 삶의 방식 변화	정보윤리교육, 직업역량교육(전문화 · 특성화 교육), 학생 특성 중심의 개별화교육
경제	경제 환경 변화	직장 및 직종 다양화, 시장의 확대	직업역량교육(전문화 · 특성화 교육), 세계시민교육, 경험중심교육
환경	환경 자원 문제	기후변화, 환경오염, 자원 및 에너지 부족, 지속가능발전	친환경교육, 세계시민교육
정치	지구촌의 다원화	국제교류 확대, 다원화, 남북관계 변화	세계시민교육, 다문화교육, 인성교육

을 끼치며, 감성적 자극과 수려한 표현력 향상을 도모하는 문학 능력 또한 기여하게 된다. 그리고 이러한 의사소통 행위가 기존의 언어 문화에 새로움을 더하여 차별화 된 현상을 만들어낸다는 점에서 문화 창조와도 깊이 연관되어 있다. 이러한 논의에 메가트렌드의 예측을 포함하면 그 범주는 더욱 복잡해진다.

따라서 상생적 의사소통 능력은 우리가 익숙하게 인지하고 있는 국어 능력에 상생의 가치를 더할 수 있도록 문화 창조를 지향하면서 문법이나 문화적 영역을 접목시키는 방향으로 나아가야 할 것이다. 또한 메가트렌드를 기반으로 하여 앞으로 요구되는 국어 능력의 내용들이 함께 들어 있어야 한다.

지금까지 논의한 내용을 집약적으로 보이면 다음과 같다.

〔그림 6〕 국어 능력을 기반으로 하는 상생적 의사소통 능력

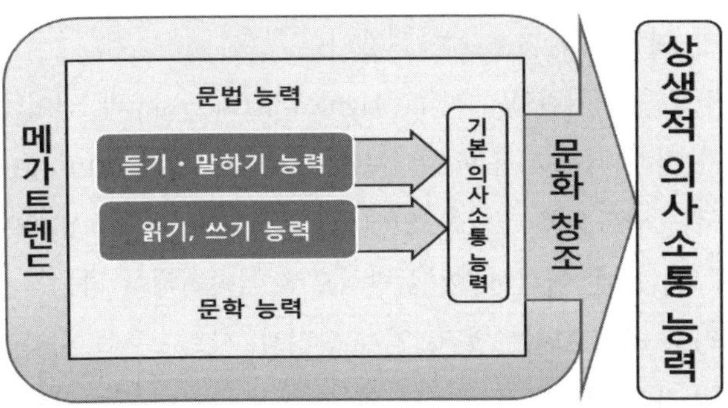

위 그림에서 기본 의사소통 능력이라고 하는 것은 일반적으로 국어교육에서 기능 영역에 치우친 좁은 의미의 소통 능력을 말한다. 듣기 · 말하기와 읽기, 쓰기가 결합된 기본적인 소통 능력은 이를 보다 정확하고 효과적으로 전달할 수 있는 문법 능력이 뒷받침되면서 한층 강화된다. 그리고 수려한 국어 능력을 신장시킬 수 있는 문학

능력이 통합되면 이 연구에서 천착하고 있는 의사소통의 범주를 아우르게 된다. 이렇게 영역들이 통합된 의사소통 능력은 새로운 언어문화 창조를 형성하는 지향성을 가질 때 상생적 의사소통 능력에 보다 가깝게 나아갈 수 있다. 이때 상생적 의사소통 능력은 메가트렌드라는 커다란 환경 변화 속에서 유용하게 적용될 수 있어야 그 의미를 갖는다. 결국 상생적 의사소통 능력이라고 하는 것은 지금 여기의 필요성뿐만 아니라 미래의 요구를 함께 반영한 결과물이다.

3.2. 상생적 의사소통 능력과 전제

상생적 의사소통 능력을 논의하기 위해서는 기본적인 '의사소통 능력'에 대한 분석이 선행되어야 할 것이다. 따라서 우리가 사용하고 있는 국어 능력의 범주 중 하나인 의사소통 능력을 어떻게 정의하고 있는지에 대하여 살펴보도록 하겠다.

의사소통 능력이란 용어는 D. Hymes가 Chomsky의 '언어 능력'과 구별하기 위해 처음 사용한 것이다(국어교육학 사전, 2010: 610-611). 여기에서는 의사소통 능력을 '언제 말하고 언제 말하지 않아야 하는지, 누구와, 언제, 어디서, 어떤 방식으로 이야기해야 하는지를 아는 능력'이라고 하였으며 문법적, 언어 심리적, 사회 · 문화적 지식을 종합한 것이라고 하였다.[28] 이창덕 외(2000: 14-18)에서는 의사소통 능력이 뛰어난 사람이 그렇지 못한 사람보다 객관적 관점 확보 능력, 감정이입 능력, 관계 규범에 대한 민감도, 상위 인지 능력, 상황에 대한 지식 정도, 상황 운영의 전략, 말하기 불안 대처 기술, 효과적

28 Hymes(1974)는 의사소통 능력을 설명하면서 이른바 'S-P-E-A-K-I-N-G' 이론을 언급하였다. 배경과 장면, 참가자, 목적, 행위의 연속, 어조, 수단, 규범 등을 상징적으로 배열한 이 주장은 의사소통의 고전으로 자리하고 있다.

듣기 기술 등에서 차별성을 보인다고 하였다. 최미숙 외(2012: 505)에서는 Canal & Swain(1980)을 언급하며 의사소통 능력을 '의사소통에 필요한 지식과 기술의 기저 체계'로 정리하였다. 그리고 그 구성 요소로 사회언어학적 능력, 문법적 능력, 전략적 능력, 담화적 능력 등을 꼽았다. 이 밖에 김영서(2010: 61-64)는 Bachman(1990)의 이론과 Canal & Swain(1980)의 이론을 기초로 하여 의사소통 능력을 문법 능력, 화용 능력, 사회언어능력 등의 세 가지로 세분화시켜 구분하였다.[29]

한편 상생적 의사소통과 관련하여 그 의미와 특징은 앞에서 밝힌 바 있다. 이제 의사소통 능력과 상생적 의사소통에서 필요한 내용들을 접목하여 '상생적 의사소통 능력'을 재개념화하고자 한다. 이를 위하여 고려한 전제는 다음과 같다. 첫째, 국어교육에서 일반적으로 사용하고 있는 의사소통의 개념과 그 범주를 보다 확장시켰다. 상생적 의사소통이라는 가치는 이미 국어교육에서 다루는 영역들의 통합적 성격을 지니고 있으며, 사회・문화적 특성 등을 모두 담고 있기 때문이다. 둘째, 급변하는 언어 사용 환경의 변화와 다양한 미디어 매체의 소통 양상을 고려하여 구두 언어적 성격과 음성언어적 성격을 통합한 문식성의 개념을 전이시켰다. 이는 앞으로 전개될 의사소통의 양상이 구두 언어와 음성언어의 경계를 더욱 모호하게 할 것이라는 전망에 기인한다. 셋째, 동양과 서양의 의사소통 철학의 장점들을 섭렵하고자 노력하였다. 이성적 의사소통과 환경에 중점을 두는

29 Bachman(1990)은 Hymes가 주장했던 의사소통 능력인 'communicative competence'라는 용어 대신 'communicative proficiency'를 사용하고 있다는 점이 특징이다. 표면적인 용어의 번역만을 비교한다면 'competence'와 'proficiency'가 큰 차이 없이 다가오지만, 프랑스어 'compétence'가 능력이나 역량, 전문가 등을 의미한다는 점 등을 통해 작지만 그 뉘앙스의 다름을 엿볼 수 있다.

서양적 사고와 주체의 진심을 전달하기 위해 노력하는 동양적 사고의 융화를 통해서 상생적 의사소통의 얼개를 만들 수 있다고 보았기 때문이다. 넷째, 문화 창조에 대한 지향과 생태학적 지속가능한 발전성을 고려하였다. 문화 창조라는 것은 의사소통의 주체가 각각 지니고 있는 다문화적 속성을 고려하여 발달된 문화를 지향하는 것이며, 생태학적 고려는 의사소통의 양상이 개인적 차원으로 머무는 것이 아니라 사회 전반의 발전을 도모하기 위한 것임을 반영한 설정이다.

이러한 전제들을 기반으로 하여 이 연구에서는 상생적 의사소통 능력을 '역량'으로 구체화하겠다. 국어교육에서 일반적으로 역량이라고 하는 용어는 '핵심 역량(key competence)'으로 널리 통용되고 있다. 핵심 역량이란 교육과정이나 교육계획을 설계할 때 현재보다 미래 사회가 어떻게 변화할 것인가를 예측하고, 앞으로의 사회에 보다 효과적으로 대처하기 위해 요구되는 다양한 능력이나 소양을 의미한다(이광우 외, 2008: 3).[30] 이광우 외(2008)은 핵심 역량 영역을 문제해결능력, 창의력, 정보처리능력, 의사소통 능력, 대인관계능력, 기초(전문)학습능력, 자기관리능력, 국제사회 및 조직이해, 시민의

---

30 핵심 역량에 대한 논의는 우리나라뿐만 아니라 전 세계적으로 국가의 형편에 맞게 논의되고 있다. 이는 2002년 OECD가 개인의 성공적 삶과 사회의 발전에 요구되는 핵심 역량을 규명하기 위한 프로젝트의 일환으로 DeSeCo(Definition and Selection of Key Competence)를 추진하면서부터 본격적으로 확산되었다. DeSeCo에 나타난 핵심 역량은 다음과 같다(OECD, 2003).

미래 핵심 역량 범주	하위 역량
1. 도구의 상호작용적 활용	① 언어, 상징, 텍스트의 상호작용적 활용 능력 ② 지식과 정보의 상호작용적 활용 능력 ③ 정보기술의 상호작용적 활용 능력
2. 다양한 집단에서의 상호작용	① 다른 사람과의 능숙한 관계 설정 능력 ② 팀에서의 협력과 활동 능력 ③ 갈등 관리 및 해결 능력
3. 자율적인 행동	① 거시적 관점에서의 행동 수행 능력 ② 삶의 계획과 개인적 과제의 수립 및 수행 능력 ③ 권리, 관심, 한계와 요구의 주장 및 보호 능력

식, 진로개발능력 등으로 구체화한 뒤 초·중등학교 교육, 고등교육, 직업세계, 평생학습사회에서 필요로 하는 핵심 역량을 구분하여 제시했다. 이러한 핵심 역량에 대한 논의는 많은 연구자들을 통해 논의의 폭을 넓혔고,[31] 서영진 외(2013)에서 다시 종합적으로 수정·보완되었다. 특히 서영진 외(2013)은 국내·외의 범교과적 차원의 핵심 역량 연구들을 분석한 뒤 국어과에 적합한 7가지를 선정하였기에 향후 국어교육 설계에 많은 영향을 끼치고 있다.[32] 구체적으로 의사소통 능력, 대인관계능력, 문제해결능력, 기초학습능력, 정보처리능력, 비판적·창의적 사고력, 문화예술향유능력 등이 그것이다.

위에서 정리한 핵심 역량 논의들을 바탕으로 상생적 의사소통 능력의 세부 구성 요소를 밝히면 다음과 같다.[33] 상생적 의사소통 능력과 관련한 역량 설정 기준은 서영진 외(2013)의 논의를 중심으로 하되, 이광우 외(2008) 등 다른 연구자들의 논의도 함께 참고하였다. 서영진 외(2013)에서 선정한 국어과 핵심 역량이 국어교육의 방향성을 논할 때 전범이 되는 것은 아니다. 국어교육 내 각 영역의 특성에 맞게 이를 변형한 논의도 있지만, 이들 전반에 이론적 배경을 제공한다는 점에서 필요한 항목들에 대해 종합적으로 고려한 뒤 상생적 의사소통과 연계하였다.

---

31 핵심 역량과 관련한 논의는 한철우·임택균(2010), 김규훈·김혜숙(2012), 서혁·오은하(2013), 최홍원(2013), 진미석·박경현(2014), 가은아(2014), 이철현(2014), 원진숙·왕옥진(2014), 박인기(2014), 박영민(2014ㄱ, ㄴ) 등을 통해 살필 수 있다.

32 숙의 과정을 거치고 있는 2015 개정 국어과 교육과정 또한 서영진(2013)에서 제시한 국어과 핵심 역량을 중심으로 각 교과의 방향성을 설정하고 있다.

33 구조도를 중심으로 기본적인 개념만 언급하고 각 항목에 대한 구체적인 논의는 다음 장에서 사례와 함께 자세히 다루도록 하겠다.

〔그림 7〕 상생적 의사소통 능력의 세부 역량

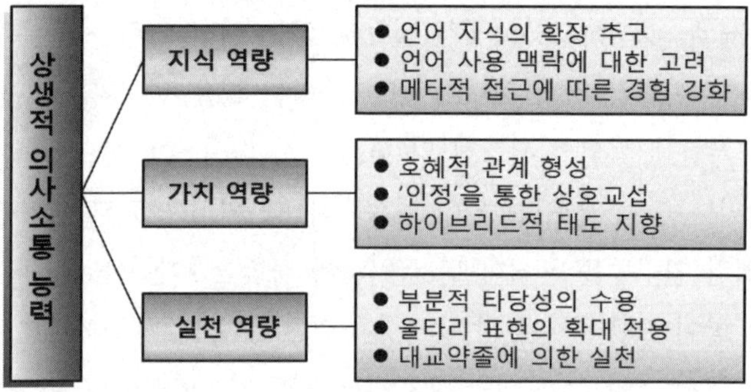

먼저 상생적 의사소통 능력의 하위 범주로 '지식'과 '가치', '실천' 역량을 제시하였다. 이것은 교육과정의 내용 체계에 나타나 있는 '지식-기능-태도'를 기반으로 하면서도 이를 보다 폭넓게 재해석한 설정이며, '핵심 역량' 중심의 미래 국어교육 패러다임을 함께 적용한 결과라고 할 수 있다. '지식'의 경우 용어가 교육과정의 그것과 같지만 상생적 의사소통의 인지 능력으로 특화하였으며, '가치'는 태도를 비롯한 정의적 영역 모두를 아우른다. 그리고 '실천'은 인지적 능력과 정의적 능력을 바탕으로 하여 체화된 상생적 의사소통 능력의 발현이라고 하겠다.

지식 역량, 가치 역량, 실천 역량은 각각 세 가지 전략들을 통해 구체적으로 나타날 수 있다고 보았다. 각 역량마다 세 가지의 전략을 설정한 것은 DeSeCo(2003)을 비롯한 이광우 외(2008), 그리고 서영진 외(2013) 등의 핵심 역량을 이행하는 데 기여할 수 있는 최소한의 항목들이라고 보았기 때문이다. 각 전략들은 '지식', '가치', '실천'이라는 역량을 구현하기 위한 것이고, 이들 역량은 국어과 핵심 역량과 연계되어 있는 만큼 궁극적으로 미래 사회를 대비하기 위한 상생적 의사소통 능력으로 수렴될 수 있을 것이다.

지식 역량이란 주체가 상생적 의사소통을 하기 위해 기본적으로 갖추어야 할 인지적 요소들을 의미한다. 그리고 이에 대한 세부 전략으로 언어 지식의 확장 추구와 언어 사용 맥락에 대한 고려, 메타적 접근에 따른 경험 강화 등을 설정하였다. 언어 지식의 확장 추구는 의사소통 행위가 이루어지는 상황에서 바람직한 담화 형성에 기여하는 언어 지식에 대한 인지적 전략을 말한다. 언어 사용 맥락에 대한 고려는 의사소통이 이루어지는 상황과 사회·문화적 맥락을 효과적으로 인지하는 것이며, 메타적 접근에 따른 경험 강화는 의사소통 주체가 어떻게 담화 상황을 만들어 갈 것인가에 대한 초인지적 인식이라고 할 수 있다.

가치 역량이란 소통의 주체가 상생이라는 목적을 실천하기 위해 기본적으로 지니고 있어야 할 정의적이고 윤리적인 능력을 말하며, 그 세부 전략으로 호혜적 관계 형성과 '인정'을 통한 상호교섭, 그리고 하이브리드적 태도 지향을 두었다. 호혜적 관계 형성은 소통을 하는 데 있어 서로가 서로를 돕는다는 태도적 지향이며, '인정'을 통한 상호교섭은 소통의 주체가 서로의 다문화성을 인지하고 그러한 문화적 차이를 인정함으로써 나타나는 역동성과 교섭 작용을 말한다. 하이브리드적 태도 지향은 소통에 참여하는 주체들이 서로의 태생적 다름을 받아들이는 정의적 작용에 따라 나타나는 종합적이고 관계적인 상호작용을 의미한다.

실천 역량이란 의사소통이 이루어지는 상황에서 어떠한 점에 유의하여 담화를 구성할 것인가에 대한 외현적 언어 능력을 말하며, 그 세부 전략으로 부분적 타당성의 수용과 울타리 표현의 확대 적용, 그리고 대교약졸[34]에 의한 표현을 설정하였다. 이때 부분적 타당성의

34 '대교약졸(大巧若拙)'이란 '큰 솜씨는 오히려 서툰 것과 같다'는 의미를 지니고

수용에는 동양적 의사소통 중 하나인 화쟁의 가치가 포함되어 있다. 울타리 표현의 확대 적용은 창의적 표현의 변형을 통해 상생적 의사소통을 지향하기 위한 소통 주체의 독창적 능력이며, 대교약졸에 의한 실천은 동양적 의사소통의 특성이 집약된 간결한 언어 능력을 말한다.

한편 지식 역량과 가치 역량, 그리고 실천 역량을 완전히 분리된 독립적인 요소라고 단정 지을 수는 없다. 오늘날 구현되는 의사소통의 양상이 매우 다양해지면서 이 역량들은 그 경계가 중첩되는 경우도 발생하는 것이다. 특히 가치의 항목은 사전에 인지해야 할 지식의 역할로 작용하는 경우도 있고, 실천 역량의 세부 내용과 상응하는 경우도 나타난다. 지식 역량과 실천 역량 역시 의사소통 담화 상황을 어떻게 보느냐에 따라 일정 부분 그 의미가 겹치기도 한다. 중요한 것은 각각의 역량들이 지닌 경계를 명확히 하려는 소모적 작업이 아니라, 이들 하위 요소의 특성을 파악하고 상생적 의사소통 능력 구현에 어떻게 이바지할 수 있는가를 밝히는 실제적 고민이다. 상생적 의사소통 교육에서 필요로 하는 역량들의 관계를 살피면 그 자체로 이후 논의할 세부적인 내용들이나 구체적 현상을 설명할 때 참고가 될 수 있기 때문이다.

있는데, 『도덕경』에서 다루고 있는 가르침이다. 이는 앞에서 동양적 의사소통의 특성을 다루면서 언급했던 '최소언어주의'와도 일맥상통하며 기본적으로 동양적 가치를 응축하고 있다. '대교약졸'에 대한 논의는 다음 장에서 구체적으로 다루도록 하겠다.

제 4 장

상생적 의사소통 교육을 위한 역량

1. 지식 역량

1.1. 상생적 의사소통에서 '지식'의 의미

상생적 의사소통 능력의 지식 범주를 논하기에 앞서 그 동안 '지식'의 개념을 어떻게 바라보고 있는지를 살피는 과정이 필요하다.[1] '지식'이라고 하는 용어는 어떻게 정의하느냐에 따라 그것이 포함하는 범주가 크게 달라진다.[2] 예를 들어 의사소통을 하기 위한 최소한의 지적 능력으로 한정해서 보기도 하고, 기본적인 이론을 바탕으로 표출되는 현상까지를 지식으로 보기도 하며, 정의적 측면에서 어떠한 점들에 유의하고 그것이 문화 창조에 어떻게 기여할 수 있는가에 대한 거시적 차원의 문제를 모두 지식의 범주에서 바라보기도 하는 것이다. 이병규(2002)는 지식 기반적 관점, 독자적 관점, 포괄적인

---

1 국어교육에서 '지식'은 언제나 필수적인 교육 내용 요소 가운데 하나로 자리 잡고 있다. 물론 2007 개정 국어과 교육과정 이후 실제를 기반으로 하는 텍스트 중심의 국어교육이 강조되면서 지식의 명징성이 상대적으로 퇴색되었지만, 그러한 현상이 오히려 지식 교육을 강화해야 한다는 반성으로 이어지고 있는 실정이다. 아무리 훌륭한 교육 철학이나 교수-학습 방법론이라 하더라도 기본적인 지식을 공고히 하지 않고서는 그 가치를 유지하기 어렵다. 따라서 상생적 의사소통 능력을 논할 때에도 이러한 문제의식을 바탕으로 지식에 대한 의미를 살피고 그 내용 요소들을 설정하는 과정은 상생적 의사소통이라는 가치를 발현시키는 기반이 될 수 있기에 유의미하다.

2 송현정(2004: 70-72)는 국어교육에서 지식의 위상을 설정하는 작업이 매우 어렵다는 것을 언급하면서 그 이유를 다음과 같이 설명한다.

① 지식의 필요성을 인정하지 않거나 효과에 대해 회의적인 시각이 있다.

② 국어교육의 목표를 국어 사용 기능 신장으로 전제하고, 이에 도움을 주는 한도 내에서 지식 교육이 필요하다는 종속적 관점이 있다.

③ 국어 사용 기능 신장뿐만 아니라 그 자체가 중요한 가치를 지니고 있기 때문에 독자적으로 교수-학습될 필요가 있다는 독자적 입장이 있다.

④ 국어과라는 교과를 떠나 문화 요소를 포괄하여 교육적 가치를 찾는 포괄적 입장이 있다.

관점 등으로 지식을 나누었는데,[3] 이러한 구분은 지식의 범주를 어떻게 보느냐에 따라 논의의 폭이 확연하게 달라질 수 있음을 보여 주는 대표적인 예이다. 이와 함께 민현식(2002: 73-76)은 Bachman(1990: 84)나 Bachman & Palmer(1997)의 논의를 빌려 언어 능력을 규명하였는데, 이때 언어 능력은 곧 인간의 내재적 지식으로 구분하였다. 특히 언어 능력을 다시 조직적 지식과 화용적 지식으로 나누고, 조직적 지식에는 문법적 지식과 담화적 지식의 하위 요소를 두었으며, 화용적 지식에는 기능적 지식과 사회언어학적 지식을 둔 점이 주목할 만하다. 김봉순(2006: 40-46)에서는 지식이 가지고 있는 속성을 규명하는 것이 녹록치 않다는 점을 언급하면서 지식의 개념을 철학적 관점에서 찾고 지식의 실체는 심리학적 관점을, 그리고 지식의 가치는 교육학의 관점에서 찾으려 했다. 지식의 본질을 설명하기 위해서 다양한 인접 학문들을 활용하였으며, 비록 읽기를 다루었지만 구체적인 지식의 구조로 기호, 심리, 맥락을 예로 든 것은 의사소통 교육에도 긍정적인 영향을 끼친다. 이도영(2013)은 지식 위주의 국어교육이 학문 중심 교육과정이었던 4차 국어과 교육과정에서 우위를 점했지만, 그 후 언어 사용 중심의 국어교육으로 바뀌면서 상대적으로 그 위상이 추락했다고 분석하였다.[4] 여기에서는 Bloom(1956)

3 '지식 기반적 관점'에서는 지식을 국어 사용 기능에 한정하여 이를 발전시킬 수 있는 바탕으로 보았다. '독자적 관점'은 특정 영역에서 언어 지식 지도의 독자성을 확보하자는 것인데, 여기에서는 국어학이나 국어에 대한 태도 형성에 필요하다는 점을 강조하였다. '포괄적 관점'은 국어 사용 기능 신장에 도움을 주는 요소와 문화 요소를 포괄하자는 관점으로 국어 자체에 대한 체계적 지식, 규범, 문법적 능력, 문화적 가치, 사고력 등 매우 넓은 범주를 모두 지식 속에서 풀어내려 하였다.

4 이도영(2013)은 김대행의 '지식론'을 논의의 출발점으로 삼았다. 그 속에서 국어과 지식이 가지고 있는 기본적인 내용을 밝히고, 선행 논의에서 부족한 부분을 비판적 시각에서 접근한 것이 특징이다. 이러한 과정을 통하여 국어과 교육 내

을 비롯하여 Ryle. G(1949), Lehrer. K(1996), Jones. B. F. et al(1987), Michael Polanyi(1966) 등의 논의를 통하여 지식에는 사실적인 요소들뿐만 아니라 심리적인 요인과 같은 묵시적인 것들이 매우 많다는 점을 강조하였다. 특히 지식을 어떻게 바라보느냐에 따라 다양한 지식의 속성들이 나타난다는 것을 알고, 일종의 이항대립 방식을 활용하여[5] 비교적 구체적으로 이들의 모습을 논의한 점은 오늘날 지식교육이 나아가야 할 바를 제시했다는 점에서 의의가 있다.

지금까지 살폈던 지식의 개념들을 기반으로 하여 상생적 의사소통 교육에서 지식이란 어떤 의미이고 왜 필요한지 논의해 보도록 하겠다.

우선 의사소통과 관련한 담화 상황을 만드는 데 있어 가장 기본이 되는 것이 인지 능력이라는 점 때문에 교육의 대상이 된다. 교육과정이 시대의 흐름에 효과적으로 부응하면서 텍스트를 중심으로 하거나 활동 위주의 국어교육을 지향하는 것은 매우 바람직한 현상이다. 이른바 학습자들의 삶에 밀접한 관련성이 있는 실제를 기반으로 하여 보다 현실성 높은 국어 능력 향상을 도모하는 것은 이 연구에서 논의하고 있는 상생적 의사소통과도 맞닿아 있는 부분이다.

하지만 아무리 실제를 지향하는 국어교육을 한다고 해도 지식을 소홀히 여기면 실천적 한계에 부딪히게 된다. 기본적인 정보 전달이나 낮은 수준의 의사소통은 지식이 부재해도 큰 지장 없이 이루어진다. 하지만 이들의 담화 내용이 어렵거나 수행 방식이 복잡해지면 의사소통 주체가 지식을 지니지 못한 상황에서 온전하게 담화를 구

용으로서 지식의 모습은 어떠해야 하는지 정치하게 논증하고 있다.

5 여기에서는 어떻게 지식을 바라볼 것인가에 따라 '결과로서의 지식 vs 과정으로서의 지식', '객관적 지식 vs 구성주의적 지식', '체계로서의 언어 vs 사용으로서의 언어'로 나누어 분석하였다.

성하는 것이 불가능하다. 더구나 상생적 의사소통 교육에서 추구하는 방향성을 '건전하면서도 성숙한 교양인이 갖추어야 할 고등 의사소통 능력'이라고 밝힌 만큼 건전하면서도 성숙한 교양인으로서 의사소통을 하기 위한 지식의 필요성은 매우 절실해진다.

이와 함께 상생적 의사소통 교육에서 지식 자체가 의사소통 참여 주체의 소통 능력 향상을 이루는 데 매우 유용하게 작용한다는 점을 주목할 필요가 있다. 상생적 의사소통 교육은 단순히 소통의 참여자와 참여자 간 담화 내용의 주고받음으로 끝나는 것이 아니다. 이를 통하여 소통에 참여하는 주체들이 올바른 사회 구성원으로 성장하는 것이 실질적인 지향점이라고 하겠다. 그러기 위해서는 담화를 구성하는 학습자, 즉 의사소통 참여자의 지식이 필수적으로 전제가 되어야 한다. 김대행(2005: 18-19)는 국어교육의 내용으로 각각 지식(knowledge), 경험(experience), 수행(performance), 태도(attitude)를 설정하면서 여타의 교과와 달리 국어교육에서 이들의 포괄적 어우러짐이 중요하다는 것을 피력하였다. 그리고 지식을 기반으로 하여 다른 내용들이 교육될 때 학습자의 국어 능력 향상 또한 도모할 수 있다고 보았다.

이렇게 본다면 결국 상생적 의사소통 교육에서도 지식의 중요성은 분명해진다. 소통의 참여자가 가지고 있는 지식의 바탕 아래에서 상생이건 의사소통이건, 혹은 상생적 의사소통 교육이건 시작이 되는 것이고, 이러한 의사소통의 축적 속에 참여자의 국어 능력 향상을 구현할 수 있기 때문이다. 더구나 그 동안 지나치게 지식에 치우친 교육만을 해 왔다는 비판으로 인해 오히려 지식을 소홀히 인식하고 있는 오늘날, '지식 교육' 자체에 대한 가치도 한층 높일 수 있다는 점에서 의의를 지닌다.

위의 논의들을 바탕으로 이 연구에서는 지식의 개념을 '상생적 의사소통을 구현하기 위한 인지적 능력'이라 정의하고자 한다. 그리고 의사소통 참여자의 인지 능력 향상을 위해 민병곤(2006: 27-29)를 참고하여 지식의 세부 전략을 설정하였다. 이에 대한 구체적인 항목들은 '언어 지식의 확장 추구'와 '언어 사용 맥락에 대한 고려', '메타적 접근에 따른 경험 강화' 등이다.[6]

지금까지 논의한 내용을 바탕으로 상생적 의사소통 교육에서 지식이 차지하는 위치와 흐름을 보이면 다음과 같다.

〔그림 8〕 상생적 의사소통 교육에서 지식의 위치

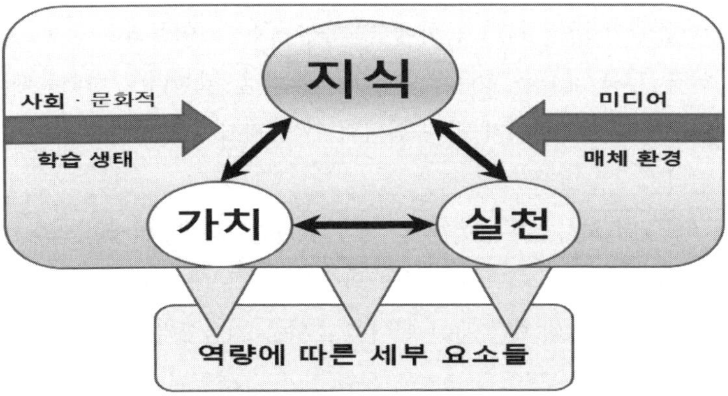

---

6 민병곤(2006)에서는 말하기·듣기 교육의 내용 요소로 텍스트를 중심에 놓고 '언어', '사고', '맥락'을 설정하였다. 그리고 이러한 언어 지식은 언어를 맥락화하는 원리와 텍스트 내용을 통합하고 초점화하는 원리, 내용을 반복·심화하는 원리 등으로 구분할 수 있다고 하였다. 이와 더불어 앞에서 언급했던 메가트렌드에 대한 고려와 서영진 외(2013)의 국어과 핵심 역량 7가지 등을 종합하면 상생적 의사소통을 위한 지식의 전략을 매우 다양하게 설정할 수 있다. 여기에서는 논의의 집중을 위해 위의 내용들을 종합적으로 고려하여 세 가지 하위 전략으로 재구성하였다. 따라서 지금부터 논의할 세 가지의 전략적 요소들이 상생적 의사소통 능력을 위한 지식 전부를 의미하는 것이 아니라, 이를 구현하는 데 있어 보다 효과적인 항목들이라는 점을 밝힌다. 이러한 취지는 '지식' 능력뿐만 아니라 '가치'와 '실천'의 세부 전략에도 함께 적용된다.

1.2. 지식 역량을 위한 교육 전략

1.2.1. 언어 지식의 확장 추구

언어 지식의 확장 추구는 서영진 외(2013)에서 주장했던 핵심 역량 중 '의사소통 능력'[7]과 '문제해결능력', '기초학습능력', 그리고 '문화예술향유능력' 등과 두루 연계된다. '문제해결능력'은 언어를 통한 사고 작용의 기반이 되기 때문에 지식 역량과 관련되며, '기초학습능력'은 학습의 가장 바탕이 되는 기초 능력으로서의 지식이라는 점에서 유추가 가능하다. '문화예술향유능력'은 '언어문화와 문학, 영화, 연극 등의 예술을 향유할 수 있는 능력'을 말한다고 하였는데, 이 연구에서 논의하고자 하는 심미적 언어 지식이 문학적 향유와 연관된다.

상생적 의사소통 교육에서 '지식'의 하위 범주로 설정한 언어 지식의 확장 추구는, 간단히 말하면 의사소통의 주체가 가져야 할 최소한의 구두 언어적 혹은 문자 언어적 소양을 기반으로 한다. 그리고 이러한 기본적인 언어적 소양에 문학 텍스트 경험이나 미학적 체화 등을 통한 심미적 언어 능력이 더해지는 특징을 이루고 있다. 즉 기본적인 사실 전달 수준의 언어 지식과 고차원적인 심미적 언어 지식의 지속적인 축적이 상생적 의사소통이 가능하도록 만드는 기반이 되는 것이다.

언어가 지닌 속성과 기능은 일찍이 R. Jakobson이 언급했던 정보

---

7 서영진 외(2013)에서 말하는 '의사소통 능력'은 '타인이나 세계와 관계를 맺는 무한 반복의 과정'이라고 하였다. 본고의 논의 자체가 '상생적 의사소통 능력'이기 때문에 핵심 역량 중 '의사소통 능력'은 4장에서 언급할 세부 전략과 모두 연관된다. 따라서 이후의 논의에서는 추가 설명을 생략한다.

적(지시적) 기능, 표출적(감정 표시적) 기능, 명령적(능동적) 기능, 친교적 기능, 관어적(메타 언어적) 기능, 미학적(미적) 기능 등의 여섯 영역 안에서 조금씩 그 틀을 달리하여 꾸준히 언급되고 있다. 이 연구에서는 Jakobson의 고전적 기능 구분을 준용하되, 언어적 지식을 다시 '언어 기호'와 '담화' 형성, 그리고 '심미적 경험'에 대한 지식으로 나누어 논하고자 한다. 이러한 언어 지식들은 의사소통 주체가 상생적 가치를 실현하기 위한 가장 기본적인 인지 능력으로 작용할 것이다.

먼저 언어 기호에 대해서 살펴보도록 하겠다. 기호에 대한 개념은 매우 다양한 연구 자료가 있지만, Saussure(최승언 역, 1990)의 논의를 빼놓을 수 없다. Saussure의 기호학은 기본적으로 언어학을 근간으로 하고 있기 때문에 언어 기호를 통해서 '의사소통'의 메커니즘을 해명하려는 데 그 목적이 있다. Saussure(최승언 역, 1990)을 보면 언어 이론은 그 동안 언어가 지시한다고 믿어왔던 모든 유형의 지시 대상에 대한 판단을 중지하는 것이 그 특징이다. 언어가 대상에 대한 우리의 개념을 재현하고 이러한 개념을 통해서 우리가 대상 세계를 인식하게 되지만, 대상에 대한 우리의 개념은 언어 체계를 통해서 문화적으로 구성되기 때문에 결국 언어 문화가 실재를 구성한다는 것이 Saussure의 관점이다.

이러한 논의는 언어 기호를 통한 의사소통의 구조를 명확하게 제시하고 있다는 점에서 의의를 지닌다. 하지만 의사소통을 위해 인위적으로 만들어진 기호 체계만을 선호한 나머지 오늘날의 복잡한 생태 환경을 고려하지는 못하였다.[8] 즉 오늘날 기호학의 연구 대상은

---

8 이에 대한 비판의 일환으로 최근 들어 Saussure의 구조언어학이 지닌 한계점이나 문제점들이 등장하고 기호학 연구가 문화기호학까지 확장됨에 따라 Peirce 기호학의 중요성이 부각되고 있다. Saussure는 사물을 제외한 이분법(기표와 기

'언어 기호'에만 국한되지 않을 만큼 매우 복잡한 양상을 보이고 있는 것이다. 이에 따라 이 연구에서 말하는 기호의 범주는 일반적인 구두 · 문자 언어를 포함하여 오늘날 다양한 미디어 매체가 만들어 내는 복합 메시지 전체를 포함하는 개념이다. 기호 체계를 나타내는 언어의 형식과 듣기 · 말하기 영역인지, 혹은 읽기나 쓰기의 영역인지 판단하는 지식이 모두 해당된다. 결국 소통의 주체가 상생적 의사소통의 가치를 구현하기 위해서는 이러한 메시지를 생산하고 동시에 이해할 수 있는 능력을 갖는 것이 필요하며, 이는 지식 역량의 기본이라고 하겠다.

이와 더불어 의사소통 주체에게는 담화를 형성하는 지식도 요구된다. 이때 담화는 특정 기호로 형성된 메시지의 덩어리라고 할 수 있으며, 의사소통이 이루어지는 최소한의 말뭉치가 된다. 학습자가 다양한 매체의 특성을 알고 이를 기호적으로 메시지화하였다고 해서 의사소통이 이루어지는 것은 아니다. 특히 상생적 의사소통에서는 일회적인 메시지의 주고받음이 아니라 이를 통해 의미를 형성하는 상호 교섭성을 강조하는 만큼 그 메시지의 덩어리 자체가 커질 수밖에 없다. 따라서 소통의 주체가 단순히 메시지를 기호로 만들 수 있는 능력만 갖추었다고 해서 의사소통이 이루어지지 않는다. 이러한 언어 기호적 능력을 바탕으로 소통의 각 주체가 담화를 형성할 수

의)을 선택했고 Peirce는 사물을 포함한 삼분법(표상체, 해석체, 지시체)을 선택한 것이 인식에 대한 차이를 만들었던 것이다. 기호의 지시대상을 배제하는 Saussure의 기호학과 달리 Peirce의 기호학은 지시대상을 재현하기 위한 기호학을 더 중시하였다. 즉 의사소통을 위해 인위적으로 만들어진 기호체계를 대상으로 삼는 Saussure와 달리, Peirce의 기호학은 기호뿐만 아니라 의도적 발신자가 없는 자연현상까지도 기호로 규정한다는 점이 가장 큰 특징 중 하나이다. 하지만 여전히 현대시를 기호학적으로 분석한 자료들을 살펴보면 Saussure의 구조언어학에 바탕을 두고 있는 경우가 많다.

있을 때 비로소 상생적 의사소통의 내용 층위가 형성되는 것이다.

언어 기호와 이들의 상호작용으로 인한 담화 형성은 일반적인 의사소통 이론에서도 기본적으로 수렴하고 있는 지식의 내용이다. 따라서 여기에다가 상생적 의사소통 역량을 효과적으로 구현하기 위한 언어 지식이 필요한데, 그 역할을 심미적 언어 경험이 할 수 있다. 김종률(2014: 125-128)은 심미적 경험에 대하여 어떤 대상을 지각하고 감상하고 즐기는 경험이라고 하였다.[9] 원자경(2009: 203-204)는 심미적 사고 과정을 감상적 느낌과 달리 지각적 자료에 근거하여 이해되는 사고의 과정이 수반된 후 이르게 되는 미적 느낌과 가치라고 하였다. 문학 텍스트 자체도 역동적인 '문학 현상'으로 간주하고 그 언어를 익히는 심미적 경험이 의사소통으로 이어질 수 있다고 보는 것이다.

문학 텍스트를 통한 경험이 심미적 언어 능력을 향상시킨다는 점에 동의하지만, 이 연구에서는 '심미적 언어 지식'의 개념을 조금 더 넓게 바라보고자 한다. 심미적 언어를 기계적으로 문학적 아름다움과 연결시키기보다는 의사소통을 하는 상황에서 담화 형성의 주체들이 느끼는 심리적 안정감에 초점을 맞추도록 하겠다. 심리적 안정감이라고 하는 것은 소통이 이루어지는 상황에서 적절한 어휘 선택에 의해 가능할 수도 있고, 어순의 배열 등을 통해 미학적 효과를 꾀할 수도 있다.

이러한 심미적 언어 지식은 의사소통을 하는 과정에서 소통의 효

---

9 김종률(2014)는 심미적 경험(혹은 사고)를 좁게 규정하면 기예적 경험과 구별되고 넓게 규정하면 기예적 경험의 차원을 포함하며, 때로는 예술적 경험과 같은 의미로 사용되기도 한다고 주장한다. 어떤 분야에서 심미적 경험을 적용하느냐에 따라 이를 바라보는 폭이 달라지겠지만, 상생적 의사소통을 논할 때에는 기본적으로 국어교육을 전제하기 때문에 문학 텍스트를 통한 심미적 사고를 의미한다고 하겠다.

율성을 높이고 그 효과를 극대화시킨다. 감각어가 발달되어 있는 우리말의 특성 상 주어진 담화 상황에서 모든 내용을 친절하게 설명하는 것만이 좋은 표현은 아니다. 오히려 일상적 언어로 장황하게 설명해도 표현하기 어려운 심경을 심미적 은유를 통해 간결하면서도 강렬하게 전달하는 경우를 자주 접할 수 있다. 또는 문장의 많은 내용을 삭제하더라도 어순 도치 등을 통해 전달력을 높이는 상황도 흔히 발생한다. 이와 함께 공격성이 없고 위트가 담긴 언어는 짧은 한 마디라도 소통의 주체를 포함한 주변인들에게 밝은 분위기를 형성하며 긍정적인 에너지를 줄 수 있는데, 이것 또한 심미적 언어 경험을 통해 가능하다. 다양한 언어유희를 활용하는 능력은 생득적인 면도 있지만 문학적 경험의 풍부함이나 언어 사용의 미적 고려에 대한 노력으로 얻는 경우가 많기 때문이다.

결국 언어적 지식은 다양한 메시지를 효과적으로 기호화한 뒤 이를 어떻게 담화로 만들어서 심미적 감각으로 표현할 수 있는가에 대한 각 소통 주체의 능력이다. 같은 상황이라 하더라도 어떻게 표현하면 보다 상대방의 마음에 감화를 줄 수 있을까에 대한 미학적 고민이 필요한 것이다. 담화가 이루어지는 상황에 따라서, 담화를 구성하는 각 주체의 관계에 따라서, 담화가 발생하는 미디어 매체에 따라서, 담화를 통해 얻고자 하는 목적에 따라서 심미적 언어 지식에 대한 고려는 달라질 수밖에 없다. 중요한 것은 이러한 언어 지식이 표현 주체만의 것이 아니라 상생이라는 가치를 관통하여 담화 구성원들과 소통이 되어야 의미를 지닌다는 점이다. 한쪽에서 고차원의 심미적 언어 표현을 구사했다고 하더라도 그것이 또 다른 소통의 주체에게 전달되지 않으면 오히려 지적 오만으로 보이게 되고 관계 유지에 부담을 줄 수도 있다. 따라서 상생적 의사소통에 필요한 언어 지식은 언제나 서로가 즉시적으로 공감할 수 있어야 한다. 문학 텍스트를 통한 심미적 경험의 경우 독자가 공감하는 부분이 있다면 그 자체로 작가와의 소통 상황이 이루어진 것이며, 그러한 소통을 통해 언어적 지식을 배우는 과정 자체가 상생의 실천이 된다.

다음 예문을 살펴보자.

> 그들은 가난한 신혼 부부였다. 보통의 경우라면 남편이 직장으로 나가고 아내는 집에서 살림을 하겠지만, 그들은 반대였다. 남편은 실직으로 집 안에 있고, 아내는 집에서 가까운 어느 회사에 다니고 있었다.
>
> 어느 날 아침, 쌀이 떨어져서 아내는 아침을 굶고 출근했다.
>
> "어떻게든지 변통을 해서 점심을 지어 놓을 테니, 그때까지만 참으오."
>
> 출근하는 아내에게 남편은 이렇게 말했다.
>
> 마침내 점심시간이 되어서 아내가 집에 돌아와 보니, 남편은 보이지 않고, 방안에는 신문지로 덮인 밥상이 놓여 있었다.
>
> 아내는 조용히 신문지를 걷었다.
>
> 따뜻한 밥 한 그릇과 간장 한 종지…….
>
> 쌀은 어떻게 구했지만, 찬까지는 마련할 수 없었던 모양이다.
>
> 아내는 수저를 들려고 하다가 문득 상위에 놓인 쪽지를 보았다.
>
> "왕후(王侯)의 밥, 걸인(乞人)의 찬……. 이걸로 우선 시장기만 속여 두오."
>
> 낯익은 남편의 글씨였다.
>
> 순간, 아내는 눈물이 핑 돌았다.
>
> 왕후가 된 것보다도 행복했다.
>
> 만금을 주고도 살 수 없는 행복감에 가슴이 부풀었다.
>
> [출처: 김소운(1995), 『가난한 날의 행복』, 범우사]

간단한 수필이지만 남편과 아내가 대화하는 속에서 심미적 언어의 사용을 통해 서로의 마음을 다독이는 좋은 예라고 할 수 있다. 끼니를 제대로 해결할 수 없는 가난한 삶이 서로의 마음을 무겁게 만들지만, 간단한 심미적 언어 표현으로 인해 미안함과 고마움을 복합적으로 전달하는 상황이다. 또한 '왕후(王侯)의 밥, 걸인(乞人)의

찬'이 집약하고 있는 은유적 의미는 작품 속 등장인물들에게도 전달하는 메시지가 크지만, 해당 수필을 읽은 이들로 하여금 감동과 여운을 느끼게 한다는 점에서 상생을 구현하는 사례가 된다.

또 다른 예를 살펴보자.

> 오상식 차장은 언제나 일에만 충실해서 요령도 피울 줄 모르는 탓에 성실함은 인정을 받지만 부하 직원들이 다소 힘들어 하는 경우가 있다. 어느 날 대리들이 모여서 이야기하는 내용을 우연히 듣게 된 오차장은 생각이 많아졌다. 실적을 올릴 수 있는 일은 구하려고 하지도 않고 힘든 일만 찾아다니는 오차장 밑에 있으면 희망이 없다는 내용이었다. 이와 함께 오차장 밑에서 고생하고 있는 부하 직원들이 불쌍하다는 말을 들으니 무척이나 속이 상했다.
>
> 늦은 시간인데도 아직 퇴근하지 않고 자리에 앉아 있는 장그래에게 미안한 마음을 담아 말하는 오차장. 그의 말에는 자괴감이 묻어난다.
>
> **오차장:** 살면서 누구를 만나느냐에 따라 인생이 달라질 수 있어. 파리 뒤를 쫓으면 변소 주변이나 어슬렁거릴 거고, 꿀벌 뒤를 쫓으면 꽃밭을 함께 거닐게 된다잖아. 그러니까 잘 생각해라.
> **장그래:** (잠시 생각을 하더니) 아~~, 그래서 저는 지금 꽃밭을 걷고 있나 봅니다.
>
> 오차장과 장그래, 모두 엷은 미소를 짓는다.
>
> [출처: 드라마 "미생" 제17화] 내용 일부를 각색하였음.

어렵게 말을 꺼낸 오차장의 본심은 부하 직원에 대한 미안함이었다. 오차장 역시 자기 자신만을 위해 힘든 회사 생활을 한 것은 아니었지만 그래도 자기가 부하 직원의 앞길을 막고 있는 것은 아닌지 마음에 무척이나 걸렸던 것이다. 그리고 그런 미안함을 알기라도 한 듯 장그래는 예측하지 못한 말로 되받았고, 어두운 대화의 시작이 순식간에 좋은 분위기로 마무리되었다. 가뜩이나 미안한 마음을 어렵게 표현했던 오차장이었기에 장그래의 대답 한 마디가 고맙게 느껴졌음은 당연한 일이다. 이것은 적절한 상황에 사용된 심미적 언어 표현이 주변 환경 자체를 밝게 만들 뿐만 아니라 소통의 주체인 다른 사람들에게 힘을 줄 수 있다는 좋은 방증이다.

1.2.2. 언어 사용 맥락에 대한 고려

언어 사용 맥락에 대한 고려는 기본적인 '의사소통 능력'과 더불어 '문제해결능력'을 향상시킬 수 있다. 문제해결능력을 '다양한 문제 상황을 인식하고 해당 문제를 해결하는 방안을 찾아 실행한 뒤 평가하는 능력' 일체라고 한다면, 여기에서 다양한 문제 상황을 인식하고 해결 방안을 찾을 때 언어 사용 맥락에 대한 지식은 필수적이다. 어떠한 환경에서 문제가 일어났는지, 어디에서 문제가 발생하였는지, 어떠한 상황에 놓여 있는지 등등 맥락적 환경을 파악하는 것은 학습자가 당면한 문제를 해결하는 데 가장 기본적인 정보가 되기 때문이다.

'언어 사용 맥락에 대한 고려'라고 하는 것은 상생적 의사소통이 이루어지는 담화 상황에 대해 구체적이고 정확하게 인지하는 능력을 의미한다. 이것은 일상적으로 구분하는 사회·문화적, 혹은 상황 맥락과 구분된다. 상생적 의사소통의 성격이 일반적인 의사소통보다 그 함의하는 바가 넓은 만큼 '맥락'이 지니는 의미도 보다 확장된 틀에서 탐구해야 하는 것이다.

주지하다시피 '맥락'은 텍스트언어학이나 사회언어학 등에서 주된 연구의 대상으로 여겼던 개념이다. 그리고 2007 개정 국어과 교육과정에서 '지식-기능-맥락'이라고 하는 교육 내용 체계가 설정되면서 맥락에 대한 논의가 학교 현장 속으로 들어오게 되었다. 2011 개정 국어과 교육과정에서는 맥락 대신 태도의 범주가 설정되었지만, 맥락 자체의 가치를 소홀히 여겼던 것은 아니다. 맥락 안에 포함된 의미의 특성 상 독립된 내용 범주에서 빠졌을 뿐 국어교육에서 그 위치는 여전히 공고하다. 이러한 맥락의 중요성은 2015 개정 국어과 교육과정에도 이어진다. 상황 맥락과 사회·문화적 맥락이라는 용어는 여러 영역에서 지속적으로 사용되고 있다. 특히 내용 체계 중 '핵심 내용'과 '기능'에 맥락은 여전히 자신이 위상을 강조하고 있다.

일반적으로 맥락을 '상황 맥락'과 '사회·문화적 맥락'으로 나누는데, 이 연구에서도 이러한 기본적인 구분을 기반으로 한다. 상생화용이라는 단서가 붙었지만 의사소통 자체가 담화가 이루어지는 상황과 사회·문화적 맥락을 떠나서는 이루어질 수 없는 행위이기 때문이다. 그러나 이 연구에서의 맥락은 그 영역을 지금보다 확대하고자 한다. 확대라고 하는 것은 무조건적인 외적 증가를 의미하지 않는다. 국어교육에서 일반적으로 통용되는 맥락을 바탕으로 상생적 의사소통에서 간과하면 안 되는 내용들을 맥락 지식의 범주에서 다루도록 하겠다.

먼저 일반화된 맥락의 의미를 살펴보도록 하자. 의사소통을 하는 과정에서 어떠한 상황인가를 판단하는 것은 다분히 지식의 차원에서 다루어야 한다. 의사소통이 이루어지는 상황이 '개인-개인'의 장면인지, '개인-다수'의 형태인지에 대한 선행적 판단이 있어야 효과적인 표현이 이루어질 수 있기 때문이다. 상황에 대한 인식은 비단 의사소통이 이루어지는 주체의 수에만 국한된 것은 아니다. 미디어 매체 환경의 변화에 따라 의사소통이 이루어지는 장면이 구두 언어 상황일 수도 있고, 문자 언어 상황일 수도 있으며, 이 둘이 복합적으로 작용하는 경우도 많다. 또한 SNS나 다양한 채팅 상황, 댓글 등을 활용한 소통의 경우는 말하기와 읽기 이외에 보기의 개념이 보다 강하게 느껴지는 형태로 메시지의 전달이 이루어진다. 이렇듯 역동적으로 발생하는 의사소통의 상황 맥락은 학습자의 지식 범주에서 교육이 이루어져야 한다.

이와 함께 사회・문화적 차원의 맥락 역시 소통의 주체가 인지해야 할 기본적인 지식의 내용이다. 각 주체가 살아가고 있는 생태학적 환경에 대한 인식에 따라 의사소통의 방식도, 그 내용도 달라지기 마련이다. 같은 담화의 주제라 할지라도 어떠한 사회 속에서, 혹은 어떠한 문화적 환경 속에서 수용되고 표출되느냐가 중요한 것이다. 사회・문화적 맥락에 의해 메시지를 나타내는 기호의 방식이 바뀌기도 하고, 메시지 자체가 담고 있는 의미가 달라지기도 한다. 기본적인 언어 기호가 사회・문화적 맥락의 영향을 받는데, 기호의 덩어리인 담화의 의미 또한 가변적인 것은 물론이다. 따라서 의사소통을 하는 학습자는 자신이 속해 있는 학습 생태계에 대한 명확한 인식이 요구된다. 그러한 속에서 자신에 대한 이해도, 상대에 대한 공감도 이루어질 수 있기 때문이다.

한편 상황 맥락, 사회・문화적 맥락과 더불어 상생적 의사소통에서 갖추어야 할 지식은 소통의 과정에 대한 주체들의 적절한 인식과 대처 능력이다. 상생을 지향한다는 것은 어느 한쪽의 일방적인 표현이 아닌 서로가 만족할 수 있는 역동적 교섭이다. 이러한 교섭은 가변적이기 때문에 잠재적 상황에 따라 수시로 그 방향성이 바뀐다. 즉 단순히 정보를 전달하는 의사소통이 아니라 대립하는 쟁점이 있거나 최선의 방법을 찾아나가는 담화 상황이라면 물리적인 상황은 그대로라고 하더라도 언어 메시지가 오가는 속에서 담화의 맥락이 수시로 바뀌게 되는 것이다. 그렇기 때문에 의사소통의 주체는 담화를 성공적으로 이끌기 위해 담화의 흐름을 잘 보고 효율적으로 대처해야 한다. 간단하게는 담화 상황을 계속 이어갈 것인지 아니면 그만 정리할 것인지, 상대방을 계속 이해할 것인지 아니면 자신의 입장을 표명할 것인지, 표현한다면 어떠한 어조로 어떻게 표현해야 상대방과 상생을 도모할 수 있는지 등등을 판단하고 대처해야 하는 것이다. 이러한 담화의 흐름을 잡는 것도 언어 사용 맥락에 대한 고려에 해당하며, 소통의 각 주체가 수시로 상황 판단을 해야 하는 것이기 때문에 매우 중요한 지식 역량이라고 할 수 있다.

이렇게 본다면 맥락적 지식을 고려한다는 것은 다양한 생태 환경에 능동적으로 대처할 수 있는 의사소통 주체의 능력을 교육하는 일이다. 이때 다양한 생태 환경이라고 하는 것은 다양한 사회・문화적 환경을 의미하며, 능동적으로 대처한다는 것은 상황 맥락에 대한 지식을 기반으로 역동적인 의사소통을 할 수 있는 참여 주체가 된다는 의미이다. 이와 더불어 살아 숨 쉬는 학습 생태와 담화 생태의 과정에서 소통의 주체가 담화의 흐름과 그 맥을 수시로 판단하고 대처 방법을 강구하는 것 또한 언어 사용 맥락에 대한 역량이라고 하겠다. 앞에서 언급했듯이 생태학에서 강조하는 상호작용은 학습자와 학습자 간의 상호작용뿐만 아니라 학습자를 둘러싼 제반 환경 모두와의 조응을 의미한다. 즉 상호작용의 개념을 의사소통 담화를 주고받는 주체들에게만 주목했던 관점에서 벗어나 이들이 주고받는 상황, 환경, 성장 배경, 가족 관계 등 일련의 모든 것들과의 연계를 강조한 것이다. 박인기(2003 : 10)에서도 생태학이 국어교육이라는 유기체가 국어교육의 여러 환경들과 어떤 상호작용을 할 수 있는지에 대한 인식적 기반을 마련해 주었다고 했던 것처럼, 의사소통의 장면에 해당하는 맥락적 지식은 상생화용의 가치를 구현하는 바탕이 된다. 상황 맥락이나 사회・문화적 맥락을 비롯하여 소통의 주체가 어떠한 목적으로 해당 담화를 만들었는지 파악할 수 있는 능력, 또는 주어진 담화 상황에서 어떻게 하면 상대방의 의사를 판단하고 최선의 반응을 보일 수 있을지에 대한 통찰도 맥락적 고려를 통해 나타날 수 있는 것이다. 결국 효과적인 상생을 도모하기 위한 의사소통에서 맥락이라고 하는 것은 담화 주체가 사전에 인지하고 있어야 할 지식의 성격이 매우 강하다는 사실을 확인하게 된다.

다음 예문을 살펴보자.

> **Manchester City FC**
> 11시간 전 맨체스터 근처
>
> [삼일절 95주년]
> 기미년 3월 1일 한반도를 가득 메운 '대한독립만세'를 기억하는 토요일이 되시길 바랍니다.
>
> 선덜랜드와의 경기는 일요일 밤 열한 시에 시작됩니다.
>
> [출처: 맨체스터 시티 홈페이지]

위 광고 문구는 잉글랜드 프리미어리그 팀 중 하나인 맨체스터 시티의 홈페이지에 게시되었던 것이다. 2014년 3·1절 날 그것도 한글로 게시하였는데, 축구를 좋아하는 많은 한국 팬들을 감동시킨 짧은 표현이다. 단순히 생각하면 팬(독자, 청자 등)에 대한 구단의 배려라고 생각할 수도 있다. 그러나 이러한 문구를 게시하는 데에는 배려의 덕목 이외에 소통의 주체와 상황 등을 종합적으로 고려한 맥락적 요소가 강하게 자리하고 있다. 그 내용을 조금 더 자세히 들여다보도록 하자. 3·1절을 축하하는 문구는 매년 그 날이 되면 셀 수 없이 많은 곳에서 쏟아진다. 그리고 이러한 축하는 같은 아픔을 가지고 있는 우리 민족만의 것이라고 생각하기 때문에 우리끼리 익숙해지면 큰 감흥을 불러일으키지 못하는 경우도 허다하다. 하지만 잉글랜드 현지 축구팀 홈페이지 대문에, 한글로 써 놓은 이 문구는 문화와 역사를 초월하여 진한 감동과 여운을 남겼다. 이억 만 리 떨어져 있는 낯선 곳의 전혀 다른 민족이 3·1절을 축하할 때 우리가 받는 감동과 놀라움의 맥락을 이 축구팀은 파악했던 것이다. 이 문구 하나로 우리나라의 많은 축구팬들이 맨체스터 시티를 응원하게 되었고, 맨체스터 시티 축구단은 작은 팝업 창을 만드는 노력을 통해 물질적으로 환산할 수 없는 그 이상의 이익을 얻었다.

다음 예문을 하나 더 살펴보자.

'핫초코 미떼' 12월 베스트 광고 선정

한국광고총연합회는 12월 베스트 광고로 동서식품의 '핫초코 미떼-부녀편'을 선정했다고 9일 밝혔다.

이번 광고에서,

"'다녀왔습니다'가 그저 고마운 요즘입니다"

라는 카피 문구가 다사다난한 올 한해를 생각나게 한다는 평가를 받았다.

연합회는 "오늘 하루도 무사히 마치고 집에 돌아온 가족에게 감사하는 마음을 담은 시대공감적 광고"라고 설명했다.

[출처: 연합뉴스 2014년 12월 9일 기사]

제품의 종류를 떠나 짧은 광고 문구 하나가 많은 맥락을 함의하고 있는 사례라고 할 수 있다. '(무사히)다녀왔습니다'라는 간단한 인사 한 마디가 시대적 상황과 맞물려 광고를 시청하는 사람들로 하여금 많은 공감을 불러일으켰다. 똑같은 인사말이라고 하더라도 맥락에 따라서 전달하는 의미가 달라지며, 소통의 주체들이 그 의미를 서로 나눌 수 있을 때 상생의 가치도 발현될 수 있다는 점을 강조하였다. 온 국민이 우울증에 걸렸다고 할 정도로 큰 재난이 있었던 해였던 만큼 굳이 위의 문구가 왜 소중한지 설명하지 않아도 광고를 시청하는 사람이라면 고개를 끄덕일 수 있다. 또한 광고 속의 맥락을 파악했기 때문에, 각 주체가 소통을 할 수 있었던 것이다.

다음 예문도 맥락의 중요성을 잘 보여준다.

> **공정 서비스 권리 안내**
> **우리 직원이 고객에게 무례한 행동을 했다면 직원을 내보내겠습니다.**
> **그러나**
> **우리 직원에게 무례한 행동을 하시면 고객을 내보내겠습니다.**
>
> 상품과 대가는 동등한 교환입니다. 우리 직원들은 훌륭한 고객들에게 마음깊이 감사를 담아 서비스를 제공하겠지만 무례한 고객에게까지 그렇게 응대하도록 교육하지는 않겠습니다.
>
> 우리 직원들은 언제 어디서 무슨 일을 하든지 항상 존중을 받아야 할 훌륭한 젊은이들이며 누군가에게는 금쪽같은 자식이기 때문입니다.
>
> 직원에게 인격적 모욕을 느낄 언어나 행동, 큰 소리로 떠들거나 아이들을 방치하여 다른 고객들을 불편하게 하는 행동을 하실 경우에는 저희가 정중하게 서비스를 거부할 수 있음을 알려드립니다.
>
> [출처: 스노우폭스 김승호 대표 SNS]

우리 사회의 '갑질 문화'를 단적으로 꼬집는 해당 기업의 광고 문구는 많은 사람에게 신선한 환기를 주었다. 서비스 산업이 발달한 우리나라의 산업 구조가 지나친 소비자들의 갑질로 나타났고, 그 결과 많은 기업의 종사자들이 정신적인 폭력에 시달리면서도 그것이 순리인 것처럼 받아들이며 살아왔다. 그러나 순간적인 이익을 위하여 소비자에게 무조건적인 순종을 강요하는 것은 상생적 의사소통과 매우 동떨어진 행위이다. 소비자에 대한 기본적인 존중은 하되 생산자에게도 윤리적 도리를 다하는 것은 지극히 기본적인 삶의 배려임에도 제대로 실천하지 못했던 것이다. 위의 광고 문구는 소비자들에게 불쾌함을 주지 않는다. 오히려 많은 소비자들에게 자신이 그동안 어떠한 태도로 상대방을 대했는지 성찰하게 만들고, 쌍방 간의 기본적인 배려가 얼마나 중요한지를 생각할 수 있게 한다. 다소 긴 광고 문구를 예로 들었으나, 아르바이트 학생들의 티-셔츠에 '남의 집 귀한 자식'이라는 글귀를 넣은 것 또한 맥락을 통한 상생적 의사소통을 실천하는 본보기라 할 수 있겠다.

1.2.3. 메타적 접근에 따른 경험 강화

메타적 접근에 따른 경험 강화는 '문제해결능력'과 '비판적 사고력' 향상에 기여할 수 있다. '문제해결능력'은 언어적 지식을 바탕으로 적절한 문제 해결 방안을 탐색하는 것인데, 메타적 접근 자체가 상위 언어에 대한 인식이기 때문에 당면한 문제를 해결할 때 유용하다. 또한 '비판적 사고력'은 논리적인 가치 판단을 통한 고차원적인 사고력이며, 이때 상위 인지의 언어 사고 능력은 고차원적 사고력과 관련이 깊다.

상생적 의사소통에서 메타적 지식이란 담화 유형에 따라 언어를 통해 해당 담화 내용을 정리하고 요약하고 재구성하는 등 높은 수준의 사고력이라고 할 수 있다.[10] 메타적 지식은 쓰기나 문법 영역에서

---

10 박종훈(2005: 486)은 남가영(2003)의 논의를 빌려 '메타국어활동이란 그 자의(字意)를 분석해 볼 때, 국어 그 자체를 대상으로 삼아 의식적으로 관찰하고 분석하여 국어로 표현하거나, 국어 이해의 맥락에서 이러한 관찰과 분석을 행하는 활

만 중요하게 인식된다는 선입견이 있으나, 자세히 들여다보면 국어 교육의 모든 영역을 포함하여 우리의 삶 전반에 두루 활용되고 있다. 단순하게 언어를 다른 언어로 풀어낸다는 의미에서 '언어 위의 언어'라는 기계적 풀이만 가지고는 메타적 언어 지식의 가치를 제대로 파악하기 어렵다. 박종훈(2005: 385-486)에서도 메타언어적 개념이 그동안 국어학적 담론에만 적용되어 온 경향이 있다고 비판하였다. 그리고 이것은 구조주의적 언어학에 입각하여 '국어'의 개념을 '언어 기호'로 한정하였기 때문이라고 주장했다.

그러나 오늘날 국어교육이나 의사소통 교육에서 일어나는 현상을 단순히 구조주의 언어학에서 바라보는 언어 기호로 국한시키는 것은 매우 편협한 관점이다. 더구나 생태 환경과의 조응을 중요하게 여기는 상생적 의사소통 교육에서 언어 기호가 지니고 있는 표면적 의미뿐만 아니라 그 속에서 해석할 수 있는 다양한 맥락적 요소들은 단순한 기호 이상의 해석으로 그 폭이 넓어진다. 그러므로 이 연구에서는 메타적 지식의 개념을 상생적 의사소통을 구현하기 위해 언어 메시지를 형성하는 과정부터 담화를 구성하는 단계, 그리고 이들의 소통 상황과 사회·문화적 고려 상황인 맥락적 지식이 적용되는 단계까지 모두 포함하도록 하겠다. 그리고 그런 가운데 학습자가 지속적으로 언어 기호와 담화 내용을 조절하는 국어 능력으로 규정하겠다.[11]

메타적 접근에 따른 경험 강화를 상생적 의사소통 능력에서 지식으로 본 것은 담화의 직접적 표출에서 나타나는 현상이나 정의적 차

동'이라고 하였다.

11 박종훈(2005: 287-288)은 메타국어활동을 과정적 지식과 기능적(機能的) 지식으로 세분화하여 설명하고 있다. 과정적 지식이란 국어를 관찰하고 분석을 잘 하기 위한 관찰과 분석의 방법이고, 기능적(機能的) 지식은 상황 맥락과 언어 표현 관계에 대한 지식을 도출하는 것이라고 하였다.

원의 태도와는 달리 지속적인 상황 대처와 자기조절의 인지적 성격을 강조하였기 때문이다. 그것이 의사소통이 이루어지는 과정적 지식이 되었건 표현 속에서 드러나는 활동적 지식이 되었건 관계없이 소통의 주체가 기본적으로 지니고 있어야 하는 초인지적 언어 능력이 되는 것이다.

조금 더 구체적으로 접근해서 메타적 접근을 통해 경험을 확장한다는 것은 소통의 주체가 다른 주체의 메시지가 지닌 의미를 자기만의 언어로 재해석하는 과정을 반복하는 경험의 축적을 말한다. 상생을 한다는 것은 상대방에게 자신의 생각을 효과적으로 전달하는 것도 되고, 상대방의 표현을 제대로 이해하는 과정 또한 해당된다. 똑같은 내용이라 하더라도 수용의 주체가 어떤 사회 · 문화적 환경을 지니고 있느냐에 따라 표현하는 언어가 달라지기 마련이다. 상대방의 언어 메시지를 접했을 때 자신의 언어로 해석하고 이러한 경험을 다른 주체와의 담화에서 다시 활용하는 과정 또한 메타적 언어 경험의 확장이라고 할 수 있다.

이렇게 본다면 메타적 접근에 따른 경험의 확장은 상생적 의사소통이 이루어지는 낮은 수준에서부터 시작되어 담화의 주고받음과 의사소통 상황에 대한 평가에 이르기까지 매우 광범위하게 적용되는 능력이다. 즉 의사소통의 주체가 생태 환경 속에서 언어 기호를 활용하여 어떠한 메시지를 만들 것인가부터 메타적 지식은 시작되는 것이다. 상황에 따른 기호 선택, 사회 · 문화적 특성에 대한 고려와 담화 유형별 메시지의 변용 등에 메타적 지식은 큰 기여를 하게 된다. 특히 상생적 의사소통의 가치 중 하나가 소통에 참여하는 각 주체들의 국어 능력이 동반 성장하는 것인 만큼 메타적 지식은 자기조절 기능과 더불어 상대방의 표현이 가지는 의미를 분석하고 상호 교섭하는 데 매우 유용한 역할을 하게 된다.

다음 예문을 살펴보자.

학생은 평소 원하는 대학에 진학하기 위해 여느 수험생 못지않게 열심히 공부를 하였다. 목표를 정해 놓고 꾸준히 노력했기 때문에 자신이 지원한 대학에 합격할 거라는 믿음도 항상 지니고 있었다. 그러나 학생은 그토록 원하던 대학의 합격자 명단에 없었고, 그가 느끼는 상실감은 말할 수 없을 만큼 컸다. 한동안 충격에서 빠져나오지 못하다가 평소 자신이 의지했던 선생님을 만나 상담을 받기로 하였다.

학생: 선생님, 저 제가 목표로 했던 대학에 떨어졌어요. 선생님께서 많이 도와 주셨는데 실망시켜드려 죄송해요. 일찍 말씀드렸어야 하는데……. 좀 정신이 없었어요. 솔직히 전 합격할 줄 알았거든요. 집단 면접에서도 제가 제일 대답을 잘했던 것 같거든요. 아직도 멍하고 답답하기만 해요.

교사: 그랬구나. 열심히 준비했던 만큼 충격과 아쉬움이 크겠다. 너는 왜 가고 싶었던 대학에 불합격했는지 그 이유라도 알고 싶은 모양인데…….

위의 내용은 상담을 할 때 사용하는 방식 중 하나를 예로 보인 것이다. 학생의 담화 중 핵심 사실은 자신이 간절하게 원하는 대학에 떨어졌다는 것이고, 원하는 대학에 떨어져서 기분이 몹시 상해 있는 상태라는 점이다. 이와 함께 교사는 학생의 심리 상태를 파악하고 아픔을 위로하면서도 무엇이 문제인지를 조금 더 알고 싶은 상황이다. 교사는 객관적 사실 파악을 확인하려고 노력하되 거부감 없이 접근하기 위해 먼저 학생의 입장을 충분히 공감하는 말하기를 시도하였다. 이러한 시작을 통하여 우선 소통 주체와의 신뢰를 형성하고자 했던 것이다. 그리고 학생이 이야기했던 내용 중 핵심 부분인 '목표로 했던 대학에 떨어졌다'는 사실을 '가고 싶었던 대학에 불합격했다'는 메타적 표현으로 유사하게 재구성하여 학생의 거부감을 줄이면서도 조금 더 대화를 이어갈 수 있도록 유도하고 있다. 기본적으로 소통 상대의 담화 내용을 경청할 수 있어야 그것을 바탕으로 메타적 언어 지식도 활용할 수 있다는 사실을 더불어 알게 된다. 이러한 방식을 통해 학생은 자신의 문제점에 대해서 살펴볼 수 있는 계기를 마련하게 되고, 교사는 학생의 부족한 부분을 짚어주면서도 상대방을 존중한다는 메시지를 함께 전할 수 있는 소통의 유형이라고 하겠다.

이러한 메타적 언어 지식의 적용은 면대 면의 대화를 통한 담화 상황에서만 이루어지는 것은 아니다. 미디어 매체인 인터넷 상에서 발생하는 대화를 통해서나 문학 텍스트 등 다양한 매개물을 활용한 경우도 쉽게 접할 수 있다.

다음 사례를 하나 더 살펴보도록 하자.

[출처: http://nexonhands.tistory.com(넥슨 사회공헌 블로그)]

위의 사례는 책을 읽어주는 낭독을 통해 나눔을 실천하는 소통의 모습이다. 책을 낭독할 때 개인의 읽기 능력 신장을 위한 경우가 소극적 형태라면, 재능 기부나 순수한 봉사의 마음으로 남을 위해 찾아가서 하는 낭독은 적극적 유형이라고 할 수 있다. 글을 읽을 수 없는 장애인이나 독거노인들에게 좋은 책을 읽어줌으로써 텍스트의 가치를 공유하고 낭독자의 인성도 함양하는 상생의 모습을 보이는 사례이다. 또한 요즘은 책을 읽을 시간이 부족한 바쁜 현대인들을 위해 전문가 집단이 문학이나 에세이 같은 텍스트를 낭송 파일로 만들고, 이를 다운 받아 출·퇴근하는 차 안에서 들을 수 있는 양질의 애플리케이션도 많다. 여기서 주목할 점은 단순히 텍스트를 다시 읽어서 메타적이라는 것이 아니라, 같은 텍스트를 선정했다 하더라도 낭독의 나눔을 구현하는 소통 주체마다 모두 다르게 나타난다는 점이다. 어휘 하나를 어떻게 바라보느냐에 따라, 문장을 어떠한 어조로 전달하느냐에 따라, 숨을 어디서 쉬느냐에 따라, 그 변화의 양상은 매우 역동적으로 발현되는 것이다. 자신이 봉사하는 마음으로 낭독에 참여하는 일, 혹은 자신이 마음에 드는 낭독을 듣는 일 모두 현대 사회의 상위인지적 특성을 그대로 반영하는 소통 양상들이다. 따라서 위의 사례는 상생적 의사소통의 메타언어 경험을 유용하게 활용하는 본보기라고 할 수 있다.

다음과 같은 사례도 메타적 접근에 따른 언어 사용의 하나이다.

> 학생A와 학생B는 매우 친한 사이였으나 팀 프로젝트를 수행하면서 의견 대립이 자주 발생하였다. 처음에는 사소한 말다툼으로 시작했지만 조금씩 상대방에 대한 서운함이 쌓이면서 불필요한 인신공격도 하게 되었고, 그러는 동안 원만한 대화는 점점 어려워졌다. 두 학생은 서로에 대한 기본적인 애정이 있었던 만큼 국어 시간에 공감 화법을 배운 후 서로의 오해를 풀기로 하

였다.

학생A: 수행평가 문제로 약속을 잡아 놓고 취소했던 것 정말 미안해. 내가 지난번에 만나기로 했던 약속을 지키지 못했던 건 그날 부모님이 모두 늦게 들어오시는 바람에 어린 동생을 혼자 둘 수 없었기 때문이야. 마침 저녁도 챙겨주어야 해서 고민하다가 못 나가겠다고 연락을 했었어. 그런데 너는 내 얘기를 제대로 듣지도 않고 화부터 내니까 서운한 마음에 나도 덩달아 소리를 지르고 말았어.

학생B: 그랬구나. 너는 그날 동생 때문에 갑자기 나올 수 없는 사정이 있었는데 내가 화를 냈구나. 수행 마감일은 다가오는데 여러 번 조율해서 힘들게 잡은 시간을 다른 대안도 없이 네가 갑자기 펑크를 내니까 서운함이 밀려오더라. 그래도 네 상황을 제대로 알았다면 나도 조금 더 생각을 했을 텐데, 화부터 내서 미안해.

학생A: 내가 상황 설명을 잘 했어야 하는데, 못 나간다는 말을 먼저 해서 네가 서운하게 만들었구나.

-이하 중략-

공감 화법에서 가장 보편적으로 사용되는 '그래, 그랬구나.'의 가상 대화이다. 공감 화법의 기본적인 시작은 상대방의 담화를 경청하고 그 핵심을 다시 한 번 되새기면서 서로를 이해하려는 것인데, 이러한 방법이 메타적 언어 사용의 극대화라고 할 수 있다. 단순히 상대방의 발화를 반복하는 것이 아니라 '내가 당신의 이야기를 잘 듣고 있다'는 신호의 의미로서 메타적 경험 강화는 의미를 지닌다. 또한 핵심 발화를 재구성하여 반복하는 행위는 이를 기반으로 자신의 심경을 표현하고, 상대방과의 관계 회복을 꾀하려는 목적성을 지니고 있기 때문에 긍정적 가치를 갖는다. 그리고 이러한 메타적 언어 사용은 기본적으로 상대방에 대한 미안함을 전제하면서도 자신의 입장을 매우 효과적으로 나타내고 있다는 점에서 상생적 의사소통의 사례라고 할 수 있겠다.

2. 가치 역량

2.1. 상생적 의사소통에서 '가치'의 의미

국어 활동 영역의 윤리성을 다룰 때에는 일반적으로 쓰기(작문)와 관련한 연구들을 쉽게 찾을 수 있다. 생태학과 관련한 논의에서도 언급했던 것처럼 이른바 '쓰기 윤리'는 다른 활동 영역에 비해 비교적 다양한 논의의 축적이 이루어지고 있다.[12] 이것은 '쓰기'라는 영역의 특성상 글말 텍스트로 작성되는 만큼 일찍이 표절부터 시작하여 사실성, 진실성 여부 등의 항목을 추출하는 것이 가능했기 때문이다. 즉 객관적인 판단이 수월한 결과물을 역으로 분석하여 이러한 과제를 수행하는 속에서 학습자들이 얼마나 윤리적 항목을 실천했는가에 대해 측정을 할 수 있는 것이다.

반면 통합적 국어 활동을 지향하는 상생적 의사소통의 경우는 기록성이 뚜렷한 쓰기와 그 특성이 다르기 때문에 의사소통 담화가 이루어지는 순간 확인하지 않으면 도덕적 가치를 찾기가 어려운 경우도 많다.[13] 우선 글말 텍스트로만 이루어진 쓰기에 비해 복잡한 담화 양상을 보이는 오늘날 의사소통 방식은 단순히 쓰기라고 명명하기 어려운 유형이 산재하기 때문에 한 번 지나고 나면 객관적인 자료를 확보할 수가 없다는 것이 가장 큰 문제이다. 더구나 이 연구에서 논의하고 있는 의사소통의 양상은 모두가 쌍방향적이어서 화자(필자)와 청자(독자) 중 어느 한 쪽에 기준을 두고 윤리성을 판

---

12 '쓰기 윤리'와 관련한 대표적인 논의로는 박영민(2008), 박영민(2009ㄱ, ㄴ), 가은아(2009, 2010), 이혜영(2010), 강민경(2012) 등이 있다.

13 상생적 의사소통에서 '가치'의 의미에 관한 논의는 한정현(2014)의 화법 윤리에 관한 내용 중 일부를 이 연구의 특성에 맞도록 수정·보완한 것이다.

단하는 것은 반쪽짜리 연구에 불과하다. 그리고 쓰기의 경우 남겨진 텍스트를 바탕으로 지속적인 퇴고가 가능하지만, 이를 제외한 다수의 의사소통 담화의 상황은 한 번 이루어지고 나면 다시 되돌릴 수가 없기 때문에 즉시적인 측면에서 큰 차이점을 지닌다. 그러다 보니 의사소통이 이루어지는 양상에서 표현과 수용의 주체가 지니는 정의적 가치의 정립이 중요하다는 것은 인지하면서도 정작 이를 교수-학습의 차원으로 확대시키기에는 많은 어려움에 봉착할 수밖에 없다.

하지만 현실적인 어려움으로 인해 불가피하게 손을 놓고 있는 동안 학습자들의 의사소통 담화가 이루어지고 있는 모습은 다양한 환경적 변화에 따라 올바른 '가치'를 무시한 채 급속도로 변화하고 있다.[14] 이에 따라 학교 현장에서 의사소통과 관련하여 올바른 가치 교육의 필요성을 언급하면 다음과 같다.

우선 매체 환경의 영향으로 인해 언어생활 속에서 학습자들이 옳고 그름의 판단 과정 없이 내용을 인용하기 때문에 문제가 크다. 오늘날 학습자들이 인터넷을 비롯하여 각종 매체의 홍수 속에 빠져 살아가는 모습은 새삼 강조할 필요가 없다. 특히 스마트폰의 급속한 보급으로 인해 대인의사소통보다는 전자기기를 통한 의사소통에 더욱 치중하고 있다 보니 면대 면의 화법에서 기본적인 윤리 의식을 고취하기는 매우 어렵다.[15] 학습자가 친구나 교사와 대화하는 속에서

14 가은아(2010: 418-421)에서는 쓰기 윤리에 부정적 영향을 미치는 요인으로 글쓰기 매체 환경의 변화와 비윤리적인 사회 구조, 그리고 쓰기 윤리 교육의 부재 등을 들고 있다.

15 실제로 오늘날 중·고등학교 교실의 풍경을 보면 교사가 수업에 들어갔을 때 대부분의 학생들이 스마트폰에 열중하고 있는 모습을 쉽게 찾아볼 수 있다. 또한 수업 종료령이 울림과 동시에 자신의 스마트폰을 꺼내 자기만의 세계에 빠지기 때문에 의미 있는 대화는 교사와 학생 사이에서도, 학생들끼리도 잘 일어나지 않는다.

채팅어와 일상어가 뒤섞여 나오는 현상은 차치하더라도 기본적으로 자신의 의사표현을 명확히 제시하지 못하는 경우도 많으며, 이에 따라 왜곡된 의사전달이 이루어지는 현상도 발생하게 되는 것이다. 하루 생활의 대부분을 각종 매체와 더불어 지내면서 이들 매체를 통해 학습된 은어와 비어가 점점 더 늘어가게 되고 이러한 언어생활의 지속은 윤리적 무감각을 초래할 수밖에 없게 된다.

이와 함께 개성을 강조하는 시대의 흐름 속에서 상대방의 의사를 잘 수용해 주는 미덕보다는 대중 앞에 얼마나 자신을 효과적으로 표현하느냐가 성공의 요건이 되다 보니 부작용이 나타났다. 물론 사람들에게 자신이 가진 다양한 재능을 보여 주는 것은 매우 효과적인 사회 교섭 능력의 실천적 사례일 것이다. 하지만 저마다의 개성을 존중하기에 앞서 남들보다 뛰어난 요소만을 우선시하는 풍토가 만연되면서 공생보다 개인의 영리를 추구하게 되었고, 대화를 하면서도 남을 배려하는 가치보다는 자신의 입장만을 주입하는 데 더 많은 시간을 할애하고 있다. 결국 이러한 의사소통 가치 교육의 부재는 학습자들이 생산적인 사회의 구성원이 되어 살아갈 때에도 이질집단과 타협하지 못하고 분열을 거듭하는 원인이 된다.

더불어 오늘날 의사소통 담화의 양상은 동시적인 특성을 가졌음에도 불구하고 말하기 중심으로 치우친 화법교육만 강조하다 보니 정의적인 측면은 들어설 자리가 없었다는 점도 반성해야 한다. 2011 개정 국어과 교육과정 때부터 '듣기 · 말하기'로 통합한 것은 듣기와 말하기가 동시적으로 일어난다는 현상을 학교 교육으로 끌어오자는 노력이었다. 이것은 듣기 현상과 말하기 현상이 같은 지분으로 중요성을 갖기 때문에 교육의 양상 역시 그러해야 한다는 점을 의미한다. 하지만 제도권 교육이 시작되었을 때부터 우리나라의 화법 교육은 청자의 말을 잘 들어주기보다는 화자의 주장을 효과적으로 전달하는 데 더 큰 목표를 두었다. 그러다보니 한정현·김혜숙(2013ㄱ: 207-208)에서도 언급했던 것처럼 학교 현장에서 듣기에 대한 수업은 거의 실시되지 않고 말하기와 관련한 수행평가만 주를 이루고 있으며, 이것은 자연스레 남을 배려하는 데에는 소홀할 수밖에 없는 결과를 가져오게 되었다.

위와 같은 점들로 미루어 볼 때 상생적 의사소통 교육에서 올바른 가치에 대한 교수-학습의 필요성은 절감할 수 있으나, '상생적 의사소통의 가치 교육'을 간결하고 명확하게 정의하는 것은 쉽지가 않다. 그것은 '가치'라는 것이 의미하고 있는 정의적 영역의 방대함 때문이고, 상생적 의사소통에서 '가치'가 가지고 있는 복합철학의 어려움 때문이며, 교육 현장에서 느끼는 실질적인 수업의 한계 때문이기도 하다. 전술했던 것처럼 쓰기 윤리는 학습자가 작성한 텍스트를 기반으로 윤리성을 찾아갈 수 있지만, 오늘날 의사소통 양상의 경우 담화가 이루어지는 속에서 동시적으로 나타나야 하는 사례가 많기 때문에 표현의 주체건 수용의 주체건 올바른 가치를 의식하며 표현하고 수용하는 일이 어려울 수밖에 없다. 또한 학습자의 상생적 의사소통 능력을 키우는 일은 매우 지난한 교수-학습의 과정인 만큼 30명이 넘는 교실에서 주당 1~2시간 이루어지는 의사소통 관련 수업만으로 정의적 영역에 대한 긍정적인 교육 효과를 기대하기는 어려운 것이 사실이다.

이러한 여러 제약에도 불구하고 이 연구에서는 '상생적 의사소통 가치'를, '의사소통 참여 주체들이 담화를 형성하고 이를 공유하는 전 과정에 걸쳐 서로가 준수해야 할 정의적 태도'로 정의해 보고자 한다. 이때 표현의 주체와 수용의 주체는 의사소통 담화를 형성하는 중핵적 역할을 하며 이들의 상징적인 중요도는 같다. 여기에서 의사소통 담화는 단순히 짧은 메시지의 주고받음에 그치지 않고 나아가

특정한 의미 전달을 전제로 하여 설정하였다. 이러한 의미를 만드는 과정에서 나타나는 외적 · 내적 현상을 모두 가치의 대상으로 보았다. 이때 외적 현상이라고 하는 것은 의사소통 참여자 사이에 담화가 오가면서 표면적으로 드러난 음성언어, 혹은 문자 언어로서의 담화 텍스트 전반을 의미한다. 또한 내적 현상은 학습자들의 표면에 드러나지는 않지만 소통을 이어가면서 스스로 갖게 되는 태도 등 정의적인 측면을 말한다.

이러한 상생적 의사소통 가치의 개념과 특성을 살폈다면, 이에 대한 교육을 실천하기에 앞서 의사소통 가치를 추동하는 기본 원리를 설정하는 것이 우선되어야 한다. 특히 생태학에 기반을 둔 기본 원리를 찾을 수 있다면 학습자들의 언어 능력 향상에 보다 실질적인 도움이 될 것이다. 이때 김윤옥(2005: 45-47)의 논의는 시사하는 바가 크다. 여기에서는 듣기 · 말하기 교육이 학습자들을 둘러싼 언어생활 생태를 고려해서 이루어지는 것이 바람직하다는 전제로 국어문화 형성에 기여하는 방향의 교육이 되어야 한다는 점을 역설하였다.[16] 특히 생태학적 듣기 · 말하기 교육의 지향점을 일곱 가지로 세분화하여 제시[17]하면서 그 방향성을 보여주었다는 점은 의사

16 김윤옥(2005: 45-47)에서는 여태까지 말하기 능력을 '자신의 생각과 느낌을 바르게 표현하여 상대방에게 정확하게 전달하는 것'으로 규정했다면, 생태학적 입장에서 말하기 능력은 '올바른 심리와 관련 지식을 가지고, 상대방과 상황을 이해하고 자신의 의도를 적절하게 언어로 표현하여 전달하고, 수행하면서 상대방과 관계 개선하는 능력'으로 보았다.

17 일곱 가지 지향점을 요약하여 제시하면 다음과 같다. ① 바람직한 언어 사회와 문화 창조에 기여하는 능력을 길러주는 교육이 되어야 할 것, ② 듣기 · 말하기의 생태를 반영한 다양한 말하기 상황의 요소를 반영하여 교육할 것, ③ 관련 영역들의 능력이 유기적이고 통합적으로 발달되도록 듣기 · 말하기 교육 방향이 달라져야 할 것, ④ 듣기 · 말하기 교육 연구가 활발히 일어나도록 제도적 지원이 있어야 할 것, ⑤ 구체적인 교수-학습 방법을 개발해야 할 것, ⑥ 다양한 자료를 활용하여 듣기 교육을 할 것, ⑦ 듣기 · 말하기 교육에 필요한 교수-학습 자료

소통 가치의 원리를 도출하는 데 도움을 준다. 한편 이도영(2006: 355-359)에서는 말하기 교육의 목표 중 '윤리적 차원의 말하기'를 강조하였는데, 아주 기본적인 가치의 접근이지만 요즘처럼 책임지지 않는 말이 난무하는 시대에 꼭 필요한 덕목이라는 점을 역설하였다.[18]

이러한 내용을 참고하여 상생적 의사소통 가치 교육에서 필요한 범주와 기본 원리를 설정해 보고자 한다. 범주는 의사소통 가치 교육을 하는 데 있어 가장 필수적인 내용적 요소들을 의미한다. 그리고 기본 원리란 실질적으로 학습자들이 의사소통 가치를 배울 때 작용하는 가장 일반화된 동력이라고 할 수 있다. 세부적인 내용을 제시하면 다음과 같다.[19]

를 개발하여 보급할 것 등이 그것이다.

이러한 지향점은 화법 교육이지만 궁극적으로 의사소통 교육이 나아가고자 하는 바와 맥을 같이 하는 만큼 지속적인 논의를 통해서 기본 원리를 탐구할 수 있는 여지가 생긴다. 다만, 일곱 가지라는 지향점이 특정한 기준에 의한 것이 아니기 때문에 위계적 측면에서 다소 일관성을 갖지 못하는 것은 아쉬운 부분이다.

18 이도영(2006: 355-359)에서는 말하기 교육의 목표를 ① 개인적·심리적 차원의 말하기로서, '개인이 가지고 있는 생각을 정확하고 효과적으로 표현하는 것', ② 사회·문화적 차원의 말하기로서, '다른 사람과의 올바른 관계 형성', ③ 윤리적 차원의 말하기로, '말과 행동의 일치', ④ 예술적(오락적) 말하기로서, '말하기를 통해 즐거움을 느끼는 것' 등으로 세분화하였다.

19 박영민(2009: 215-217)에서는 '쓰기 윤리 교육 프로그램의 기본 원리'를 제시하였는데, 이를 변형해 보았다.

〔그림 9〕 상생적 의사소통 가치 교육의 범주와 원리[20]

상생적 의사소통 가치 요소		상생적 의사소통 가치 교육의 원리
호혜적 관계 형성의 참여자	⇨	의사소통 담화 참여자들과 주변 환경이 관계를 맺으며 상호 교섭하는 호혜의 원리
'인정'을 통한 상호 교섭적 참여자	⇨	표현의 주체와 수용의 주체가 의사소통 담화를 형성할 때 서로를 인정하고 배려하는 원리
하이브리드적 태도 지향의 참여자	⇨	의사소통 담화 주체 간 문화적 다름을 인정하고 종합적으로 사고하는 화해의 원리

상생적 의사소통 가치의 범주 설정은 기본적으로 화법의 조건에 바탕을 둔 것이다.[21] 즉 화법의 일반적인 조건을 화자와 청자, 내용, 그리고 상황이라고 할 때 이들을 가치의 영역과 결합시켜 설정하였다. 이때 화자라면 어떠한 주체로서의 화자여야 하는가, 청자라면 역시 어떠한 주체로서의 청자여야 하는가에 주목하였으며, 주어진 환경에서 내용을 주고받을 때 참여자들은 윤리적으로 어떠한 가치를 가져야 하는가를 연계시킨 것이다.

한편 주체와 주체의 의사소통 가치 요소들에 대해 인식하였다면, 의사소통 주체들이 담화를 형성하면서 가져야 할 의사소통 가치의 종합적 이해가 필요하다. 이것은 전념이나 배려, 호혜성과 같은 의사소통 가치에서 필요로 하는 특성들이 모두 포함된 형태라고 할 수

---

20 담화에 참여하는 구성원으로 '화자'와 '청자'라는 일반적인 대상을 설정할 수 있지만, 이 연구의 취지를 살려 '주체'라는 표현으로 통일하였다. 이때 '참여자'라는 대상은 의사소통의 특성상 주고받음을 전제로 하여 표현의 주체와 수용의 주체가 모두 포함된 것이다.

21 주지하다시피 상생적 의사소통 담화에서 두드러지는 특징은 참여자들의 역동성과 상호교섭 작용이다. 그리고 역동적 성격은 전통적으로 쓰기 영역보다는 듣기·말하기 영역에서 훨씬 돋보인다. 이에 따라 의사소통 윤리성을 도출하기 위한 참고 내용으로 화법교육이 지닌 특성들을 주된 참고 자료로 삼았다.

있다. 일반적으로 이 세 가지 요소들은 발현되는 순서에 대한 중요성보다는 이들 요소가 모두 갖춰졌을 때 상생적 의사소통의 가치 역량이 구현될 수 있다는 점을 강조하고자 한다.

2.2. 가치 역량을 위한 교육 전략

2.2.1. 호혜적(互惠的) 관계 형성

'호혜적 관계 형성'은 다분히 '대인관계능력'에 크게 기여한다. 대인관계능력을 '학습자를 둘러싼 여러 사람들과 원만한 관계를 형성하고 서로 돕는 능력'이라고 규정했을 때, '호혜'라는 용어가 가진 의미역만 보더라도 기본적으로 인간관계에 대한 지향이라는 점에서 해당 능력과 접목시킬 수 있다. 가치 역량이라고 하는 것이 정의적 성격을 지니고 있는 만큼 호혜적 관계 형성뿐만 아니라 뒤에 나오는 항목들도 이러한 능력들과 연관되어 있다.

'호혜적(互惠的)'이라는 말을 단순히 직역하면 '서로 도와 이익이 되도록 하는 것'이다. 서로 도와 이익이 된다는 호혜는 상생과 그 어휘적 의미가 아주 유사하다. 상생적 의사소통 교육에서의 이익은 궁극적으로 학습 생태 속에서 원만한 인간관계를 형성하고 교양인이 되는 것이며, 이때 가장 기본은 의사소통 교육이 주체와 주체의 상호 교섭적 현상임을 명확하게 인식하는 일이다. 의사소통 교육에 있어서 상호 교섭은 주체와 주체가 의사소통 메시지를 주고받으면서 담화를 형성할 때, 표면적으로 드러나는 내용 전달과 수용 이상의 화학 작용을 통해 새로운 의미를 형성한다는 것을 의미한다.[22] 전은주

22 전은주(1999: 259-260)에서는 의사소통 과정을 화자와 청자의 역할에 따라 다음

(1999: 259-260)의 논의에서도 볼 수 있는 것처럼 대등한 의사소통이 이루어질 때에는 송신자(화자)와 수신자(청자)가 각각 대칭적 위치에서 발화를 주고받는 것이 아니라 하나의 결합된 덩어리로서 교섭이 이루어지기 때문에 역동성이 생겨나게 된다. 그리고 이러한 역동적 상호 교섭은 담화가 형성되는 동안 기본적으로 전달하고자 했던 사실 내용보다 더 풍부한 의미를 형성할 수 있고, 정의적 측면에서도 서로의 유대감을 높이는 등 긍정적인 관계 정립에 영향을 끼친다.

이렇듯 의사소통 참여자의 상호 교섭적 현상이 담보될 때 서로의 이익을 도모하는 호혜적 관계가 형성될 수 있다. 서현석(2007: 397-400)에서는 Lipman(2003)의 이론을 빌려 '배려적 사고'를 통한 호혜성을 강조하고 있다.[23] 따라서 표현의 주체가 수용의 주체를 일방적으로 배려하겠다는 생각이나 표현의 주체가 수용의 주체를 배려하면서 듣겠다는 단편적인 담화 형성의 과정은 서로의 상생을 도모하는 호혜성을 만들어 내기 어렵다. 표현의 주체는 자신의 발화가 표현의 수용자에게 효과적으로 전달되고 있는지 유형·무형의 상황들을 수시로 살펴야 한다. 수용의 주체 역시 표현하는 주체의 담화

과 같이 나타냈다.

작용적 관점 S → R
상호 작용적 관점 S ⇌ R
상호교섭적 관점 SR ↔ SR
(S: 송신자, R: 수신자, SR: 송신자와 수신자) - 김영임(1998: 24)에서 재인용

23 서현석(2007: 397-400)에서 말하는 '배려적 사고'는 우리가 생각하고 있는 주제에 대하여 열망을 가지고 생각한다는 것과 우리가 생각하는 태도에 대해 관심을 가진다는 것을 의미한다. 그리고 배려적 사고의 중요한 특성으로 ① 배려적 사고는 가치 부여적 사고이다. ② 배려적 사고는 정서적 사고이다. ③ 배려적 사고는 행동적 사고이다. ④ 배려적 사고는 규범적 사고이다. ⑤ 배려적 사고는 감정이입적 사고이다. 등을 언급하였다.

를 듣고(혹은 읽고) 있다는 의사표현을 다양한 언어적 형식으로 해주는 등의 노력이 있어야 상호 교섭이 일어나게 되며, 이를 통해 호혜적 관계가 형성될 수 있는 것이다.

요컨대, 상생적 의사소통에서 호혜적 관계를 형성하려면 소통의 표현 주체의 입장에서 바라보는 것이 아니라 수용 주체의 관점에서 담화를 형성하는 것이 무엇보다 중요하다. 표현 주체가 자신의 이익을 염두에 두고 담화를 만들면 호혜적 관계는 형성되기 힘들다. 자신의 이익을 기대한다는 것은 상대방보다 자신에게 보다 유리한 상황을 전제한 것이기 때문이다. 인간은 교육을 통한 도덕적 강화를 하지 않으면 무의식적으로 자신에게 유리한 방향으로 생각하기 마련이다. 이러한 생각은 인구가 적거나 자본이 풍족할 때에는 크게 드러나지도 않고, 다른 사람에게 해를 끼치지도 않는다. 하지만 메가트렌드를 예측하며 살아가야 하는 글로벌 사회에서는 나의 이익도 중요하지만, 나와 유대를 맺고 있는 상대방의 이익 또한 매우 중요하다. 국가적 이데올로기를 떠나 자신만의 이익을 바라고 사는 것은 생태학적 관점에서 봤을 때 지속 가능한 발전에 위배되기 때문에 머지 않아 스스로 도태되고 말 것이다.

그러므로 호혜적 관계는 수용 주체의 장점을 극대화할 수 있는 담화를 형성해야 한다. 수용 주체의 입장에서 무엇이 다른 사람들과 차별화될 수 있을까를 생각해보고 그 부분에 대한 화제를 만드는 것이 필요하다. 수용 주체만의 장점이 부각되고 그것으로 인해 상대방이 이익을 얻게 되면, 그것이 어떤 경우건 표현 주체에게도 이익으로 되돌아온다.

다음의 예문을 살펴보자.

회사원인 민우는 2년 간 일본으로 파견 근무를 가게 되었다. 그는 새로운 환경에서 지낼 생각에 마음이 들떠 있었지만, 한편으로는 어린 아들이 일본 생활에 잘 적응할 수 있을지 걱정도 되었다. 초등학교 1학년짜리가 언어도 통하지 않는 곳에서 잘 지낼 수 있을지, 혹시 친구들에게 따돌림을 당하지는 않을지, 걱정스런 마음으로 아들과 함께 전학할 학교로 찾아갔다. 전학 수속을 마치고 아들을 교실로 들여보낸 후 자기도 교실 뒤에 서 있었다.

교사: **여러분, 새 친구가 왔어요. 잘 지내야 해요. 그런데 주현 군은 일본말을 못 해요.**

이 말을 듣는 순간 그는 가슴이 철렁 내려앉았다. 어쩌자고 저 교사는 저런 말을 하나. 안 그래도 낯선 곳에서 일본말을 못 한다고 따돌림이라도 당하면 어쩌라고……. 그러나 다음 말을 듣는 순간 얼어붙었던 그의 마음은 봄눈 녹듯 풀렸다. 그리고 긴장감이 돌던 반 아이들의 표정도 호기심으로 바뀌었다. 물론 주현이도 표정이 밝아지며 환하게 웃었다.

교사: **그러나 주현 군은 한국말을 아주 잘 해요.**

[출처: 상생화용연구소(2007), 『내 말에 상처받았니?』, 커뮤니케이션북스]

위에서 언급했던 것처럼 호혜적관계의 형성은 발화 주체의 이익을 고려하지 않았을 때 발생한다. 예문에서 교사는 마지막 표현과 같은 말을 했을 때 자신에게 어떠한 득이 되는지에 대해 생각하지 않는다. 전적으로 학생의 입장에서 두려움도 없애고 긴장을 풀어주기 위해 그야말로 주어진 순간 가장 잘 할 수 있는 내용을 언급한 것이다. 하지만 결과적으로 교사의 한 마디에 아이들도 전학을 온 학생에게 호의적이 되었고, 학생의 부모 또한 교사를 신뢰하는 계기가 되었다. 그리고 전학을 온 학생 역시 이런 교사라면 믿고 따를 수 있겠다는 생각이 들었을 것이다. 교사가 낯선 곳에서 어려움을 느낄 전학생에게 조금이나마 도움을 주기 위한 마음으로 담화를 형성했지만, 그것이 학급 친구들과 학생의 학부모에게까지 긍정적인 영향을 끼치게 되었다. 그리고 교사는 이들 모두에게 신뢰할 수 있는 메시지를 주었으니 상생의 가치가 빛난 사례라고 할 수 있다.

또 다른 예를 살펴보자.

주연이는 평소 학교생활 태도가 매우 성실하고 모든 일에 의욕적으로 도전하는 성격이다. 동아리 부장과 학생회 임원도 겸하면서 항상 열심히 생활하지만, 아쉽게도 성적은 원하는 만큼 나오질 않는다. 공부에 대한 노력도 남들 못지 않게 하는데 최상위권 친구들과는 조금 거리가 있다. 의기소침해 있는 주연이를 담임 선생님이 불러 상담을 한다.

교사: 항상 밝은 주연이가 오늘은 왜 이렇게 우울해 보이는고?

주연: 다른 친구들보다 공부를 더 열심히 하는데도 성적이 잘 안 나와요. 이번 모의고사도 제가 목표했던 점수보다 한참 모자라요.

교사: 많이 속상하겠구나. 그래도 주연이는 다른 친구들보다 비교과 활동도 많이 하고 항상 바쁘게 살잖아.

주연: 그러면 뭐해요. 어차피 공부 잘 하는 학생이 사람들한테 더 인정을 받잖아요. 선생님도 그 친구들을 더 높이 평가하시죠?

교사: 그렇지 않아. 공부를 잘 하는 건 그쪽 분야에 그 친구가 재능이 있다는 것이지 다른 분야도 모두 우수하다는 게 아니야. 선생님은 시험 잘 보는 친구가 무조건 인성도 훌륭하다고 생각해 본 적 없단다. 누구나 자신이 잘 하는 분야가 있고 그걸 발전시키면 인정을 받는 거란다. 주연이는 다른 친구들한테 없는 추진력과 리더십이 있으니 그것만으로도 경쟁력이 충분해.

주연: 선생님께서 그렇게 말씀을 해주시니 위안이 되는 것 같아요. 공부도 포기하지 않고 계속 열심히 도전해볼게요. 고맙습니다.

시험을 못 본 학생에게 위로를 해 주는 방식은 여러 가지가 있다. 단순히 힘을 내라고 응원을 할 수도 있고, 구체적으로 어떤 부분이 부족해서 시험을 못 보았는지 원인을 분석하는 상담을 하는 것도 유의미하다. 이렇듯 다양한 의사소통의 방법 중에서 호혜적 관계 형성의 방법을 사용한다는 것은 상대방의 우수한 부분을 강조하면서 긍정 강화를 시도하는 전략이다. 자존감이 떨어져 있는 학생에게 시급한 것은 시험 성적이 낮은 이유를 분석하는 것보다 자신에 대한 자긍심 회복이다. 그리고 우리 주변과 관계 맺고 있는 사람들은 누구라도 자신만의 독보적인 장점을 지니고 있기에 이 부분을 자극하는 것은 매우 효과적이다. 그저 평소 지켜보았던 상대방의 장점을 칭찬하는 것만으로 자존감 회복은 물론 상대방과의 관계가 더욱 돈독해질 수 있기 때문이다.

2.2.2. '인정'을 통한 화해(和解) 지향

'인정을 통한 화해 지향'은 서영진 외(2013)의 '의사소통 능력'과 '문제해결능력', '대인관계능력' 등과 연계된다. 뒤에서 밝히겠지만 '화해'라고 하는 용어 자체가 서로의 문제의식을 공유하고 풀기 위한 노력인 것처럼 '문제해결능력'으로서 자리매김을 할 수 있다. 또한 '화해'를 지향한다는 것은 생태 환경에서 관계 맺고 있는 주변인들과 원만한 유대를 만들겠다고 하는 의지의 표현이기 때문에 '대인관계능력'의 작동 원리가 될 수 있다.

먼저 '화해(和解)'의 가치에 대해 살펴보도록 하겠다. 화해의 의미는 '싸움하던 것을 멈추고 서로 가지고 있던 안 좋은 감정을 풀어 없앰 ≒ 화회(和會)'이다(국립국어원). 단순히 사전적 의미로만 해석한다면 화해라는 덕목이 국어교육에 잘 어울릴 것 같지는 않다. 싸움이라거나 안 좋은 감정을 푼다는 의미는 우리가 국어교육 분야에서, 특히 의사소통과 관련한 연구에서 쉽게 접할 수 없는 표현들이기 때문이다.[24]

논의의 방향을 조금 돌리면, 우리는 담화를 구성할 때 상대방과 '조화'를 이룬다는 표현을 자주 사용한다. 이때 조화라는 것은 말 그대로 '잘 어우러짐'을 의미하는데, 일반적으로 나와 다른 주변 사람들, 혹은 내 생각과 다른 생각을 가진 상대방과 함께 어울린다는 것을 뜻한다. 물론 의사소통 교육에서 조화의 가치, 조화로움의 미적 메시지는 강조하지 않아도 언제나 두드러지는 내용들이다. 굳이 상생적 의사소통이라는 거대 담론을 거론하지 않더라도 기존의 의사소통 교육 자체가 더불어 살아가는 아름다움을 추구했다는 점에서 조

---

24 화해의 가치는 서양적 의미와 동양적 의미가 다소 다르기 때문에 이 연구에서는 동양적 의미의 화해를 바탕으로 논의하고자 한다. 장파(1994: 118-145)는 동양적 화해의 의미와 서양적 화해를 구체적으로 비교하였다. 이를 종합하면 서구적 화해는 발전을 중시하며 대립물의 투쟁을 강조하는 반면, 동양적 화해는 보존과 안정을 중시하면서 대립하되 서로 겨루지 않음을 강조한다고 하였다. 또한 대립물의 투쟁을 중시하는 서구적 화해에서는 개체의 힘이 부각되며 대립은 일시적인 합의에 이르고 상대적 힘의 변화는 또다시 합의를 갱신한다고 하였다. 동양적 화해는 정체적 협력을 강조하지만 서구는 개체의 힘을 중시하였기에 끊임없는 혁명의 문화를 만들었다고 강조하였다. 김은경 역(2011: 213-215)에서는 화해 사회를 인간과 자연의 화해가 잘 이루어진 사회라고 정의하면서 자연 생태계와의 균형을 강조하였다. 이때 자연 생태계는 의사소통을 나누는 주체가 포함된 삶의 환경을 말하며, 이것은 이 연구에서 논의의 기반으로 삼고 있는 생태학과도 맥을 같이 한다. 김도종(2001: 199)는 우리 사회에서 화해를 실천한다는 것은 자신의 정체성을 찾는 과정이며 사회·문화적 상황에서 인간성을 실현하자는 뜻을 가진다고 역설하였다. 화해라는 덕목이 단순히 대립하는 두 주체의 표면적 뚫림에서 나아가 인간성 회복 자체를 지향한다는 점에서 상생적 의사소통의 의미를 지닌다고 하겠다. 이재승(2011: 127-129)는 화해가 다투고 있는 당사자 간의 관계 회복을 의미한다고 정리하면서 통상적으로 상호 과오를 전제로 하기 때문에 서로의 노력을 요구하였다. 이것은 의사소통을 해 나가는 두 주체 간에 힘의 균형이 어느 정도 유사해야 올바른 소통이 이루어진다는 것을 의미한다. 문화적 다양성을 전제한다면 서로가 서로에게 다름을 느끼게 되기 때문에 어느 한 쪽이 일방적으로 문화적 차이를 받아들이는 것은 부당하다. 그러한 관계의 지속은 상생화용의 가치를 실현하기는커녕 오히려 불신과 반목으로 인해 인간성 상실에 이르는 첩경이기 때문이다.

화의 미덕은 충분히 가치를 지닌다.

하지만 '조화'라는 표현은 가치 탐구의 관점에서 보았을 때 '화해' 보다 평면적인 의미를 지닌다. 즉 조화는 두 대상 간의 차이가 크건 미미하건 함께 어우러지면 소기의 목적을 달성한 것이지만, 화해는 기본적으로 주체 사이의 생각이 서로 다름을 인지하는 것에서부터 시작하기 때문이다. 앞에서도 언급했던 것처럼 장자가 의미하는 소통은 서로가 막혀 있던 것을 비움과 잊음을 통해 뚫는 과정이라고 하였고, 이렇게 막혀 있음을 전제로 한다는 것 자체가 '나'와 '너'가 기본적으로 대립 관계에 있는 것이라고 하였다. 다만 화해를 설명할 때 대립 관계라고 하는 것은 의사소통의 주체들이 의견대립으로 인해 맞서는 상황만을 의미하지 않는다. 표면적인 언어 대립으로 충돌하지 않더라도 기본적으로 생각 자체가 다른 서로의 모습 자체를 대립의 한 형태로 보는 것이다.[25]

따라서 서로 다른 소통의 주체를 있는 그대로 '인정'해주는 교육이 필요하다. 이때 인정의 정치학을 바탕으로 상대방을 배려할 수 있는 의사소통 교육이 이루어질 수 있다.[26] 인정의 정치학은 오늘날과 같이 학습자를 둘러싼 복잡한 환경을 고려하여 철학적 배경 중 하나로

---

25 화해라는 단어가 함의하고 있는 철학적 깊이를 강조하다 보니 동양적 가치를 주로 취하지만, 그렇다고 해서 서양적 화해의 의미가 부정적이라고 단정 지을 수는 없다. 서양에서 강조하는 이성적 합리주의와 개인적 수양 등은 오늘날 상생화용의 가치를 실현하는 데 충분히 긍정적인 영향을 줄 수 있다. 교수요목기 이후 서구적 의사소통 유형이나 가치관이 국어교육 안으로 꾸준히 들어온 상황에서 서양의 가치를 외면하는 것은 극단적 거부감에 불과하다. 그리고 오늘날 복잡한 사회를 살아가는 우리들에게 서구적 이성이 가지고 있는 합리성은 분명히 필요하다. 이에 따라 생태계 속에서 인간성 회복을 위한 가치의 밑거름으로 동양적 화해관을 추구하되 서양의 이성적 화해가 지닌 의미도 함께 취하는 방향으로 논의를 전개해 나가겠다.

26 한정현 · 김혜숙(2013ㄱ: 208-210)의 논의를 상생적 의사소통에 적합하도록 수정 · 보완하였다.

폭넓게 적용되고 있다. 송재룡(2009: 89-90)은 인정의 정치학은 어떤 타자나 집단의 정체성, 그리고 그에 따르는 삶의 유형이나 고유한 사고방식이 가지는 나름의 차이와 가치를 수용하고 인정하는 개념이라고 하였다. 그는 Fraser(2000)의 말을 인용하여 인정의 정치학은 다양한 집단의 정체성이나 문화의 다양성에 대한 인정 — 존경, 존중, 품위에 대한 인정 — 을 추구한다는 특징을 강조하였다. 이상환(2005: 103-108)은 인정은 타자를 자신과 동등한 것이자 동시에 자신과 구별되는 것으로서 인식하는 주체들 간의 이상적 관계를 가리킨다고 하였다. 이러한 인간관계가 곧 주체성을 형성하며 인간은 다른 주체를 인정하고 또한 다른 주체에 의해 인정받음으로써 비로소 개별적 주체가 될 수 있다고 주장하였다. 백미연(2009: 92-94)는 정체성에 기반한 인정 이론은 인종차별주의, 식민주의, 문화적 제국주의가 초래하는 문화적 불평등에 투쟁하는 운동세력의 이론적 기초를 제공하는 탁월한 시각이라고 확신하였다. 그는 Honneth(1996)을 인용하여 정의로운 사회는 인간 번영의 핵심인 '온전한 정체성'을 허용하는 사회라는 점을 주장하였다. 그리고 이러한 온전한 정체성의 형성은 인간성, 시민권, 윤리공동체라는 인정의 영역에서의 비인정에 대한 '인정 투쟁'을 통하여 가능하다는 점을 강조하였다.[27]

상생적 의사소통의 태도 전략에서 인정 이론은 정치학적 요소가

---

27 그 밖에 정호범(2011: 107)은 인정의 정치를 다음과 같이 구분하여 정리했다.

구분	인정의 정치
등장 배경	표현, 해석, 의사소통의 사회적 양식에 뿌리 내린 문화적 부정의(cultural injustices)
사례	문화적 부정의의 사례에는 문화적 지배, 불인정(non-recognition), 경멸 등이 있음
처방	손상된 정체성과 문화적 산물들을 상향적으로 재평가할 수 있도록 문화적 또는 상징적 변경을 가하거나, 문화적 다양성에 긍정적 의미를 부여하는 것 등이 있음
정책 대상	공공정책의 대상은 지위로부터 나타나는 신분 집단들
목표	집단 차이를 인정하고 수용하는 것

아니라 국어교육 일반의 원리로서 목표를 달성하는 데 큰 도움이 될 수 있다. 앞으로의 의사소통 교육은 한 사회 내의 다양한 개인에 대해 평등한 품위를 부여하고 그들 각각의 정체성을 인정하는 방향으로 나아가야 한다. 그러기 위해서 무엇보다 특정 문제에 대하여 다수자에게는 자신들과 다른 삶의 유형이나 사고방식을 수용하고 인정하는 태도 교육을 꾸준히 할 필요가 있다. 상대방을 전적으로 인정하는 의사소통은 하루아침에 이루어지지 않는다. 또한 자칫하면 이러한 인정의 의사소통 이론이 다수자의 우월주의로 이어져 소수자를 동정하거나 소수자에게 시혜를 베푸는 것처럼 왜곡될 수도 있기 때문에 이에 대한 가치 교육은 더없이 중요하다.

반면 의견 대립의 상황에서 소수자의 경우 역시 다수자의 상황을 수용하고 인정하는 출발점은 일치한다. 다만 소수자들은 대화의 상황에서 자신들의 견해가 지배당하거나 존중받지 못하는 상황이 되었을 때 적극적으로 이에 대해 항변하는 대화 기법이 요구된다. 송재룡(2009: 91)에서도 인정의 정치학은 다양한 소수자 집단의 고유한 정체성에 대한 인정 투쟁을 지향한다고 말했던 것처럼, 자신들의 고유한 정체성이 훼손되는 상황이 일어나면 피하거나 동화되지 말고 소수자의 이익을 방어할 수 있는 대화 능력이 필요한 것이다.

다음 예문을 살펴보자.

어느 흡연자가 당신의 차 안에서 담배를 피워도 되는지 묻는다.

대답: 물어봐줘서 고마워요. 그런데 담배는 안 피우시는 것이 좋겠어요. 제가 담배를 정말 싫어하거든요. 하지만 담배를 꼭 피우고 싶으면 말씀하세요. 차를 세워드릴게요.

[출처: 폴렛 데일(2002), 『대화의 기술』, 푸른숲]

흡연자의 물음에 대답하는 사람의 이러한 태도는 기본적으로 "당신과 나, 모두 중요하다."는 의미를 전달한다. 흡연을 원치 않는 자신의 바람을 포기하지 않으면서 상대방의 흡연 욕구를 존중하는 소통의 양상은, 자신과 다르지만 그 차이를 인정하겠다는 태도가 전제되어 있다. 이러한 인정으로 인해 흡연자는 존중받고 있다는 생각이 들게 되고, 이것은 대화의 단절이 아닌 연장으로 이어지면서 자연스레 상호 교섭을 도모할 수 있게 된다.

다음 예문을 하나 더 살펴보자.

> **남편:** 오늘 무척 기분 나쁜 일이 있었어.
> **아내:** 무슨 일 때문에 마음이 상했는데?
> **남편:** 내가 기획안을 올렸는데 처음에는 큰 문제가 없었거든.
> … 중략 …
> 그런데 이제 와서 내가 잘못을 한 것처럼 얘기가 나오니 불쾌해.
> **아내:** 당신 입장에서는 억울할 수도 있겠네. 회사에서는 뭐가 마음에 안 들었을까?

우리는 일반적으로 부부의 대화 상황이나 부모, 자식 간의 대화에서는 상대방 기분이 언짢을 때 그 이유를 떠나서 전념을 통해 적극적인 공감을 하는 것이 미덕인 양 받아들이고 살아간다. '전념'이란 Nel Noddings의 배려 이론에 나타나는 요소 중 하나인데, 서현석(2007: 395)에서는 '상대방에 대한 개방적이고 비선택적인 감수성'이라고 정리하였다. 하지만 가족이라는 이유로 상황의 앞 · 뒤를 구분하지 않고 수용하는 것은 상생의 가치가 아니다. 가족이기 때문에 공감을 하고 상대방의 편이 되어 줄 수는 있으나, 전적인 수용은 오히려 상황을 냉철하게 직시할 수 없도록 만든다. 따라서 상대방이 처한 감정적 상처에 대해서는 인정을 하고 공감하되, 무엇이 문제였는지에 대해 살펴보려는 출구가 필요하다. 위의 사례는 남편의 속상함을 인정하면서도 그것으로 그치지 않고 다음 대화 상황의 여지를 남겨둠으로써 상호 교섭을 꾀하고 있다. 남편의 기분 나쁜 상황을 아내가 전적으로 무시하지도, 그렇다고 무조건적으로 위로하지도 않으면서 후속 담화의 연결을 의도하고 있는 것이다. 남편은 자신의 속상함을 인정해주는 아내에게 동질감을 느끼게 되고, 일이 부정적으로 진행되어 갔던 상황을 다시 정리해봄으로써 이성적 사고를 바탕으로 아내와 문제점을 찾을 수 있게 되는 담화이다.

다음과 같은 사례도 인정을 통한 화해 지향의 본보기라 할 수 있다.

김 부장: 한 대리. 출근 기록을 보니까 주말에도 회사에 나왔더구먼. 휴일에 제대로 쉬지도 못하고 고생이 많았어.
한 대리: 하하. 고맙습니다. 능력이 부족한데도 주말까지 일을 하려니까 좀 피곤하네요. 부장님, 건의드릴 게 있는데요.
김 부장: 뭔지 말해보게나.
한 대리: 제가 아직 일이 손에 익숙하지 않아서 업무에 시간이 걸립니다만, 우리 회사 네트워크 속도가 너무 느립니다. 그래서 상대적으로 업무 효율성이 떨어지는 아쉬움이 있습니다.
김 부장: 그런 문제점이 있었군. 내가 해당 부서와 논의해서 빠른 시간에 해결할 수 있도록 노력하겠네.

우리나라 사회는 기본적으로 겸손, 또는 겸양을 최고의 미덕이라고 생각하며, 이러한 관습은 의사소통의 양상에도 그대로 반영된다. 이는 Leech(1983: 131-150)의 '공손성의 원리'[28]를 학교 현장에서 너

28 공손성의 원리는 크게 여섯 가지의 격률로 나누어 볼 수 있다. 요령의 격률, 관용의 격률, 칭찬의 격률, 겸양의 격률, 동의의 격률, 공감의 격률 등이 그것이다. 이 중 겸양의 격률은 '자신에 대한 칭찬을 최소화하라. 그리고 자신에 대한 비방을 최대화하라.'고 가르치고 있으며, 이는 우리 사회의 전통적 언어 가치관

무나 충실히 가르친 결과이며, 손윗사람에게 자신을 낮추는 전통적 가치관이 이어진 현상이다. 하지만 다양한 경로의 관계 설정이 보편화되어 있는 오늘날 지나치게 겸양의 격률을 지키는 행위는 바람직한 의사소통이라고 하기 어렵다. 거만하거나 기본적인 예의가 없는 것처럼 느껴지는 어조는 피해야겠지만 상대방의 상찬에 대하여 겸양과 함께 그 내용을 인정하는 발화를 통해 명확한 의사 전달을 하는 것이 보다 효과적인 소통이다. 무조건적인 겸양은 오히려 근본적인 문제를 해결하기보다는 비합리적인 상황을 지속적으로 되풀이하도록 만든다. 상대방의 칭찬에 감사의 마음을 표하되 자신의 상황을 인정하고 건설적인 담화를 진행할 때, 비로소 상생적 의사소통을 할 수 있게 되는 것이다.

2.2.3. 하이브리드적 태도 함양

'하이브리드적 태도 함양'은 '대인관계능력'과 역시 '문제해결능력' 등을 기를 수 있는 주된 전략이다. '대인관계형성'은 '하이브리드'라는 용어가 지닌 특수성이 인간의 관계 형성을 지향하기 때문이며, '하이브리드적 태도'가 소통 주체 간 내재되어 있는 갈등 요소를 해소할 수 있다는 점에서 '문제해결능력'과도 연관된다.

하이브리드(hybrid)는 잡종(雜種), 변종(變種)을 뜻하는 말로 생물학에 그 어원을 두고 있다(김영호, 2011: 1-3). 생물학의 범주에서 벗어나 인문학으로 가져오면 서로 다른 인종이나 두 가지 다른 문화나 전통이 혼합된 배경을 가진 사람, 혈통이나 구성이 이질적인 것 등을 의미한다(김영만, 2009: 31-32). 이들 논의에서 주로 언급되는

에 부합하는 내용이다.

부분은 '다문화성'이며, 이것을 조금 더 풀어내면 '다문화성에 대한 인식'이라고 할 수 있다. 결국 하이브리드적 태도라고 하는 것은 다문화적 인식과 사고, 즉 상호문화적 사고의 바탕이 된다. 즉 다문화적 소통의 주체가 서로 관계를 형성하고 사고를 공유하는 태도를 지닌다는 것을 의미한다.[29]

앞에서 다뤘던 것처럼 상생적 의사소통의 지향점 중 하나를 '화해'라 규정하고 이에 대한 태도 역량을 추구한다면, 기본적으로 서로의 문화적 배경이 가지고 있는 차이를 인정하는 것이 전제가 되어야 한다. 그리고 이를 토대로 상황에 맞는 담화를 형성하는 방식이어야 할 것이다. 이미 서두에서도 상생적 의사소통의 필요성으로 다문화 사회의 이행을 역설했던 것은 단순히 현상으로 받아들이는 것이 아니라 이에 대한 대응 인식의 고민이 필요했기 때문이다.

이러한 논의로 미루어 볼 때 상생적 가치를 실현하는 의사소통 교육에서 '하이브리드적' 태도 함양은 매우 중요하다. 상생이라는 의미를 되새기면서 서로가 서로를 살리기 위해 돕는 형세라는 점을 염두에 둔다면 상생 역시 의사소통 주체 간의 태생적 다름을 인정할 때 비로소 그 가치를 추구할 수 있는 것이다. 김성희(2009: 57-58)에서는 하이브리드적 사고가 전혀 어울릴 것 같지 않은 대상들이 새로운 관점에서 조합을 이룰 수 있는 것이라고 주장했던 것처럼, 서로 다른 존재의 인정과 결합은 매우 중요한 미래지향적 가치이다. 따라서 상생적 의사소통의 가치 실현을 위해 하이브리드적 태도를 설정하고 이를 함양하기 위한 노력은, 소통의 주체를 중심으로 하는 생태계 속에서 올바른 관계 질서를 형성하는 시작이 될 수 있다. 결국 하이

---

29 권순희(2006: 271-272)는 하이브리드적 사고를 '종합적 사고 능력 + 관계적 사고능력'이라고 정의하였다.

브리드적 태도를 함양한다는 것은 기본적으로 관계를 맺는 모든 사람들이 다문화적 요소를 지니고 있다는 데 기인한다. 즉 인간이 대립하고 반목하는 근본적인 이유는 의사소통의 주체들 모두가 문화적으로 다른 삶의 배경을 지니고 있기 때문이라고 본 것이다.

이 연구에서 언급하는 다문화는 김혜숙(2012)의 논의를 바탕으로 의사소통 담화를 구성하는 모든 구성원들이 저마다 서로 다른 부모, 서로 다른 가치관, 서로 다른 교육적 배경을 지니고 있다는 것을 전제한다. 이렇게 본다면 좁은 의미의 다문화 정의로 인한 불필요한 편협함이나 차별을 방지할 수 있고, 전념이나 배려의 가치를 활용하여 의사소통 참여자들의 차이를 수용할 수 있는 바탕을 마련하게 된다. 따라서 의사소통 담화를 형성하는 주체들이 모두 다문화적 삶의 배경을 지니고 산다는 것을 전제하면 이들이 소통을 하기 위해서 당연히 문화 충돌이 일어나기 마련이다. 그러므로 이러한 충돌을 피하지 않고 당연시 여기면서 자연스레 극복하는 방법은 '하이브리드적' 가치를 함양하는 길이라고 할 수 있다.

다음 예문을 살펴보자.

명절 오후 함께 TV를 보던 가족들. 정치 토론 프로그램을 보며 이야기를 나눈다.

아버지: 요즘 젊은이들은 너무 패기가 없는 것 같아. 뭐든지 사회 탓, 나라 탓만 하고 도전정신이 부족해.
아 들: 젊은이들 탓만 할 수는 없어요, 아버지. 구조적 모순이 분명히 작용하거든요.
아버지: 하지만 그렇게 세상 탓만 해서는 아무것도 바뀌지 않는다.
아 들: 저는 저들이 세상을 탓하기 보다는 세상의 잘못된 부분에 대해 지적하고 있는 것 같아요.
아버지: 잘못된 부분에 대해 앉아서 불평만 하는 게 못마땅하구나. 지난

선거에서도 젊은이들의 참여가 가장 저조했잖니. 투표처럼 가장 기본적인 일도 하지 않으면서 지적만하면 뭐하냐.

아 들: 네, 실천이 필요하다는 아버지 말씀에 공감해요. 문제라고 생각되면 지적만 할 것이 아니라 고치려고 노력해야죠.

위의 예문에서 아버지와 아들은 세상을 살아가는 가치관에 대해 세대 차이를 확연하게 느끼고 있다. 처음에는 서로의 입장 차이를 확인하는 수준에서 머무는 듯하지만 상대방의 논리를 수용하는 방향으로 담화의 방향이 조금씩 바뀌고 있다. 중요한 것은 일방적으로 한쪽의 입장에 매몰되는 형식이 아니라 아버지와 아들이 대화를 나누는 속에서 서로 최선의 방법을 찾아가고 있다는 점이다. 그 시작은 상대방에 대한 비난보다는 입장 차이를 수용하는 것부터 이루어진다. 자기성찰의 결과 자신의 생각과 상대방의 입장이 교접하여 새로운 담화를 구성할 때 발전적인 모습으로 거듭나는 것이다.

또 다른 예문을 살펴보자.

'퓨전 사극'이 가장 돋보이는 점은 무엇보다 다양성의 추구에 있다. 기존의 사극 하면 떠올리는 한복과 고어투, 왕이나 왕비, 후궁 혹은 사대부들만이 주인공이라는 공식에서 벗어나서 역사를 끌어가는 주체적 힘을 다양하게 공유한다. 동시에 역사적 공간만 과거에서 현재로 빌려와 현대적 감성으로 접근하였다는 점이 시청자에게 환영을 받은 것이다. 또한 양극화된 소비자의 경계를 희석시킨 점도 특징이라 하겠다. 현대극을 고집하는 '나'와 사극을 고집하는 아버지가 리모컨을 두고 벌이는 사투, 이는 TV를 한 대만 둔 가정집이라면 한번쯤 겪어보았을 일상이다. 하지만 '퓨전 사극'이 지닌 하이브리드적 사고는 기성세대와 젊은 세대를 연결해주고 같은 곳을 바라볼 수 있도록 하는 새로운 연결 고리의 역할을 해준다.

[출처: http://beastso.blog.me/]의 글을 일부 재구성하였음.

꽤나 오래 전부터 TV에서는 정통 사극을 찾아보기 어렵게 되었다.

요즘 대세를 이루는 '퓨전 사극'들은 모두 역사적 상황을 기반으로 하되, 현대적 재해석을 통하여 팩트와 픽션이 가미된 소위 '팩션'을 지향한다. 현대의 주인공이 타임 슬립을 통해 과거의 특정 시기로 가거나, 아예 과거의 역사적 사건을 현대적 감각으로 재구성하는 경우가 많다. 이러한 시도는 드라마가 가진 허구적 특성과 사극이 지닌 역사적 사실이 절묘하게 결합하여 하이브리드적 상품으로 탄생한 대표적인 예라고 할 수 있다. 이러한 퓨전 사극에는 일반적인 사극의 고어체를 쓰는 등장 인물도 있지만 현대어를 구사하는 젊은 주인공들을 등장시킴으로써 여러 연령대의 시청자들과 소통하려는 의도를 드러낸다. 고지식한 전개와 이미 알고 있는 내용으로 흥미를 떨어뜨리는 것이 아니라 다양한 변주를 통해 여러 연령층의 마음을 사로잡는 점이 흥미롭다. 이렇듯 기존의 모습에서 진화하여 새롭게 의사소통을 도모하는 노력은 시대적 흐름에 견주어 볼 때 지극히 자연스러운 현상이라고 할 수 있겠다.

3. 실천 역량

3.1. 상생적 의사소통에서 '실천'의 의미

이제 상생적 의사소통 능력 중 실천 역량에 대하여 살펴보도록 하겠다. 앞에서 논의했던 지식 역량이 소통의 과정에서 학습자가 갖추고 있어야 할 기본적인 인지적 능력이라면, 실천 역량은 실제 의사소통 담화가 이루어지는 속에서 어떻게 하면 상생적 가치를 구현할 수 있을까에 대한 실질적인 측면을 의미한다. 이때 실질적인 측면이라고 하는 것은 소통 주체가 자신의 생각을 표현하는 것뿐만 아니라 또 다른 주체가 담화를 잘 듣고(보고) 난 뒤 피드-백이 이루어지는 일련의 순환 과정을 통칭한다. 따라서 이러한 상생적 의사소통 교육을 할 때에는 어떠한 실천 능력에 중점을 두고 교수-학습이 이루어져야 하는지 고찰해 보고자 한다.

문식성 관련 논의에서 언급했던 것처럼 오늘날 의사소통 교육은 기본적으로 통합을 지향한다. 어떠한 담화를 형성하건 국어교육 내 하나의 영역으로 표현되는 것이 아니라 두 개 이상, 혹은 5가지 영역이 모두 통합된 형태로 나타나는 경우도 있다. 국어라는 과목이 전통적으로 도구 교과를 지향한다는 점을 감안하면, 이미 다른 교과와 낮은 수준의 통합도 꾸준히 이루고 있다고 보는 관점이 가능하다.

상생적 의사소통의 실천에서 다루는 양상은 기본적으로 통합 교육의 테두리 안에서 이루어진다. 구두 언어나 문자 언어의 고전적인 실천 모습들은 제외하고, 미디어 매체의 영향이나 창의 · 융합의 지향 등 학습 생태의 변화에 따라 나타나는 통합적 실천 양상을 주된 논의의 대상으로 삼겠다. 이러한 실천 양상에서는 구두 언어와 문자 언어가 뒤섞여 나타나기도 하고, 구두 언어로 표현한 뒤 문자 언어로 피드-백이 되는 경우도 해당된다. 물론 이에 대한 역순행의 모습도 가능하며, 다양한 미디어 매체를 통한 실천도 해당될 수 있다. 이러한 실천의 양상은 단순히 사례 한 가지를 분석하는 차원의 문제가 아니라 현재의 소통 방식을 살핌으로써 앞으로의 모습까지 전망할 수 있다는 점에서 의미가 크다. 따라서 실천 전략의 세부 항목들을 다루기에 앞서 상생적 의사소통 교육이 지향하는 통합의 방향은 어떠해야 하는지 분석하는 과정이 필요하다.

통합에 대한 가장 일반적인 논의는 김창원(2014: 26-28)에서 찾아볼 수 있다. 여기에서는 통합의 시 · 공간 축에 따라 상정하는 것에서부터 시작하여 연결 개념, 통합 층위, 통합 시점, 통합하는 요소

간의 관계 등 통합의 유형을 무려 11가지로 나누고 국어교육에서 통합의 방향성에 대하여 설명하였다.[30] 이재승(2004: 155-156)은 국어과 내 통합의 층위를 다루면서 언어 사용 기능(말하기, 듣기, 읽기, 쓰기)과 국어 지식, 문학과의 통합을 도모하는 방식(영역 간 통합)과, 단순히 언어 사용 기능 간의 통합(기능 간 통합)을 제시하였다. 특히 이러한 논의를 발전시켜 이재승(2006: 182)에서는 Gravelek et. al(2000)의 주장을 기반으로 교과 내 통합과 교과 간 통합의 개념을 다음과 같이 설정하였다.[31]

〔그림 10〕 '통합'에 대한 개념 지도

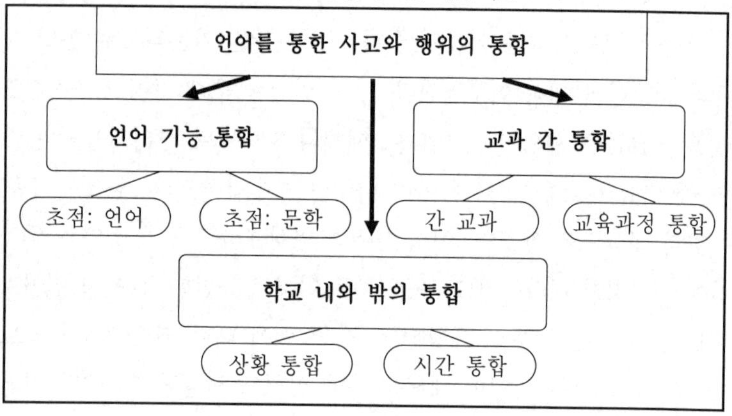

30 김창원(2014)는 비록 11가지의 다양한 통합의 방향성을 언급하였지만 실제로 교육과정에서 통합이 이루어질 때에는 이 중 일부만 적용된다고 하였다. 현재 추진되고 있는 문·이과 통합 교육과정에서도 영역 간, 역량 중심, 주제 통합 중심의 방법 등이 주로 사용된다는 점을 그 예로 들었다.

31 이재승(2006)은 '통합'에 대한 개념 지도를 바탕으로 국어과 내의 언어 기능 간 통합이든 교과 간 통합의 경우든 주된 축을 이루는 것은 언어라는 점을 강조하고 있다. 그리고 궁극적으로 총체적 언어 교육과 통합을 지향해야 하는데, 이때 언어 기능 간 통합 지도를 그 배경으로 삼는다는 것을 주장하였다.

한편 김명순(2011: 217-218)은 기본적으로 일상 생활에서 듣기·말하기, 읽기, 쓰기가 분리되어 사용되는 것이 어렵다는 점을 근거로 하여 언어의 총체성을 주장하였다. 노은희(2009: 80-83)은 총체성이라고 하는 것이 인위적으로 분절된 듣고, 말하고, 읽고, 쓰는 교육에서 탈피하여 자연스러운 상황에서 언어의 전체(의미)를 상호 관련시키는 신념 및 교수 전략이라고 정리하면서 통합을 강조하였다. 임칠성(2011ㄱ: 29)는 국어 기능 영역과 문학, 문법이 국어교육의 목적 달성에 효과적으로 부합하기 위해서는 교과 내의 통합과 간학문적 통합의 방식을 적절하게 활용한 통합이 이루어져야 한다고 역설하였다.[32]

지금까지의 논의들을 종합해 볼 때 상생적 의사소통 교육에서 지향하는 통합은 국어교육 내에서 영역 간 통합과 학문 간 통합을 두루 섭렵하는 것이어야 한다. 앞에서 비판했던 것처럼 2015 개정 국어과 교육과정이 융합을 지향한다고는 하지만, 실질적으로 국어과에 간학문적 변화를 가져오기는 어려운 상황이다. 이는 국어과가 지닌 고유한 성격 때문이기도 하고 사회과와 과학과 중심으로 융합이 이루어지는 시대적 패러다임에서 한 발 물러나 있기 때문이기도 하다. 그러나 문·이과 통합 교육과정의 방향성이 일시적인 현상이 아니라 우리나라 교육에 대한 기본적 인식이라면 국어 교과도 조금씩 틀의 변화를 준비해야 한다. 특히 이 연구에서 논의하고 있는 상생적 의사소통 교육이 메가트렌드에 부응하며 창의·융합 인재 육성에 기여한다는 점을 감안하면 그 방향성은 자명해진다.

이러한 통합적 성격에 기반하여 상생적 의사소통 실천 역량의 세

32 이 밖에 국어교육에서 '통합'의 논의는 신호철(2010), 유영희(2012), 김주환(2010), 노은희·서현석(2012), 김종률(2012) 등에서 구체적으로 살펴볼 수 있다.

부 전략으로 설정한 것은 '부분적 타당성의 수용'과 '울타리 표현의 확대 적용', 그리고 동양적 의사소통의 종합적 특성이 압축된 '대교약졸에 의한 실천' 등이다.

3.2. 실천 역량을 위한 교육 전략

3.2.1. 부분적 타당성의 수용

'부분적 타당성의 수용'은 서영진 외(2013)의 '의사소통 능력'과 '문제해결능력', '대인관계능력' 및 '비판적 · 창의적 사고력' 등에 두루 연관된다. 상대방의 표현을 일부 수용하겠다는 표현 역량 자체가 주어진 문제를 해결할 수 있는 방법의 하나가 된다. 이러한 문제해결의 노력은 대인관계를 형성하는 데 기여하게 되고, 소통 주체가 표현한 내용을 수용하는 과정에서 특히 비판적 사고력 향상을 도모할 수 있다.

'부분적 타당성의 수용'이라고 하는 의미는 동양적 의사소통의 특징에서 살폈던 원효의 '화쟁(和諍)'에 기본적인 표현 동력을 두고 있다. 이경열(2007: 114-118)은 원효가 지향하는 의사소통의 사유 체계가 지닌 특징을 제시하였는데, 첫째는 경전을 근거로 제시된 내용은 모두 진리로서 인정하려는 절대적 긍정의 자세였고, 둘째는 자기 의견에 대한 집착을 버리는 것이 중요하다고 하였다. 김원명(2008: 17-18)은 코끼리를 만진 많은 장님들이 자신의 경험에 대해 말하는 내용은 올바른 것이기 때문에 수용해야 한다는 화쟁의 또 다른 의미를 분석하였다.

화쟁은 기본적으로 완전한 갈등의 종식을 의미하는 것이 아니라 '잘 싸우는 방법'을 제시하고 있는 불교 철학이다. 여기에서 '잘 싸운다'는 것은 어느 한쪽을 일방적으로 짓밟고 완전한 승자가 된다는 의미가 아니다. 소통의 주체끼리 충분히 문제의식을 공유하고, 서로의 입장을 면밀하게 밝히되 상대방의 견해를 일부 수용한다는 의미를 지니고 있다. 경전에 기대어 말하는 것을 수용한다는 원효의 생각은 논리적 타당성이 성립하면 받아들여야 한다는 대타협의 가치관이다. 장님이 코끼리를 만지는 일화 역시 모든 사람의 의견이 오류만 지니지는 않는다는 여지를 남겨두라는 실천적 지침이다.

이러한 부분적 타당성의 수용은 찬・반이 양립하거나 이익의 분배가 달라지는 경우에는 언제든지 적용이 가능한 상생적 실천 역량이다. 원효가 제시한 것처럼 자신만이 무조건 옳다는 아집을 버리고 조금이라도 상대방의 의견을 수용하려고 할 때, 서로가 함께 이익을 취하는 상생이 이루어지는 것이다. 박은진(2006: 14-16)은 기존의 토론 수업이 너무나 지나친 경쟁 위주로 치우쳤다는 점을 비판하면서 화쟁 사상이 지니고 있는 부분적 타당성의 변별과 수용을 제안하고 있다.

다음 예시문을 살펴보자.

A: 요즘 청소년들은 지나치다 싶을 만큼 스타에 열광하는 것 같아.
B: 그럼 어른들은 뭐에 열광하며 사는데? 혹시 돈에 열광하고 사시는 거 아닐까?
A: 술에 열광도 하고……. 그래도 아이들보다 열광하는 정도는 아니지.
B: 열광한다는 대상이 다르다는 것에 대해 인정해 줄 수 있겠냐는 것부터 묻고 싶어. 그러니까 똑같은 걸 가지고 '나는 왜 그렇게 열광하지 않는데 너는 왜 그렇게 열광하냐?' 이렇게 얘기하면 할 말이 없잖아. '나 밥 먹고 있는데 너 왜 밥 안 먹고 빵 먹냐?' 식의 얘기 같아.
A: 음. 문제시 하는 내가 문젠가?
B: 문제는 아니구. 기본적으로 서로 다양한 생각이나 다른 것들을 좋아할 수도 있다는 얘기지. 우리가 중국집에 가서 자장면 시켜 먹는 사람,

우동 시켜 먹는 사람 다르다는 거는 이제 인정하잖아. 그런데 같은 어른들끼리는 일률적으로 시키라고 하지 않으면서 아이들에게는 여전히 너 왜 스타에 열광하니? 하고 습관적으로 나오는 부분이 있는 거 같아.

A: 내가 다른 거에 열광하더라도 어른들은 한계가 있고, 돈이 없으면 술은 안 마시면 되는 거니까. 그런데 아이들은 적절한 선이 없잖아.

B: "그래. 너희들이 스타에 열광하는 거 이해한다. 그런데 지나치지 않게만 좀 해 줬으면 좋겠다." 이게 부모님들의 기대이기는 하지.

A: 그렇지.

B: 세상에 열광하는 데 지나치지 않으면 그게 '열광'하는 걸까?

A: 하하하. 그러네.

[출처: 박은진, 2006: 21-23]

위의 사례에서 본다면 A는 처음에 자신만의 생각을 강하게 고집하면서 B의 견해를 전혀 받아들이지 않는다. 하지만 B가 타당한 논리적 뒷받침을 근거로 하여 A의 생각에 대해 반론을 펼치자 나중에는 일정 부분 B의 의견을 수용하고 있는 것이다. 일반적으로 입장이 대립되는 토론 상황의 경우에는 대부분 서로의 이견을 좁히지 못하고 팽팽하게 맞선 채 평행선을 달리는 모습만 보게 된다. 상대방의 주장을 수용하면 패배자가 된다는 그릇된 토론문화를 받아들이다보니 자신의 논리가 불리해도 끝까지 감정적으로 대응하거나 상대의 논리가 타당해도 좀처럼 인정하지 않는다. 이럴 때 서로에게 큰 부담을 주지 않으면서 상생을 도모할 수 있는 방법이 부분적 타당성을 수용하는 것이다. 위의 사례처럼 어느 한 쪽이 일방적으로 매몰되지 않더라도 상대방 논리의 부분적 타당성을 수용함으로써 서로가 조금씩 이해하는 방향을 만들어 갈 수 있다.

토론과 관련하여 부분적 타당성을 수용하는 방법은 또 있다.[33] 찬

33 전국 단위 학생 토론 대회 심사를 정기적으로 맡고 있는 경인교육대학교 박인기

성과 반대로 양립한 두 진영이 지나치게 경쟁만을 의식한 나머지 서로의 틈을 조금도 보이지 않는 것은 궁극적으로 올바른 언어 능력 신장에도 도움이 되지 않으며, 바람직한 인격 형성에도 부정적 영향을 끼친다. 즉 어떻게든 상대방의 허점만 파고들기 위해 애쓰고, 상대방이 쓰러지는 모습을 보면서 상생적 의사소통 가치와는 전혀 반대 방향으로 학생 토론이 흘러가는 것은 중등 교육의 문제라고 할 수 있다. 이를 극복하기 위한 하나의 방법으로 토론 말미에 상대방의 의견 중 타당성이 있는 내용을 의무적으로 발표하도록 규칙을 정할 수 있다. 승・패를 가리는 토론 대회에서도 이러한 순서를 의무적으로 넣고 평가에 반영하면 토론 참여자들이 다른 사람의 의견을 조금 더 경청할 수 있게 되는데, 이러한 방법도 부분적 타당성의 수용을 반영한 교육이라고 할 수 있다.

토론 상황이 아니어도 부분적 타당성이 적용되는 다른 예문을 살펴보자.

> 후배가 오랜 시간 준비했던 사업 계획에 대한 프레젠테이션을 마쳤다. 처음 스스로 만드는 사업 계획서였기에 후배는 거의 한 달 동안 야근을 하며 설명회를 준비하였다. 선배는 후배의 그러한 모습을 계속 지켜봤고, 오늘은 그에 대한 평을 해야 하는 상황이다.
>
> **후배:** 선배님, 어떻게 들으셨어요?
> **선배:** 흠……. 좋은 사업 계획이네. 수익률도 확실하고, 장기적 발전 가능성도 보여. 그런데……. 프레젠테이션의 형식은 개선이 필요할 것 같아. 슬라이드가 산만하고 개체들이 눈에 잘 들어오지 않는군.
> **후배:** 아, 그렇군요. 말씀 감사합니다.

교수와의 인터뷰 내용을 요약한 것이다. 인터뷰는 2014년 12월 31일, 동국대학교 사범대학 세미나실에서 실시하였다.

선배는 후배가 오랜 시간 동안 노력해서 만든 사업 계획이라는 것을 알기 때문에 신중하다. 비록 사업 계획서가 내용 면에서는 많이 부족하지만 후배가 공들였던 시간에 대해서 우선적으로 칭찬을 해 주었다. 부분적 타당성을 수용하되, 후배의 노력에 대한 보상을 긍정적인 마음으로 먼저 보여준 것이다. 하지만 그렇다고 해서 치하만 하고 끝내는 건 아니다. 후배가 노력한 시간은 수용하고 격려했으나, 잘못된 부분은 명확하게 언급함으로써 선배는 선배의 역할을 다하게 되었고, 후배는 많은 것을 배우게 되었다. 직장에서 흔히 일어나는 선·후배 간의 대화에서 부분적 타당성의 수용을 통해 상생을 실천하는 사례라고 할 수 있다.

다음 예문을 하나 더 살펴보자.

연말 모 방송국 연기대상 프로그램에서 중년의 여자 연기자가 오랜만에 '황금연기자상'을 수상하였다. 해당 연기자는 단상에 올라 트로피와 꽃다발을 받은 후 마이크 앞에서 소감을 이야기한다.

연기자: 참 오랜만에 상을 받은 것 같습니다. 먼저 좋은 작품에 출연할 수 있도록 도와주신 감독님과 작가님, 여러 제작진 분들께 감사의 마음을 표하고 싶습니다. 그리고 방송을 지켜보고 계신 우리 부모님, 아들, 딸, 남편, 예쁘게 보일 수 있도록 애써 준 의상팀, 그리고 또…….

연기자의 수상 소감은 한동안 계속되었다. 생방송인 관계로 실수 없이 행사를 진행해야 하는 사회자는 시간의 압박감에 계속 신경이 쓰이지만, 나이 지긋한 연기자의 소감을 끊기도 어려워서 눈치만 보는 상황이다. 이를 느꼈는지 여자 연기자가 사회자를 보며 말한다.

연기자: 제가 말이 좀 길지요?
사회자: (멋적게 웃으며)아니……. 아닙니다. 아~주 많이 긴 건 아닙니

다만, 조금 긴 건 사실입니다. 하하.

늘어지던 인사말에 지루한 표정을 짓던 관객들이 웃음으로 화답했고, 여배우도 소감을 서둘러 마무리 한 뒤 기분 좋게 내려올 수 있었다.

[출처: 2014 ○○○방송국 연기대상] 중 상황을 재구성하였음.

오랜만에 상을 받은 연기자는 하고 싶은 말이 수없이 많았을 것이다. 심지어 "제 말이 좀 길지요?"라는 질문 속에는 끝내겠다는 것이 아니라 '조금 더 해도 되겠지요?'를 전달하는 내포적 의미가 깔려 있다. 이때 사회자가 "예. 매우 깁니다. 이제 그만 마무리하시지요."라고 말했다면 의미는 명확하지만 연기자가 많은 관객들과 시청자들 앞에서 무안을 당했을 것이다. 사회자의 기지와 상대를 배려하는 언어 표현이 서로가 부담스럽지 않은 상황을 만든 것인데, 이러한 실천을 하기 위해서는 앞에서도 지속적으로 강조했던 것처럼 잘 듣는 것이 선행되어야 한다. 길게 늘어지는 내용으로 인해 자칫 연기자의 말이 귀에 제대로 들리지 않을 수도 있는 상황에서, 사회자는 끝까지 상대방의 말을 경청했기에, 그리고 그 사람의 마음을 공감했기에 이러한 표현도 가능했던 것이다. 부분적 타당성의 수용이라는 실천 전략이 찬 · 반의 대립 상황이 아닌 담화에서도 효과적인 의사소통 전략으로 활용될 수 있는 사례라고 할 수 있다.

3.2.2. 울타리 표현의 확대 적용

'울타리 표현의 확대 적용'은 '문제해결능력'과 '대인관계능력', 그리고 '창의적 사고력' 향상 등에 기여할 수 있는 전략이다. 후술하겠지만 언어 표현에 울타리를 친다는 것은 자신이 표출한 담화에 일종의 보호막을 만든다는 의미이다. 따라서 쉽게 결정하기 어려운 문제를 해결할 때 직설적인 표현보다 울타리 표현이 보다 바람직한 방안이 될 수 있다. 이러한 실천 역량은 소통 주체와의 대립보다는 일정 부분 휴지(休止)를 형성하기 때문에 대인관계를 원만하게 하는 데 기여하게 된다. 더불어 명료화되지 않은 애매모호함의 너그러움은 창의적 사고력 증진에도 일조할 수 있을 것이다.

창의성 논의에 앞서 '울타리 표현'이라는 용어의 의미에 대해서 살펴보도록 하겠다. 일반적으로 울타리 표현은 원문 그대로 '헤지(hedge) 표현'이라는 말을 사용하는 경향이 강하다.[34] 신명선(2006: 152-154)는 헤지라고 하는 것이 명제 내용의 판단을 유보하거나 수행성을 약화시키는 표현이라고 하였다. 주로 영어 문장에 대한 연구에서 활용되었는데, 특정 담화 내용에 대해 완곡한 표현을 사용함으로써 수행성을 보다 약화시키고 정중함을 만드는 것이 목적이다(신진원, 2012: 114-115). 헤지(hedge)는 '생울타리', '산울타리', '대비책', '보호막' 등 다양한 번역어로 사용되고 있으나, 국어교육적 특성을 반영하여 '울타리 표현'이라는 명칭을 적용하고 그 의미를 살리고자 한다.[35]

한편 이러한 울타리 표현이 창의적 사고에 도움을 준다고 한 만큼 이에 대한 논의가 필요하다. 창의성의 일반적 특징을 국어교육에서는 '국어적 창의성'으로 발전시켜 설명하고 있다.[36] 김미현(2004:

---

34 '헤지(hedge) 표현'에 대한 논의는 신명선(2006), 신진원(2012, 2013), 이상임(2014) 등을 참고할 수 있다.

35 이찬규 · 노석영(2012)에서도 '울타리 표현'이라는 말을 사용하고 있는데, 어원을 구체적으로 설명하지는 않고 있으나 'hedge 표현'의 번역이라고 추측할 수 있다.

36 이동원(2009: 14-21)은 창의성을 인지능력으로 보거나 성격특성, 문제해결과정, 결과물로서의 창의성, 개인과 환경의 상호작용 등으로 구분하여 그 특징을 설명하고 있다. 그리고 Guilford(1959)의 논의를 위시하여 일련의 연구자들이 말하

332)는 국어적 창의성을 '국어로 표현된 다양한 텍스트를 독창적, 비판적으로 이해하고, 개인의 정서와 사상이 효과적이고 독창적인 방법으로 표현된 설득력 있는 국어 텍스트를 생성하는 능력'이라고 정의하였다. 이경화(2003: 5-7)에서는 국어과 창의성 구성 요인을 융통성과 유창성, 정교성, 독창성, 상상력 등으로 구분하고 이를 언어로 표현하는 일련의 과정이 국어적 창의성이라고 하였다.[37]

이렇듯 다양한 논의들이 있지만 이 연구에서는 창의성에 대한 일반적인 정의, 그리고 이를 발전시킨 국어적 창의성을 기반으로 상생적 의사소통 교육에서 창의적 표현은 어떠한 특이점이 있는가에 초점을 두고 논의해 보겠다. 일반론적 창의성이든 국어적 창의성이든 대부분 공통으로 합의하고 있는 교집합은 인지적 능력의 범주나 개인의 성향에 집중하고 있다. 하지만 상생적 의사소통이 생태학적 학습 환경과의 어울림을 강조했던 것처럼 여기에서는 조금 다른 측면으로 접근하는 것이 필요하다.

이러한 맥락에서 Csikszentmihalyi(1996, 노혜숙 옮김)가 창의성이란 세 가지 요소로 구성되는 체계의 상호작용으로부터 생겨났다는 점을 강조한 것은 많은 시사점을 준다. 세 가지 요소는 상징적인 규칙들을 포함하는 문화, 상징 영역에 새로움을 가져오는 사람, 그리고 그러한 새로움을 인정하고 확인하는 전문가로 이루어진 현장이라고

는 창의성의 정의 중에서 공통점을 다음과 같이 정리하고 있다.

〈**창의성 정의에 나타난 공통된 요소**〉

- 창의성은 새로움, 희귀함과 관련 있는 능력이다.
- 창의성은 적합성, 유용성, 그리고 가치가 있어야 한다.
- 창의성은 외부로 발현되거나 외현되어야 한다.

37 이 밖에 국어적 창의성과 관련한 논의는 김창원(2003), 김은성(2004), 이주섭·이경화(2004), 김미혜(2004), 박수자(2004, 2013), 정혜승(2004), 신명선(2009), 최홍원(2011), 강미영(2012), 윤여탁(2014) 등에서 자세히 살필 수 있다.

하였다.[38] 창의성과 관련한 많은 논의들이 창의적인 능력을 가지고 있는 학습자 자체에만 집중했던 상황에서, Csikszentmihalyi는 문화적 환경과 전문가 집단 및 현장이라는 변인들을 강조했다는 점만으로도 다른 논의들과 차별화 된 주장을 엿볼 수 있다. 한편 Csikszentmihalyi가 말하는 창의성의 변인들과 일치하지는 않지만 국내에서 다양한 환경적 요소들을 끌어들여 창의성과 접목시킨 논의로 김창원(2003)을 들 수 있다. 김창원(2003: 108-109)에서는 창의적 의사소통이 국어 활동의 본체라는 점을 강조하면서 오늘날 다양한 복합적 소통의 관계망을 다음과 같이 도식화하였다.

〔그림 11〕 복합적 의사소통의 관계망

	이해	표현	상호작용	
음성	듣기	말하기	대화	
문자	읽기	쓰기	교신	복
미디어	보기	만들기 (홈페이지, Presentation 등)	양방향 소통 (채팅, VOD 등)	합 소
		복	합 소	통

이 연구에서는 일반적인 국어과에서의 창의성을 상생적 의사소통 역량과 접목하여 '울타리 표현의 확대 적용'이라는 전략으로 특화시키고자 한다. 울타리 표현은 기본적으로 우회적 발화의 속성을 지니고 있다(이찬규 · 노석영, 2012: 248-253). 즉 소통의 수용 주체가 어

38 이 세 가지 구성 요소들은 창의성 발현에 각각 독립적으로 나타나는 것이 아니다. 즉 창의적인 아이디어와 발견이 나오기 위해서는 위의 세 가지가 모두 톱니바퀴처럼 나타나야 가능하다는 것이다.

떻게 반응을 보일지에 따라 후속 표현을 할 수 있도록 장치를 걸어 둔 다분히 전략적 담화 방식인 것이다. 담화 상황에 따라 명확한 메시지를 표현하는 것이 조심스러운 경우에는 수용 주체가 어떻게 해석하느냐에 따라 스스로를 방어할 수 있도록 울타리를 쳐 둔다.[39] 그리고 수용 주체가 보이는 반응을 살피면서 다음 담화 상황을 보다 유연하게 만들 수 있는 여지를 갖게 된다.

이러한 울타리 표현은 우리가 일반적으로 알고 있는 '올바른 표현'에 대한 당위적 압박감을 뒤집는다. 즉 Grice(1975)가 주장한 협력 혹은 협동의 원리(Cooperative principle) 중 태도의 격률(Maxim of Manner)을 의도적으로 비트는 실천 방식인 셈이다.[40] 모호한 표현과 중의적인 표현을 지양하고 간결한 표현과 조리 있는 발화를 하라는 것이 그 세부 내용인데, 이러한 항목들은 모두 울타리 표현과는 반대되는 형식이다. 울타리 표현은 기본적으로 메시지의 의미를 고정하지 않기 때문에 해석의 융통성을 지니고 있다. 문장을 해석할 때 휴지를 두기 위해서는 간결한 표현보다 수식이 들어가는 경우가 많고, 그러다 보면 Grice(1975)가 말하는 명확하고 분명한 태도와 다소 거리가 생길 수밖에 없다.

담화의 내용이 명료하지 않으면 소기의 목표를 달성하기 어렵다는 Grice(1975)의 논의는 보편타당하나 반드시 그러한 것은 아니다. 비단 문학적 표현의 언어유희나 광고언어를 염두에 두지 않더라도

---

39 아주 단편적인 울타리 표현으로는 확신에 대한 회피를 들 수 있다. "~에게 들었는데…….", "○○ 신문에 나오기를…….”처럼 다분히 피할 수 있는 여지를 두는 형식은 낮은 수준의 hedge 표현이라고 하겠다.

40 Grice가 제시한 협력의 원리는 양의 격률(Maxim of Quantity), 질의 격률(Maxim of Quality), 관련성의 격률(Maxim of Relevance), 태도의 격률(Maxim of Manner) 등 네 가지로 구성되어 있다. 이때 격률이라고 하는 것은 '준칙'이라고도 하는데, '행위의 규범이나 윤리의 원칙'을 의미한다(박재현, 2013: 73-77).

소통의 맥락에 따라 분명한 의사 전달이 오히려 상생을 방해하는 경우도 많다. 자신이 표현하는 내용에 울타리를 친다는 것이 일견 부정적인 시각으로 보일 수도 있다. 하지만 창의성과 연결 지을 때 울타리 표현은 다음 담화를 이어나갈 수 있는 여지를 만들 수 있기 때문에 오히려 사고의 폭을 확장시킨다. 특히 자신의 표현만을 중시하는 것이 아니라, 상대방의 입장을 존중하고 신중하게 접근하는 방식이기 때문에 상생을 도모하는 소통의 전략이 될 수 있다. 무조건 남들과 다른 독창적인 발상과 표현만이 창의적인 것은 아니다. 서로가 생각할 여지를 두고 그 속에서 다음 담화를 준비할 수 있도록 만드는 실천 전략 역시 소통에 참여하는 주체들의 창의성을 키우는 효과적인 방법이 된다.

다음 예문을 살펴보자.

> 점잖은 자리에서 입을 옷을 구입하려고 친구와 시장 조사를 하고 있었다. 현재 들어 온 가게가 마음에 들지 않지만 함께 몇 가지 품목을 골라내었다. 어떤 것이 더 알맞겠느냐는 친구의 질문에 화자는 다음과 같이 대답할 수 있다.
>
> **나는 여기 조명 때문인지, 파란색이 더 좋은 것 같이 여겨지는데.**
>
> [출처: 이찬규 · 노석영, 2012: 265-266]

위의 예문에서 화자는 파란색이 좋다는 판단이 오직 혼자만의 생각이고 조명 때문인 것 같다고 그 이유를 회피하였다. 이것은 직접적으로 '파란 색 옷이 좋다'는 의미로 전달될 수도 있지만 지극히 개인적인 의사라는 점을 보인 것이다. 즉 '이곳의 조명'이 없는 곳에서는 판단하기 어렵다는 울타리를 쳐서 상대방의 반응을 보는 방법이다. 또한 파란색 옷이 예쁜 것은 조명 때문이라며 오히려 해당 옷에 대한 부정적 인식을 간접적으로 제시함으로써 후속 발화를 준비할 수 있는 여유도 생기게 된다. 이러한 발화 방식은 상대방에 대한 무관심 때문이 아니라 오히려 상대방에 대한 배려가 전제되어 있기에 가능하다. 소통 주체의 요구가 정확하게 파악되지 않은 상황에서 확답을 통해 어려운 상황을 만들기보다는, 일정 부분 여지를 두며 상생을 도모하고 있는 것이다.

만약 상대방이 화자의 표현을 듣고 성의 없다고 느끼거나 무관심하다고 생각했다면 그것은 온전한 울타리 표현의 목적을 달성하지 못한 것이다. 울타리 표현은 상대방의 의도나 생각을 정확하게 알지 못하는 상황에서 해석의 융통성을 가지고 조심스럽게 접근하는 의사소통 전략이기 때문에 상대방과의 관계를 부정적으로 만들었다면 실패한 것이다. 울타리를 너무 높게 치면 모호성이 증가하기 때문에 발화자의 의중을 알 수 없도록 만든다. 따라서 울타리 표현을 통해 상생을 도모하기 위해서는 울타리의 높이를 조절하는 것이 무엇보다 중요하다. 울타리 높이를 조절한다는 의미는 자신만을 위한 보호막이 아니라 서로를 위한 해석의 여유 공간이라는 인식을 갖는 것과, 상대방을 존중하는 마음으로 다음 담화 상황에 대한 준비를 항상 하겠다는 적극적인 노력이다.

다음 예문을 하나 더 살펴보자.

윤주: 근데……, 우리 아가씨……. 워낙 인맥이 넓거든. 나도 디자이너로 일을 해봐서 알지만, 이 바닥 소문 빠르기로 유명하기도 하고.

세경: (무슨 뜻이냐는 듯 윤주를 바라본다.)

윤주: (조심스럽게) 이런 일로 그만 두면 이런저런 말이 나돌지 않을까? 책임감……. 운운할 텐데…….(하고 슬쩍 세경을 본다.)

[출처: 이상임, 2014: 17]

위 예시문에서 윤주는 세경이가 직장을 그만 두지 않았으면 하는 마음을 전달하고 있다. 그러나 자신의 바람을 직접적으로 전하기보다는 일정 부분 울타리를 치고 상대방의 기분이 상하지 않도록 조심스럽게 접근한다. 세경이가 직장을 그만 두면 불리한 점들이 많을 것 같다는 내용을 간접적으로 전하면서 상황 판단을 수용의 주체가 할 수 있도록 여지를 남겨두고 있는 것이다. 이러한 실천 방식은 상대방의 반응에 따라 부담이 클 수도 있는 상황을 슬기롭게 극복하는 예이다. 그런 속에서도 상대를 배려하며 의사를 전달함으로써 관계성을 유지하는 일에도 신경을 쓰는 상생적 의사소통 방식의 모습이라고 하겠다.

다음의 예문도 울타리 표현의 보기라고 할 수 있다.

사장: 박 부장, 이곳 지사에서의 임기가 올해까지인가?
부장: 예. 그렇습니다.
사장: 내가 생각하고 있는 내년도 인적 구상에는 박 부장도 포함되어 있다네.
부장: 저는 이미 일 년을 유임했는데, 말씀만으로도 고맙습니다.
사장: 열심히 회사를 위해 일을 해주니 당연한 것 아닌가. 다만 많은 사람들의 이해관계가 엉켜 있기 때문에 어찌 풀어야 할까 고민하고 있네.
부장: 너무 마음 쓰지 않으셔도 괜찮습니다.
사장: 흠. 해결해야 할 숙제들 때문에 어찌 될지 모르겠지만, 내가 그렇게 생각하고 있다는 것만은 알아두게.
부장: 예. 고맙습니다.

회사를 이끌어가는 CEO로서 열심히 일하는 부하 직원을 조금 더 오래 두고 싶은 것은 인지상정이다. 하지만 많은 사람들이 종사하는 곳이기에 특정인만 배려하는 것은 오히려 특혜로 보일 소지가 있다.

따라서 위의 사장님은 '함께 일하고 싶다'는 언어의 울타리를 통해 자신의 마음을 전달하면서도 상황에 따라 유동적이라는 여지를 둔다. 이러한 의사 전달은 오히려 확언을 했다가 일이 잘 되지 않았을 경우 신용을 잃는 것보다 한결 부담이 적은 표현 방법이다. 상대방 역시 다양한 경우를 생각할 수 있기 때문에 마음이 여유로우며, 결과를 떠나 호의를 받고 있다는 메시지만으로도 서로의 유대관계를 돈독하게 만드는 데 기여한다.

3.2.3. 대교약졸(大巧若拙)에 의한 실천

마지막으로 '대교약졸'에 의한 실천은 서영진 외(2013)의 핵심 역량 중 '의사소통 능력'과 '문제해결능력', '대인관계능력', 그리고 '비판적 · 창의적 사고력' 등을 증진시키는 전략이다. 대교약졸이라는 용어 자체가 실천 능력의 개념이기 때문에 소통 주체 간 문제를 해결하는 데 도움을 준다. 또한 동양적 의사소통의 특성을 압축한 실천 역량인 만큼 담화 주체들의 관계 형성에도 긍정적인 영향을 끼친다. 아울러 대교약졸만이 가진 절제된 언어 표현은 '창의적 사고력'을 향상하는 데에도 도움이 될 것이다.

서양적 의사소통의 특성과 동양적 의사소통의 특성을 비교하면서 동양적 특징 중 두드러진 것은 '언어의 최소화'였다.[41] 또한 표면적으로 언어를 구사하는 것은 개인차가 있는 만큼 겉으로 드러난 언어가 모든 것을 전달할 수 없으며, 의사소통 참여자의 마음과 행동이 함께 따라와야 한다는 점을 강조하였다. 이러한 동양적 사고의 특징은 상

41 서양적 의사소통의 가장 주요한 특징인 이성적 판단과 정확한 의사소통의 지향 등은 언어적 지식 등과 맥을 같이 하는 만큼 별도의 논의로 발전시키지 않았다.

생적 의사소통 교육에서 지향하는 가치와 일맥상통한다. 그리고 이러한 동양적 의사소통의 특성과 상생적 가치를 집약시킨 표현 방법이 '대교약졸(大巧若拙)'에 기반한 의사소통 교육이다. 대교약졸은 『도덕경』 45장에 언급되어 있는 표현인데, 투박하게 정의하면 '큰 솜씨는 마치 서툰 것처럼 보인다'는 의미를 지닌다.[42] 『도덕경』 45장에 나와 있는 표현은 다음과 같다.

> 大成若缺, 其用不弊. 大盈若沖, 其用不窮. 大直若屈, <u>大巧若拙</u>, 大辯若訥. 靜勝躁, 寒勝熱. 淸淨爲天下正.[43] (밑줄 연구자)

일반적으로 서양의 의사소통에 나타나 있는 사고의 중핵은 분명함을 추구하는 경향이 강하다. 특히 발화수반적 행위의 경우 돌려 말하거나 어설프게 표현하는 것보다는 발화자가 추구하는 의미를 명확하게 언급하는 것을 선호한다. 반면 동양적 의사소통의 사고는 직접적인 발화수반적 소통이 상대방에게 부담을 줄 수 있다고 여겼고, 그러한 언어 행위가 인간의 마음을 궁극적으로 전달해 주지 못한다고 보았다. 이는 앞에서 공자와 장자의 화행을 비롯하여 유・불・선

---

42 박석(2013: 41-42)의 내용을 옮기면 다음과 같다.
'대교약졸(大巧若拙)'이란 무엇인가? 먼저 한 자씩 뜻을 풀이해 보자. '大'는 '크다'는 뜻이고, '若'은 '마치 ~와 같다'는 뜻이다. 여기에서 중요한 개념은 '巧'와 '拙'이다. '교'는 흔히 '技巧기교', '교묘巧妙' 등에 쓰이는 말로 솜씨가 빼어난 것을 가리킨다. '졸'은 '稚拙치졸', '拙劣졸렬' 등에 쓰이는 말로 솜씨가 서툰 것을 가리킨다. '교'와 '졸'은 서로 상반된 개념이다. 이 구절을 풀이하면 '큰 솜씨는 마치 서툰 것처럼 보인다'는 뜻이 된다.

43 크게 완성된 것은 마치 결손이 있는 듯하지만 그 쓸모가 닳아서 떨어지지 않는다. 크게 가득 찬 것은 마치 비어 있는 듯하지만 그 쓰임이 끝이 없다. 크게 바른 것은 마치 굽은 듯하고, 크게 솜씨가 좋은 것은 마치 서툰 듯하며, 크게 말 잘하는 것은 마치 어눌한 듯하다. 고요함은 떠들썩함을 이기고 차분함은 열기를 이긴다. 맑고 깨끗한 것은 천하의 바른 길이 된다(박석, 2005).

의 언어관을 통해 이미 확인하였다. 이러한 내용을 토대로 살펴본다면 정보전달을 목적으로 하는 의사소통의 경우는 서양의 사고를 수렴하여 오해의 소지가 없도록 명확한 담화를 구성하는 데 도움이 된다. 하지만 정보전달은 전체 의사소통의 일부인 만큼 인간관계 증진과 올바른 세계 시민을 만드는 상생적 의사소통에서 이성적 잣대에 의한 표현은 그리 큰 비중을 차지하지 않는다. 이성적 의사소통은 메시지의 분명한 전달을 목적으로 하기 때문에 다분히 발화의 주체 쪽에 초점이 맞춰져 있어서 '주체-주체'라는 기본적인 대전제를 충족시키기 어렵기 때문이다.

그렇다면 이성을 기반으로 하는 의사소통을 최소화하고 인간관계 증진을 꾀할 수 있는 방법으로 어떠한 가치가 유용할까? 그곳에 바로 '대교약졸'의 의미가 큰 역할을 하게 된다. 대교약졸은 기본적으로 화려한 미사여구나 차고 넘치는 표현을 추구하지 않는다. 오히려 이러한 표현은 과분한 언어 사용과 지적 오만으로 인해 수용의 주체에게 부담을 주게 되고, 그런 관계 형성은 의미 없는 메시지만 주고받을 뿐 의사소통 주체 간의 교섭이 일어나기 어렵다고 본 것이다. 사실 박석(2011)을 보면 대교약졸의 간단한 어휘 속에도 다양한 깨달음들이 담겨 있다고 역설하였다.[44] 이러한 주장을 정리하면 인위적 기교를 취하기보다는 자연스러움을 지향한다는 것이고, 시간의 흐름 속에서 자연스러움과 인위적인 기교를 통합하면서 또 다른 자연스러움을 추구한다는 의미이다. 결국 대교약졸의 핵심은 '자연스러움'과 '통합', 그리고 '지속성'으로 압축할 수 있다. 일부러 화려한 말을 만들어내기보다는 최소한의 의사소통 표현을 통해 실수를 줄이면서도

44 박석(2011)에서는 '대교약졸' 속에 세련된 소박미의 깨달음, 심오한 단순미의 깨달음, 숙성된 평담미의 깨달음 등 심오한 의미를 살필 수 있다고 하였다.

수용의 주체에게 상호 교섭할 수 있는 기회를 만들어주는 것이다. 그리고 이러한 가치가 일시적이고 순간적인 것으로 그치지 않고 지속적인 모습을 통해 의사소통의 주체가 인격적으로 완성되고 올바른 사회 구성원으로 성장할 수 있는 동력이 되도록 만드는 것이다.

중요한 것은 담화 표현의 주체가 지적으로 높은 수준의 학식을 지니고 있다고 하더라도 수용 주체를 배려하여 뽐내지 않고 의사소통을 해야 의미가 있다는 점이다. 대부분의 사람들은 어떤 이슈에서 자신이 조금이라도 더 아는 분야가 있으면 함께 소통하는 사람에게 아는 만큼 알려주고자 하는 욕심을 부리기 마련이다. 하지만 수업 대화 상황이나 지식을 얻기 위한 상황 맥락이 아니라면 친목을 도모하는 자리의 경우 소통 참여자들은 비슷한 수준에서 자신들의 생각을 나누고 싶어 한다. 어느 한쪽이 일방적으로 지적인 과욕을 표출하면 대화의 균형은 깨지기 마련인 것이다.

대교약졸의 가르침은 이렇듯 아는 것이 많아도 상황에 맞게 표현할 수 있는 절제미를 요구한다. 그리고 이러한 대교약졸의 가치는 다분히 상생적 의사소통이 추구하는 그것과 일맥상통한다. 상생적 의사소통의 지향점 역시 소통 참여자들에 대한 존중과 배려를 전제로 하는 만큼 기교가 현란한 언어생활을 목적으로 삼지 않는다. 서로가 서로에게 의사소통을 통해서 인격적으로 발전할 수 있는 힘이 되고, 그런 속에서 세계 시민의 자질 향상을 도모한다는 점은 대교약졸에 의한 실천이 상생적 의사소통 전략의 한 축을 담당해도 모자람이 없다는 근거가 된다.

다음 예문을 살펴보자.

A가 영화관에서 '그래비티'라는 공상과학영화를 관람하였다. 항공우주공학자인 친구 B와 함께 보기로 했으나, 친구는 일이 생겨서 오지 못하고 저녁 식사 때 함께 만났다. 영화 속에서 우주를 유영하는 장면이 황홀했던 A는 B에게 궁금함을 물어본다.

A: 영화 속 주인공이 혼자 우주 미아가 됐는데……. 정말 영화가 장관이더라구. 마치 내가 우주에 있는 줄 알았어.
B: 재밌었겠네. 나도 같이 보고 싶었는데 아쉽다.
A: 넌 이론적으로 다 알잖아. 그러니까 말해 봐. 그런 상황이 정말 가능한 거야? 감독이 그냥 검증도 안 하고 만든 건 아니지?
B: 글쎄. 안 봐서 잘 모르겠는걸. 그런 상황을 영화로 만들었다는 게 대단할 뿐이지.
A: 에이. 대답이 뭐 그래. 조금 더 구체적으로 얘기해 봐. 그런 상황이 정말 우주에서 가능해?
B: 하하! 우주에서는 뭘 하든지 다 가능해. 밥이나 먹자. 재밌게 영화 봤으면 됐지.

B는 영화 속 내용과 관련된 분야의 전문가이기 때문에 충분히 하고 싶은 말이 많았다. 그리고 영화가 상상의 산물이라는 것을 전제한다면 영화 속에 펼쳐진 많은 상황들은 이론적으로 실현하기 어려운 경우가 다수 있을 것이다. 하지만 B는 자신 때문에 혼자 영화를 본 친구 A의 감동을 빼앗고 싶지 않았다. A가 궁금함을 못 이겨 이것저것 물어보기는 했으나, 만약 B가 자신의 이론에 맞춰 전문적인 내용들로 영화 속 내용들이 거짓임을 이야기한다면 식사 분위기는 밝지 않았을 것이다. 해당 분야에 대한 전문가 집단이면서도 자신이 알고 있는 내용을 크게 드러내지 않고 오히려 친구의 기분을 배려해 주는 대교약졸의 실천이라고 볼 수 있다. 대교약졸은 알고 있는 무언가를 효과적으로 전달할 수 있느냐에 초점을 두지만, 주어진 상황에 따라 절제하고 조절하는 것도 매우 중요한 실천의 전략이다.

또 다른 예문을 살펴보자.

청소년상담사인 A에게 고등학교 때부터 친구였던 B가 자신의 자녀 문제로 하소연을 하는 상황이다.

A: 무슨 일 있니? 안색이 안 좋다.
B: 우리 아들 때문에 요즘 잠을 못자겠어. 공부는 안 하고 만날 휴대폰만 들여다보고 있어. 뭐라고 한마디 하려들면 짜증을 버럭 내고 제 방으로 들어가 버려.
A: 그렇구나.
B: 넌 좋겠다. 네 아들은 이번에 또 반장이 되었다며? 공부도 알아서 잘 하고. 확실히 엄마가 전문가니까 아이 교육에서 차이가 있나 봐. 비결이 뭐니?
A: 무슨 비결이 따로 있겠니. 그저 믿고 기다려주는 거지.

친구 B는 A에게 자기 아들에 대한 하소연을 했지만 청소년상담사인 A는 가볍게 흘려듣는다. 친구 B의 답답함에 공감을 할 뿐 이런저런 전문가로서의 이야기를 하지 않는다. 그러면서 자연스레 B가 문제 상황의 해결책을 스스로 찾도록 돕고 있는 것이다. 만약 A가 자신의 직업을 의식하고 친구 B에게 전문가적 입장에서 조언을 했다면 그것도 도움은 되었을 것이다. 하지만 A는 B의 아들이 지닌 고민이 청소년기에 흔히 일어나는 상황이라는 걸 알고 있었고, 친구가 아들의 반응 하나하나에 지나치게 신경을 쓰고 있다는 사실을 짐작하였다. 전문 상담사이지만 자신이 알고 있는 이론적인 이야기를 많이 하는 것보다 소통의 방법을 달리 함으로써 긍정적인 담화 상황을 만들어 내고 있는 사례라고 할 수 있다.

다음 예문을 하나 더 살펴보자.

'김유정 박물관'에 견학을 간 학생들과 문학 선생님은 박물관 내 해설사로부터 김유정의 삶과 작품에 대한 설명을 듣는다.

해설사: 김유정은 폐병으로 인해서 죽어가는 중에 주옥같은 작품을 남겼어요.

교 사: 대단하군요. 몸이 아픈데도 해학적인 글을 쓰는 게 쉽지 않을 텐데요.

해설사: 그렇지요. 어렸을 때부터 병과 가난에 시달리다보니 …중략… 그런 노력이 오늘날 작품으로 남아 있는 거지요.

교 사: 아, 작품 속 배경이 춘천인 이유가 거기에 있었군요.

해설사: 맞습니다. 김유정이 가지고 있던 고향에 대한 향수를 알 수 있지요.

교 사: 해설사님 덕분에 재미있는 이야기를 많이 듣습니다.

학생들은 선생님의 모습이 이해가 잘 가지 않는다. 선생님께서 가르치는 과목이 '문학'이어서 김유정에 대해 누구보다 잘 알고 있다고 믿기 때문이다. 실제로 학생들은 박물관에 오기 전 김유정에 대한 수업을 했었다. 그럼에도 해설사의 이야기를 듣고 있는 선생님의 모습에 학생들은 의아해하면서 조심스럽게 물어본다.

학 생: 선생님, 선생님도 다 아는 얘기인데, 왜 자꾸 질문은 하세요?

교 사: 해설사님이 설명을 아주 잘 해주시네. 덕분에 많이 배웠는걸.

교사는 학교에서 문학을 가르치고 있는 만큼 해당 분야의 전문가 집단이다. 더구나 김유정 박물관에 견학을 오기 전 사전 준비의 과정에서 김유정이라는 작가에 대한 수업도 했었다. 그럼에도 해설사의 설명에 관심을 보이고 질문까지 하는 것은, 무엇보다 해설사의 역할에 충실한 상대방을 배려하고 있기 때문이다. 교사는 해설사보다 김유정이라는 인물에 대해 더 전문적인 지식을 가지고 있지만 그러한 부분을 드러내지 않고 상대방의 이야기에 공감을 해줌으로써 존중의 가치를 실천하고 있다. 해설사의 역할은 박물관을 찾아오는 사람들에게 해당 작가를 알리는 것인 만큼 그 역할에 충실한 상황이고, 그런 상황에서 진정한 전문가는 문학 교사가 아닌 해설사라는 것을 알고 있기 때문에 자기조절이 가능하다. 더구나 문학을 가르치는 교사가 해설사의 설명을 경청하는 모습을 보면 학생들도 함께 집중할 수밖에 없다. 잘 알고 있는 분야라고 해서 교사가 먼저 해설사의 설명을 외면했다면 학생들 또한 성의 없는 태도를 보이며 다른 곳에 관심을 쏟게 되었을 것이다. 따라서 전문가 집단인 교사가 해당 내용을 드러내지 않으면서도 상대방을 존중하고 상황에 맞게 담화를 만드는 대교약졸의 실천이라고 하겠다.

대교약졸에 의한 실천은 해당 분야에 대한 지식을 체계적으로 배운 사람들에게만 적용되는 전략이 아니다. 앞에서 살폈던 학습 생태계를 전제로 할 때 해당 분야에 오랜 시간 노력해서 다른 사람들보다 이론적으로, 실제적으로 따라오기 힘들 만큼 체화된 부분이 있다면 준전문가 집단이 되는 것이다. 그리고 누구나 특정 분야에 대한 준전문가 집단이 된다면 그 내용을 드러내고 싶은 상황이 언제든 발생할 수 있다. 중요한 것은 어떤 상황에서 어느 정도 자신의 전문성을 보이는 것이 소통을 하는 주체들 모두에게 도움이 되는가를 판단할 수 있는지의 여부이다. 아무리 남들과 차별화 된 전문성을 가지고 있다 하더라도 어떠한 상황에서 그 전문성이 나타나느냐에 따라 담화의 성공과 실패가 결정되기 때문이다.

다음의 사례를 살펴보자.

> 대기업 '원 인터내셔널' 상사에 비정규직으로 취업했던 장그래는 1년 간 온갖 어려움을 견디며 회사 생활을 꿋꿋하게 해냈다. 거대 무역 회사에 고졸 출신 비정규직으로 들어와 무역 용어 하나도 모르는 상태에서 근면함과 열정

으로 버틴 것이다. 연말이 되자 영업 3팀은 거래처에 직접 손으로 쓴 연하장을 보내기로 하였다. 장그래가 한가득 연하장을 가지고 오상식 차장에게 건넨다. 오차장은 거래처에 대한 고마움을 표현하기 위해서 아무리 번거롭더라도 해마다 손으로 쓴 연하장을 보내곤 한다. 오차장에게 연하장을 준 장그래는 자기 자리에 왔는데 앉자마자 오차장이 다시 부른다.

오차장: 장그래!
장그래: 네! 차장님.
오차장: 첫 번째, 메리 크리스마스!

그러더니 장그래가 들고 왔던 연하장 중 맨 위에 있는 것을 건넨다.

당황한 듯한 장그래가 연하장을 펴자, 오차장이 거친 손글씨로 적은 인사가 보인다.

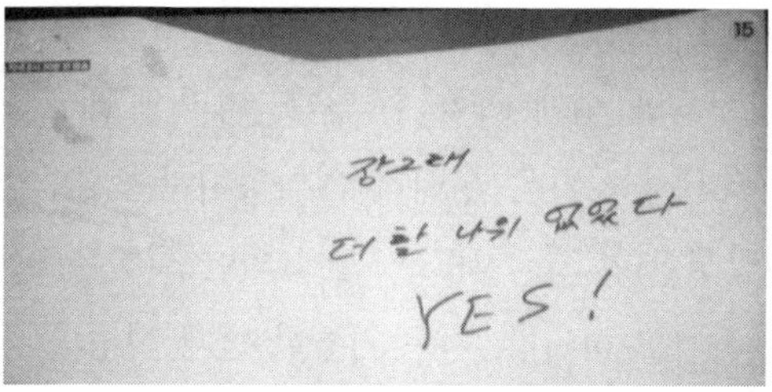

장그래는 오차장이 준 연하장을 조용히 품에 안고 미소 짓는다.

[출처: 드라마 "미생" 제13화] 내용 일부를 각색하였음.

아무런 업무도 할 줄 모르는 상태에서 대기업 무역 상사에 비정규직으로 들어와 1년 동안 고생한 부하 직원에게 오차장은 많은 이야기가 하고 싶었을 것이다. 인생 선배로서, 회사 선임으로서 잘 한 것과 부족한 것, 보완했으면 하는 것 등등 1년을 마무리하는 즈음 머리에 스치는 상황들이 한 두 개가 아니었을 것이다. 그러나 오차장이 장그래에게 해 준 말은 아주 간단했다. 그리고 이 짧은 격려 한 마디는 구구절절 써내려가는 어떤 편지보다도 강한 여운과 감동을 준다. 게다가 거래처 사람들을 위한 연하장 중 맨 첫 번째 것을 부하 직원에게 선물함으로써 신뢰감을 주고, 결과적으로 소통의 참여자 모두 상생을 이루고 있다.

대교약졸에 의한 실천을 지나치게 전문성에만 치중하면 실생활에 적용하기 어려운 전략으로 보일 수 있다. 따라서 동양적 의사소통 특성을 집약하고 있는 철학적 의미의 대교약졸을 현대인의 삶에 맞게 풀어서 접근할 필요가 있다. 그렇게 본다면 특정 분야에 대한 전문성을 의식하지 않고도 관계를 형성하고 있는 소통의 주체들 자체만으로 대교약졸의 의미가 적용된다. 수많은 사람들과 관계를 형성하다보면 전문적인 지식과 관련한 상황이 아니어도 이런저런 조언들을 듣기 마련이다. 특히 우리나라처럼 유교적 관념이 남아 있는 사회에서는 연장자인 선배가 후배를 위해서 삶의 많은 부분을 가르치고 훈계하는 모습을 쉽게 접할 수 있다. 따라서 대교약졸을 적용시킬 수 있는 실천적 상황은 우리가 의식하지 못하고 있는 상태에서 지속적으로 발생한다. 결국 대교약졸에 의한 실천은 일부 상황 맥락에 따라 필요하기도 하지만, 지속 가능한 관계 형성의 중요한 전략으로서 가치를 지니는 것이다.

다음과 같은 사례도 대교약졸의 실천을 반영한 경우이다.

[출처: http://www.sunfull.or.kr 선플달기 운동본부]

선플을 다는 행위가 대교약졸의 깊은 가치를 수렴하기에는 가볍게 보일 수도 있다. 그러나 선플을 다는 주체들은 이미 바람직한 댓글 문화가 무엇인지에 대해서 충분히 인지를 하고 있는 학습자들이다. 이러한 소통의 주체들이 장황한 글을 사용하지 않고 간결하면서도 메시지가 분명한 선플을 꾸준히 다는 운동에 참여한다는 것은 쉬운 일이 아니다. 이러한 활동에 지속적으로 참여하는 속에서 자신의 표현 능력도 향상시키고 인성도 함양할 수 있게 된다.

대교약졸에 의한 실천은 무조건 학업능력이 매우 우수하거나 지적 수준이 높은 전문가 집단이어야만 가능한 것이 아니다. 전통적인 가치관에 의하면 철인(哲人)과 같은 전문성이 중요했지만 시대의 변화에 맞게 그 관점도 탄력적으로 적용될 필요가 있는 것이다. 이렇듯 적용의 폭을 확대하면 소통의 주체가 처해 있는 환경과 상황에서 자신의 역량을 최대한 동원하여 그 가치를 실천할 수 있는 담화의 장(場)을 얼마든지 마련할 수 있다. 더구나 상생의 가치를 실현하는 소통은 위와 같은 사례에서처럼 소통 주체의 연령과 관계없이 이루어지는 것이 중요하다. 그러므로 어떠한 소통의 유형이건 상생의 가치를 실천할 수 있는 담화 상황을 지속적으로 만들겠다는 노력 속에서 '상생적 의사소통'이 구성원들의 지향으로 자리 잡게 될 것이다.

제 5 장

상생적 의사소통의 보편화를 위하여

1. 연구의 요약

이 연구의 목적은 상생화용의 논의를 기반으로 국어교육에서 '상생적 의사소통 능력'이 무엇인지 밝히고, 각 역량에 따른 특징과 교육의 방향성을 모색하는 것이다. 이를 위해 의사소통이 지닌 특성을 찾는 과정부터 탐구하여 의사소통 교육의 담론이 사회 변화의 모습과 함께 전환되고 있다는 것을 논의의 시작으로 삼았다.

2장은 상생적 의사소통과 국어교육이 지닌 관계성을 살피는 작업이다. '상생'이라는 가치가 서로를 돕고 긍정적인 발전을 도모하는 가치의 문제인 만큼 기존에 사용되고 있는 '상생화용'보다 '상생적 의사소통'이 더 적합하다고 보았다. 그리고 '상생화용'이 지닌 의미와 '상생적 의사소통'의 개념을 서술하고, 이를 '상생적 의사소통 교육'으로 확장시키는 데 있어서 유의할 점들을 살폈다. 더불어 상생적 의사소통 교육을 하기 위해서는 기본적으로 국어과의 영역들이 통합을 지향해야 하고, 그 속에서 학습 생태의 인식이 있어야 한다. 상생적 의사소통이라는 것이 일반적인 기능 영역만으로 국한하지 않기 때문에 그 영향력이 미치는 범주는 학습자가 살아가는 삶의 생태 환경 전반에 이르게 된다.

상생적 의사소통의 기본적인 개념을 밝힌 뒤에는 국어교육을 둘러싼 제반 환경들을 분석하고, 오늘날 상생적 의사소통의 가치가 왜 필요한지 고찰하였다. 이에 대한 필요성은 세 가지로 나누었는데, 국가와 민족을 초월한 상호문화적 다문화 사회에 대한 인식과 미디어 매체의 확산으로 인한 소통 방식 변화와 익명성 등의 부작용, 창의·융합 인재를 육성하려는 국가 차원의 정책 기조가 그것이다. 그리고 이러한 필요성들이 생태학이라는 철학적 인식 속에서 연구될 때 보다 실효성 있는 의사소통 교육이 될 것으로 보았다.

다양한 관점에서 상생적 의사소통의 필요성을 살폈다면 현행 교육 속에는 이러한 가치가 어느 정도 녹아 있는지에 대한 탐구가 필요했다. 따라서 현행 교육과정과 2015 개정 국어과 교육과정의 방향성 및 내용을 살폈고, 영역 내 통합을 지향하는 방향으로는 온전한 상생적 의사소통의 가치를 반영하기 어렵다는 비판적 시각을 제기하였다.

3장에서는 상생적 의사소통에 따른 의사소통 능력이 무엇인지 재개념화하는 연구가 이어졌다. 이를 위해 먼저 살펴 본 것은 문식성의 확장과 상생적 의사소통의 연계성이다. 사회 · 문화적 환경이 변하고 미디어 매체가 확산되면서, 그리고 교육의 풍토가 융합을 지향하면서 기존의 문식성은 너무 작은 부분만을 담고 있기 때문에 듣기 · 말하기가 결합된 형태로의 의미 확대가 필요했다. 그리고 이러한 통합적 문식성이 상생적 의사소통 능력과 직결되고 있다는 점을 강조하였다.

문식성에 대한 논의 뒤에는 동양과 서양의 의사소통이 지닌 특징과 의의를 천착하였다. 오늘날 상생적 의사소통 교육이 지향하는 능력은 동 · 서양의 의사소통 모두에서 살펴야 한다는 의식 아래 서양의 대표 철학자인 Husserl과 Habermas, 그리고 Merleau-Ponty의 논의와, 동양을 대표하는 공자와 장자, 그리고 원효의 화쟁 사상을 살폈다. 그 결과 서양과 동양의 의사소통은 인격적으로 완성된 소통 주체를 지향한다는 공통점을 지니면서 많은 차이점을 함께 보이고 있었다. 정확하고 직접적인 의사 표현을 지향하는 서양적 소통에서는 환경에 기대어 언어를 통한 상황 전달에 많은 가치를 할애한 반면, 최소언어주의(혹은 비언어주의)를 표방한 동양적 소통에서는 언어가 단지 수단에 불과하고 담화 주체의 진심을 전달하는 것이 가치 있는 것이라고 보았다.

동·서양의 의사소통을 살핀 후에는 국어 능력의 개념에 따라 상생적 의사소통 능력을 어떻게 규정할 수 있을지 연구하였다. 이때 능력의 개념은 핵심 역량을 기반으로 하여 설정하였고, 메가트렌드를 통한 미래 변화에 따라 앞으로 필요한 역량들을 지식 역량, 가치 역량, 실천 역량으로 구분한 뒤 각 기준별로 세부 전략들을 설정하였다.

4장에서는 상생적 의사소통 교육에서 필요한 역량을 구체적으로 하나씩 살폈다. 먼저 지식 역량은 상생적 의사소통을 구현하기 위한 기본적인 인지 능력이며 그 세부 전략으로 언어 지식의 확장 추구와 언어 사용 맥락에 대한 고려, 그리고 메타적 접근에 따른 경험 강화를 설정하였다. 가치 역량은 상생적 의사소통을 실천할 때 소통 주체가 지니고 있어야 하는 정의적 능력을 말한다. 이는 상생적 의사소통의 윤리의식으로 표현될 수 있으며 구체적인 세부 전략으로 호혜적 관계 형성과 '인정'을 통한 화해 지향, 그리고 하이브리드적 태도 함양으로 구분하였다. 마지막인 실천 역량은 실제 상생적 의사소통이 역동적으로 이루어질 때 나타나는 능력이며, 그 세부 전략들로 부분적 타당성의 수용과 울타리 표현의 확대 적용, 그리고 대교약졸에 의한 실천을 설정하였다. 지식 역량과 가치 역량, 실천 역량의 세부 전략들은 그 특징과 필요성을 밝히는 것만으로 그치지 않고 구체적인 담화 상황을 제시하여 어떠한 방법으로 실천할 수 있는지에 대해서도 살피면서 논의를 마무리하였다.

2. 연구의 한계와 제언

의사소통에 대한 기본적인 논의부터 상생이라는 철학적 화두까지 밝히며 최대한 구체성을 찾으려 하였지만 '상생적 의사소통 교육'을 보일 수 있는 교수-학습 모형을 제시하는 데에는 이르지 못했다. 이는 상생적 의사소통이 지닌 복합적 의미에 대한 분석과 역량 규명에 집중한 나머지 간과하게 된 연구자의 한계이다. 그러다 보니 각 역량의 세부 요소들에 대한 예시 자료를 언급하였음에도 불구하고 학교 현장에서 상생적 의사소통을 어떻게 구현할 수 있을지에 대한 해답은 구체적으로 논의하지 못하였다. 이러한 한계를 뒤로 하고 상생적 의사소통 교육을 학교 현장에 적용시키기 위해 어떠한 노력이 필요한가를 밝히며 논의를 갈무리하겠다.

첫째, 본문에서도 언급했던 것처럼 기존의 듣기·말하기, 읽기, 쓰기라는 당위적 영역 구분에 얽매이기보다 의사소통이 지향하는 통합성에 주목하여 교육을 강화할 필요가 있다. 각각의 영역이 지닌 고유한 특성이나 그 원리 자체를 부정하려는 것은 아니다. 다만 학습자를 둘러싼 오늘날의 환경을 고려한다면 지금의 영역 구분이 모호해지는 언어 사용 상황은 앞으로 더욱 증가할 것이다. 그런 만큼 각각의 영역에 대한 기본적인 지식을 쌓은 후 이들을 통합적으로 사용할 수 있는 교육 내용을 학습자들이 많이 접하고 익숙해지도록 노력해야 한다.[1]

1 통합을 지향하는 이론적 연구와 더불어 학교 현장에서 교사들의 통합 노력도 꾸준히 이루어져야 한다. 연구자는 수행평가 중 '표현하기'라는 항목으로 학습자들에게 '보조 자료를 활용한 비교·대조하기'를 매 시간마다 1~2명씩 꾸준히 진행하고 있다. 학습자가 보조 자료와 말하기 대본을 만드는 속에서 쓰기 능력과 매체 제작 능력을 기를 수 있고, 자신이 정한 주제를 설명하는 속에서 말하기 능력도 향상시킬 수 있다. 또 다른 주체인 청중은 발표자의 내용을 듣고, 보조 자료를 읽는 동안 역시 의사소통 능력을 키울 수 있고, 질문을 통하여 상호작용을 하게 된다. 통합적 의사소통 교육이라고 부르기에는 아직 어설픈 활동이지만, 학급 당 인원수가 적지 않은 현재의 교육 환경에서 학습자들의 국어 능력 함양을 위한 작은 방편이 될 수 있다고 생각한다.

둘째, 음성언어와 문자 언어의 구분이 모호해지는 학습자들의 다양한 의사소통 경로를 감안하여 매체 언어에 대한 이해와 이를 대하는 교육이 확대되어야 할 것이다. 인터넷은 물론이거니와 스마트폰이나 각종 전자 기기들의 보급은 고전적인 의사소통 방식으로는 설명할 수 없는 복잡함과 비선형성을 지니고 있다. 그런 면에서 지난 2007 개정 국어과 교육과정 이후로 난항을 겪었던 매체 언어 관련 과목이 2015 개정 국어과 교육과정에서 다시 부활하게 된 것은 시대적 요청에 따른 현상이라 하겠다. 비록 문법과의 통합을 지향하며 '언어와 매체'라는 과목으로 탄생했지만 융합 교육과정 계발에 있어 매체 언어 교육에 대한 강화를 적극적으로 살피고 있다는 것 자체가 반가운 일이다. 다만 이들에 대한 교육 내용이 선언적 수준으로 그치기보다는 학습자들에게 실질적으로 유용한 정보가 될 수 있도록 활동 중심으로 구성되어야 할 것이다.

셋째, 의사소통 과정에서 발현되는 역동성에 초점을 두고 역동성의 에너지가 소통의 '주체-주체' 모두에게 성장의 동력으로 작용할 수 있도록 교육이 이루어져야 한다. 과거에는 문자 언어보다 상대적으로 음성언어를 활용한 의사소통에서 역동성이 더 크게 이루어진다고 보았다. 하지만 영역의 경계를 무시하는 오늘날의 의사소통 양상에서는 어떠한 매체 수단(음성, 문자, 기타)으로 소통을 하느냐보다 소통 시 발생하는 역동성 자체를 더욱 중요하게 여겨야 한다. 특히 상생을 지향하는 의사소통 양상에서는 상호 교섭을 통해 나타나는 역동적 가치를 참여자들이 함께 느끼고 체화하는 것이 필요하다. 따라서 다양한 유형의 의사소통 상황을 가정하고 역동성에 대한 의미를 찾을 수 있는 실제적 수업이 보다 활발하게 이루어져야 한다.

넷째, 상생적 의사소통 능력의 구현을 위해서 평가 방법과 범주를 다양하게 확대해야 한다. 생태학적 특성을 고려한다면 학습자가 생활하는 공간은 학교뿐만 아니라 가정, 지역 사회 등으로 한없이 확장될 수 있다. 그런 만큼 평가의 방법 또한 이러한 생태학적 특성을 고려해야 하는데, 지금의 지필평가 중심으로는 학습자의 소통 능력을 정치하게 판단할 수 없다. 더구나 대학수학능력시험에서 힘겹게 명맥을 유지해오던 듣기평가가 폐지된 후부터 듣기·말하기 평가에 대한 가치는 더욱 그 중요도가 떨어진 상태이다. 따라서 문서화된 지식을 묻는 기존의 평가 방식을 확대하여 학교 수업에서 수행평가를 강화하거나 짝활동 및 모둠활동을 통한 동료평가, 가족과 연계한 학부모평가, 지역사회와 연계한 준전문가집단 평가 등의 방법을 고려할 필요가 있다.

다섯째, 상생적 의사소통 교육은 결국 인성교육을 지향하고, 이는 올바른 사회 구성원을 키운다는 목표 아래 소통 주체의 윤리성 강화에 힘써야 한다. 이성적 측면과 감성적 측면을 보다 내세우는 서양과 동양의 의사소통에 대한 특성들은 정도의 차이는 있으나 주체의 올바른 인성을 강조했다는 점에서 공통분모를 보인다. 즉 동·서양 의사소통 모두에서 주체의 배려심과 건전한 사고가 형성되어 있어야 원만한 소통을 도모할 수 있는 것이다. 이러한 내용은 배려의 가치를 강조하고 있는 현행 교육과정에서도 어느 정도 엿볼 수가 있다. 다만 여전히 '주체-객체'의 관계 설정에서 표현하는 주체 중심의 인성을 강조하던 모습을 지양하고, '주체-주체'라는 인식 변화를 통해 표현하는 주체와 수용하는 주체 모두의 인성을 함양할 수 있도록 윤리 교육이 강조되어야 한다. 이를 위하여 같은 의사소통 상황을 국어 수업과 윤리 및 사회 수업에 적용하여 국어 활동 영역에 대한 지식 강화와 함께 윤리 의식을 키우고 통합적 교육을 지향하는 것도 하나의 방법이 될 수 있다.

인간을 둘러싼 생태계가 인성 함양을 지향하기보다는 경쟁과 기계적인 성과 지표만을 내세우면서 의사소통 방식 또한 상대방을 제압하고 자신만을 부각시키는 쪽으로 치우치고 있다. 국어교육의 방향성이 핵심 역량을 기반으로 하여 올바른 인성을 가르치기 위한 것이라 하더라도 사회의 요구가 변하지 않는다면 효과를 보기까지 많은 진통이 따를 것이다. 따라서 미래 사회에 상생의 가치를 구현할 수 있는 의사소통 주체를 교육하기 위해서는 무엇보다 우리 사회에 화해 조정의 매개체가 많아야 한다. 위에서 언급했던 선플 달기 운동이나 토론 방법의 개선 등 부분적인 실천에서 벗어나 상생의 가치를 삶의 전반에 걸쳐 두루 접할 수 있도록 시스템을 만드는 것이 중요하다. 상생을 지향하는 소통의 가치가 국어교육의 논의로 머물지 않고 교육 운동 전반으로 확대되어 사회 운동, 문화 운동 등으로 널리 뻗어나갈 때 건강한 사회의 지속가능한 발전을 도모할 수 있을 것이다.

연구자료

교육과학기술부(2008), 『2007 국어과 교육과정』.

교육과학기술부(2008), 『2007 고등학교교육과정 해설』.

교육과학기술부(2010), 『2009 교육과정 해설서』.

교육과학기술부(2011), 『2011 개정 국어과 교육과정 최종 고시본』.

교육과학기술부(2012), 『2012 교육과정 해설서』.

교육과학기술부(2013), 「다름을 재능으로, 모두를 위한 다문화교육!」, 보도자료.

서울대학교국어교육연구소(1999), 『국어교육학사전』, 대교출판.

국립특수교육원(2009), 『특수교육학 용어사전』, 하우.

김창원 외(2014), 『문·이과 통합형 국어과 교육과정 재구조화 연구』, 2014년 교육부 정책연구사업.

박기열 외(2014), 『미래의 직업 연구』, 한국고용정보원 정책자료집.

서영진 외(2013), 『미래 사회 대비 국가 수준 교육과정 방향 탐색 - 국어』, 한국교육과정평가원 연구보고 CRC 2013-19.

이광우 외(2008), 『미래 한국인의 핵심 역량 증진을 위한 초·중등학교 교육과정 비전 연구(Ⅱ)』, 경제 인문사회연구회 협동연구총서 08-31-01 RCC 2008-7-1, 한국교육과정평가원.

이근호 외(2012), 『미래 사회 대비 핵심 역량 함양을 위한 국가 교육과정 구상』, 한국교육과정평가원 연구보고 RRC 2012-4.

이인제 외(1997), 「제7차 국어과 교육과정 개발 연구」, 연구보고서, 한국교육과정평가원.

OECD (2003), Definition and selection ofcompetencies : Theoreticaland conceptual foundation(DeSeCo),Paris : OECD Pres.

『2014 교육부, 이렇게 일했습니다』, 2014년도 교육부 보고 자료, http://if-blog.tistory.com

국립국어원, http://www.korean.go.kr

넥슨 사회공헌 블로그, http://nexonhands.tistory.com

선플달기 운동본부, http://www.sunfull.or.kr

참고문헌

1. 국내 논저

(1) 일반 논문

가은아(2009), 「중·고등학생을 위한 쓰기 윤리 교육의 방향과 지도 방안」, 『작문연구』 제8집, 한국작문학회.

가은아(2010), 「국어교사의 쓰기 윤리의식 및 쓰기 윤리교육에 대한 인식 조사」, 『한어문교육』 제22집, 한국언어문학교육학회.

가은아(2014), 「핵심 역량 기반 국어과 교육과정의 구상」, 『작문교육』 제20집, 한국작문학회.

강미영(2012), 「'쓰기적 사고력'에 관한 연구Ⅰ」, 『새국어교육』 제92호, 한국국어교육학회.

강민경(2012), 「고등학생 쓰기 윤리 실태 연구」, 『국어교육연구』 제50집, 국어교육학회.

강신주(2002), 「莊子哲學에서의 소통(通)의 논리」, 연세대학교 박사학위논문.

고병헌(2007), 「홀리스틱교육 패러다임의 교육적·시대적 의미 고찰」, 『홀리스틱교육연구』 제11권, 한국홀리스틱교육학회.

고희성·김혜숙(2013), 「국어 교사의 다문화 교육 역량에 관한 개념화」, 『국어교육학연구』 48권, 국어교육학회.

곽춘옥(2003), 「문식성 학습과 평가에 대한 생태학적 접근」, 『국어교육학회』 제18집, 국어교육학연구.

권상우(2012), 「유학의 철학치료: 소통자아의 회복」, 『철학연구』 제12호, 대한철학회.

권순희(2006), 「문화 텍스트적 관점의 번역 동화 이해 교육」, 『독서연구』 제15호, 가톨릭교육문화원.

권순희(2008), 「다문화 시대를 대비한 다문화 교육의 방향」, 『국어교육』 제26호, 한국어교육학회.

김규훈(2013), 「화법교육의 지식 범주화 시론(試論)」, 『우리말교육현장연구』

제7집, 우리말교육현장학회.
김규훈(2014), 「문이과 통합형 국어과 교육과정 개발에 관한 일고찰」, 『새국어교육』, 제101호, 한국국어교육학회.
김규훈 · 김혜숙(2013), 「국어과 창의 · 인성 교육의 실행 원리 탐색」, 『국어교육』 제140호, 한국어교육학회.
김규훈 · 김혜숙(2014), 「다문화 사회에 적합한 국어 능력의 개념 탐색」, 『국어교육』 제144호, 한국어교육학회.
김대행(2005), 「수행적 이론의 연구를 위하여」, 『국어교육학연구』 제22집, 서울대학교 국어교육연구소.
김도남(2008), 「소통 지향 국어 교과서 개발 방향 탐색」, 『우리말교육현장연구』 제2집, 우리말교육현장학회.
김도종(2001), 「화해의 실천철학」, 『역사와사회』 제3권, 국제문화학회.
김동환(2010), 「인지언어학 연구 방법론」, 『우리말연구』 27집, 우리말연구학회.
김명순(2007), 「내용 영역 문식력의 특징과 지도 방향」, 『새국어교육』 제75호, 한국국어교육학회.
김명순(2011), 「국어과 교육과정에 나타난 국어과 통합 교육에 대한 고려 양상」, 『국어교육학연구』 제41집, 국어교육학회.
김미림(2010), 「공감화법과 개인성격의 상관성 연구」, 선문대학교 석사학위논문.
김미혜(2004), 「국어적 창의성의 구성 요소에 관한 연구」, 『국어교육학연구』 제20집, 국어교육학회.
김미현(2004), 「국어적 창의성의 개념 정의 및 국어적 창의성 관점에서 초등국어교과서의 단원학습목표 분석」, 『초등교육연구』 제17권, 한국초등교육학회.
김민성(2009), 「교수-학습 상황에서 '배려'의 개념화와 교육적 의미」, 『교육심리연구』 제23권, 한국교육심리학회.
김봉순(2006), 「읽기 교육 내용으로서의 지식」, 『국어교육학연구』 제25집, 서울대학교 국어교육연구소.
김성원 외(2012), 「융합인재교육(STEAM)을 위한 이론적 모형의 제안」, 『한국과학교육학회지』 32권 2호, 한국과학교육학회.
김성희(2009), 「인터넷 매체 언어의 읽기와 쓰기 특성과 효과적 통합 지도 전략 연구」, 동국대학교 박사학위논문.
김수동(2004), 「Noddings의 배려를 위한 대화와 교육적 의미」, 『교육철학』 제32집, 교육철학회.
김수동(2008), 「홀리스틱 교육에서 배려의 적용 가능성」, 『홀리스틱교육연구』 제12권, 한국홀리스틱교육학회.
김시정 · 이삼형(2012), 「융복합 교육의 양상에 대한 국어교육적 접근」, 『국어교육학연구』 제43집, 국어교육학회.
김양은(2005), 「미디어 교육의 개념 변화에 대한 고찰」, 『한국언론정보학보』 28호, 한국언론정보학회.
김영만(2009), 「하이브리드적 사고와 한국 문화 교육 방향」, 『겨레어문학』 제42집, 겨레어문학회.
김영석(2010), 「元曉의 和諍思想의 適用에 關한 硏究」, 동국대학교 석사학위논문.
김영호(2011), 「하이브리드 특성을 지닌 텍스트의 구조 분석」, 한성대학교 박사학위논문.
김원명(2008), 「원효의 화쟁 글쓰기」, 『철학논총』 제52집, 새한철학회.
김윤옥(2005), 「생태학적 국어교육」, 『청람어문교육』 31집, 청람어문학회.
김은경 역(2011), 「제노문화의 화해사상」, 『퇴계학』 제20집, 안동대학교 퇴계학연구소.
김은미 · 나은경(2008), 「커뮤니케이션학 분야의 인터넷 관련 연구 10년」, 『사이버커뮤니케이션학보』 제25권 1호, 사이버커뮤니케이션학회.
김은성(2004), 「국어과 창의성 교육의 기본 개념」, 『국어교육』 113, 한국어교육학회.
김정탁 · 이경열(2006), 「원효(元曉)의 의사소통관(意思疏通觀)」, 『한국방송학보』 제20-3호, 한국방송학회.
김종률(2012), 「국어과 통합교육 개선 방안 연구」, 『새국어교육』 제92호, 한국국어교육학회.
김종률(2014), 「국어과 정의적 사고의 유형화 연구」, 『국어교육학연구』, 49권 3호, 국어교육학회.
김주환(2010), 「국어과 교육과정 통합성 연구」, 『새국어교육』 제85호, 한국국어교육학회.

김창원(2003), 「창의성 중심의 국어과 교육과정 구성 방향」, 『국어교육학연구』 제18집, 서울대학교 국어교육연구소.

김창원(2012), 「통합형 국어과 교육과정 구성의 방향과 과제」, 『청람어문교육』 51집, 청람어문교육학회.

김창원(2014), 「통합형 국어과 교육과정 구성의 방향과 과제」, 『청람어문교육』 51집, 청람어문교육학회.

김해연(2004), 「사회언어학에서의 담화연구」, 『사회언어학』 제12권 2호, 한국사회언어학회.

김혜련 · 이남주(2009), 「TV토론에 대한 매체언어교육적 접근을 위한 시론(試論)」, 『새국어교육』 제83호, 한국국어교육학회.

김혜숙(2004), 「사회언어학(Sociolinguistics)의 이론과 전개」, 『사회언어학』 제12권 1호, 한국사회언어학회.

김혜숙(2006), 「교실생태학적 관점에 근거한 중등 지리수업의 질적 사례 연구」, 고려대학교 박사학위논문.

김혜숙(2009), 「사회문화적 의사소통과 국어교육 ; 사회 방언과 국어교육」, 『국어교육학연구』 35권, 서울대학교 국어교육연구소.

김혜숙(2012), 「상호문화적 국어교육의 교수-학습 방향 모색」, 『새국어교육』 제93호, 한국국어교육학회.

남가영(2003), 「메타언어적 활동에 대한 국어교육적 연구」, 서울대학교 석사학위논문.

노상우(2003), 「생태학적 담론의 교육학적 함의」, 『교육학연구』 41, 한국교육학회.

노상우 · 안동순(2012), 「학문융합 관점에서 본 현대교육의 이론적-실천적 변화 모색」, 『교육종합연구』 제10권 1호, 교육종합연구소.

노은희(2009), 「말하기와 쓰기의 통합에 대한 일고찰」, 『작문연구』 제8집, 한국작문학회.

노은희 · 서현석(2012), 「국어과 중심의 교과 간 통합에 대한 일고찰」, 『청람어문교육』 45집, 청람어문학회.

문경희, 남영숙, 김기대(2011), 「나딩스의 배려이론이 초등학교 환경가치교육에서 갖는 함의」, 『교사교육연구』 제50권, 부산대학교 과학교육연구소.

문정애(2007), 「자기배려를 위한 교육론 탐색」, 『교육학논총』 제28권, 대경교육학회.
민병곤(2006), 「말하기 · 듣기 교육 내용으로서의 '지식'에 대한 고찰」, 『국어교육학연구』 제25집, 서울대학교 국어교육연구소.
민현식(2002), 「국어 지식의 위계화 방안 연구」, 『한국어교육학회지』 제108호, 한국어교육학회.
박경남(2009), 「兪漢雋의의 老莊思想 수용과 타자와의 疏通」, 『동양철학연구』 제58집, 동양철학연구회.
박광훈(1998), 「메를로 퐁티의 현상학을 통한 신체에 대한 해석」, 『한국체육철학회지』 6권 2호, 한국체육철학회.
박미영(2009), 「배려적 화법의 교육 내용 연구」, 한국교원대학교 석사학위논문.
박병기(2009), 「한국 불교의 언어관과 언어예절」, 『화법연구』 14권, 한국화법학회.
박병춘(1999), 「보살핌 윤리의 도덕교육적 접근 연구」, 서울대학교 박사학위논문.
박성익(2003), 「홀리스틱 교육의 학문적 정체성과 바전 방향 탐색」, 『한국홀리스틱교육학회 학술대회논문집』, 한국홀리스틱교육학회.
박수자(2004), 「국어과 평가와 창의적 사고력」, 『한국초등국어교육』 제24집, 한국초등국어교육학회.
박수자(2013), 「창의 인성 계발과 국어과 교육의 과제」, 『국어교육』 140, 한국어교육학회.
박승호(2004), 「학습에 대한 인지적 구성주의와 사회적 구성주의의 이론적 검토」, 『사회과학논총』 11, 서울여자대학교 사회과학연구소.
박영목(2003), 「21세기의 새로운 文識性과 국어교육의 課題」, 『국어교육』 110호, 한국어교육학회.
박영민(2004), 「문식성 발달 연구를 위한 학제적 방법론」, 『새국어교육』 제67호, 한국국어교육학회.
박영민(2005), 「사회구성주의 학습 이론과 독서의 본질」, 『독서연구』 14, 한국독서학회.
박영민(2006), 「쓰기 교육에서 지식의 범주와 교육 내용의 구조」, 『국어교육학연구』 제25집, 서울대학교 국어교육연구소.

박영민(2008), 「쓰기 윤리 의식 함양을 위한 쓰기 교수-학습 방안」, 『국어교육학연구』 제33집, 서울대학교 국어교육연구소.

박영민(2009ㄱ), 「중학생의 쓰기 윤리 인식 분석」, 『작문연구』 제8집, 한국작문학회.

박영민(2009ㄴ), 「중학생 쓰기 윤리 의식 함양을 위한 쓰기 교육 프로그램 개발 연구」, 『청람어문교육』 제40권, 청람어문교육학회.

박영민(2014ㄱ), 「미래 핵심역량과 중등 작문교육」, 『작문연구』 제20집, 한국작문학회.

박영민(2014ㄴ), 「중학교 통합 국어과 교육과정 및 교과서 개발 방안」, 『청람어문교육』 51집, 청람어문교육학회.

박영민 · 최숙기(2006), 「다문화 시대의 국어교과서 단원 계발을 위한 연구」, 『청람어문교육』 제34집, 청람어문교육학회.

박육현(1999), 「언어 갈등에 대한 생태 언어학적 소고」, 『인문과학연구』 5호, 동아대학교 인문과학대학 인문과학연구소.

박은미(2009), 「의사소통과 실존적 상호소통」, 『시대와 철학』 제20권, 한국철학사상연구회.

박은진(2006), 「원효의 화쟁사상 활용 모델에 관한 연구」, 울산대학교 석사학위논문.

박이문(2001), 「21세기의 화두 : 생태학적 세계관」, 『한국생활환경학회지』 제8호, 한국생활환경학회.

박인기(2003), 「생태학적 국어교육의 현실과 지향」, 『한국초등국어교육』 22, 한국초등국어교육학회.

박인기(2007), 「국어교육학과 인문학적 상상력」, 『국어국문학』 제147호, 국어국문학회.

박인기(2009), 「교과의 생태와 교과의 진화」, 『국어교육학연구』 제34집, 국어교육학회.

박인기(2014), 「글쓰기의 미래적 가치」, 『작문연구』 제20집, 한국작문학회.

박인철(2001), 「후설의 의사소통 이론」, 『철학과 현상학 연구』 제17집, 한국현상학회.

박재승(2010), 「의사소통 교육의 현황과 과제」, 『새국어교육』 제85호, 한국국어교육학회.

박종훈(2005), 「자식 중심의 국어교육 내용 범주 설정 시론」, 『국어교육』 제117호, 한국어교육학회지.

박창균(2007), 「언식성(oracy)의 개념과 성격에 관한 고찰」, 『화법연구』 10권, 한국화법학회.

방선욱(2002), 「구성주의적 교육관의 이론적 함의와 적용 가능성 고찰」, 『교육학연구』 40, 한국교육학회.

방선욱(2005), 「인지적 구성주의와 사회적 구성주의에 대한 비교고찰」, 『사회과학논총』 27, 청주대학교 사회과학연구소.

방선욱(2009), 「교과의 생태와 교과의 진화」, 『국어교육학연구』 34, 국어교육학회.

배규범(2000), 「불가의 언어관에 대한 이해와 문학관의 변모 양상」, 『인문학연구』 제4호, 경희대학교 인문학연구소.

백미연(2009), 「'재분배'와 '정체성'을 넘어 '참여의 평등'(parity of participation)으로」, 『한국정치학회보』 제43집 1호, 한국정치학회.

백춘현(2011), 「다문화 소통공동체 윤리의 선험 화용론적 토대」, 한국윤리교육학회 학술발표자료.

서영진(2014), 「'의사소통 윤리'에 대한 인식 및 교육 현황」, 『국어교육연구』 제49집 제1호, 국어교육학회.

서현석(2007), 「말하기 교육의 내용으로서 '배려적 사고'의 개념 탐구」, 『국어교육학연구』 제28집, 서울대학교 국어교육연구소.

서 혁(2011), 「다문화 시대의 국어교육과 다문화 문식성 교육」, 『국어교육연구』 제48집, 서울대학교 국어교육연구소.

서혁 · 오은하(2013), 「스마트 교육 환경에서의 핵심역량 기반 국어과 교육과정의 재구성 방향」, 『청람어문교육』 48집, 청람어문교육학회.

소태영(2014), 「융합의 아름다움 : 다음 세대를 위한 미학적 교육」, 『기독교교육정보』 제40집, 한국기독교교육정보학회.

송재룡(2009), 「다문화주의와 인정의 정치학, 그리고 그 너머」, 『사회이론』 제35호, 한국사회이론학회.

송현정(2004), 「국어지식 교육과 사고력의 관계에 대한 일고」, 『한국초등국어교육』 제24집, 한국초등국어교육학회.

신명선(2006), 「국어 학술텍스트에 드러난 헤지(Hedge) 표현에 대한 연구」, 『배달말』 통권 제38호, 배달말학회.

신명선(2009), 「국어적 창의성의 개념 정립에 대한 연구」, 『국어교육학연구』 제35집, 국어교육학회.

신옥희(2011), 「화해와 조화의 윤리학」, 『한국여성철학』 제16권, 한국여성철학회.

신진원(2012), 「설득적 텍스트의 헤지 표현(hedge) 번역문제」, 『번역학연구』 제13권 2호, 한국번역학회.

신진원(2013), 「신문사설 헤지 표현의 번역양상 조사」, 새한영어영문학회 학술발표회 논문집.

신창호(2001), 「'배려(caring)'의 동양적 의미와 교육적 함의」, 『한국교육학연구』 제7권, 안암교육학회.

신헌재(2010), 「생태학적 관점의 쓰기 평가 도구 개발 방안」, 『학습자중심교과교육연구』 제10권 제1호, 학습자중심교과교육학회.

신호철(2010), 「국어교육에서 '통합'에 대한 관점」, 『한말연구』 제27호, 한말연구학회.

안병환(2009), 「다문화교육의 현황과 다문화교육 접근방향 탐색」, 『한국교육논단』 제8권 2호, 한국교육포럼.

양영자(2008), 「한국 다문화교육의 개념 정립과 교육과정 개발 방향 탐색」, 이화여자대학교 박사학위논문.

오만석(2011), 「교육과정 담론의 생태학적 재구성: 시론」, 『도덕교육연구』 제23권, 한국도덕교육학회.

오세정(2012), 「말하기 · 글쓰기의 통합적 커뮤니케이션 교육」, 『한국문학이론과 비평』 제55집, 한국문학이론과 비평학회.

오인수(2014), 「사이버 폭력의 이해와 효과적 대처 방안」, 이화여자대학교 한국폭력예방연구소 이슈리포트.

원자경(2009), 「사고력 증진을 위한 문학교육 방안 연구」, 『문학교육학』 제30호, 한국문학교육학회.

원진숙(2001), 「구성주의와 작문」, 『한국초등국어교육』 18, 한국초등국어교육학회.

원진숙(2003), 「제7차 국어과 교육과정의 평가」, 『한국초등국어교육』 16, 한국초등국어교육학회.

원진숙(2007), 「다문화 시대 국어교육의 역할」, 『국어교육학연구』 제30집, 서울대학교 국어교육연구소.

원진숙 · 왕옥진(2010), 「핵심 역량 기반 창의 인성 교육을 위한 초등 국어과 쓰기 교육 방법」, 『작문연구』 제20집, 한국작문학회.

유영희(2012), 「교육과정 영역 통합의 가능성과 전제」, 『우리말글』 56권, 우리말글학회.

윤사순(2006), 「유학에 담긴 '배려철학'의 윤리적 성향」, 『오늘의 동양사상』, 예문 동양사상연구원.

윤사순(2011), 「유학 윤리사상의 현대적 변환에 대한 한 구상」, 『국학연구』 제18집, 한국국학진흥원.

윤수인 · 강혜승(2013), 「하이브리드 패션의 융합 유형과 발달」, 『한국디자인포럼』 38권, 한국디자인트렌드학회.

윤여탁(2014), 「창의성의 재개념화와 국어교육의 지향과 과제」, 『새국어교육』 제98호, 한국국어교육학회.

이경열(2007), 「원효(元曉)의 의사소통관(意思疏通觀)」, 성균관대학교 박사학위논문.

이경화(2003), 「창의성 신장을 위한 국어과 교수 학습 분석」, 『초등교과교육연구』 제4호, 한국교원대 초등교육연구소.

이도영(2006), 「말하기 교육 목표 어떻게 설정할 것인가」, 『국어교육학연구』 제25집, 국어교육학회.

이도영(2013), 「국어과 교육 내용으로서의 '지식'의 성격」, 『국어교육연구』 제53집, 국어교육학회.

이민선(2012), 「복식에 나타난 푸코와 Merleau-Ponty의 몸 개념」, 『한국디자인포럼』 37권, 한국디자인트렌드학회.

이병규(2002), 「국어 지식 교육의 위상 재고」, 『초등국어교육』 제12호, 서울대학교 초등국어교육연구소.

이병민(2005), 「리터러시 개념의 변화와 미국의 리터러시 교육」, 『국어교육』 117호, 한국어교육학회.
이상오(2010), 「(심층)생태학적 인간이해를 통한 교육 패러다임의 재구성」, 『교육문제연구』 36, 고려대학교교육문제연구소.
이상임(2014), 「한.영 드라마에 나타난 헤지(hedge) 표현 연구」, 『인문학논총』 제36집, 경성대학교 인문과학연구소.
이상진(2011), 「배려윤리와 자비윤리의 비교를 통한 도덕교육적 의의 고찰」, 『윤리철학교육』, 윤리철학교육학회.
이상환(2005), 「다원주의 시대의 공동체주의 정치 철학」, 경북대학교 박사학위논문.
이성영(1994), 「의사소통과 국어교육의 내용」, 『국어교육학연구』 4권, 서울대학교 국어교육연구소.
이성은, 장유정, 김성원(2012), 「Nel Noddings의 배려이론 관점으로 본 학급문화 형성자로서 교사의 상징적 지도력」, 『열린교육연구』 제20집, 한국열린교육학회.
이수련(2000), 「인지언어학의 이해」, 『새얼어문론집』 13, 새얼어문학회.
이유미(2011), 「의사소통과 화용론」, 『한국어 의미학』 34권, 한국어의미학회.
이은정(1999), 「교육생태학의 성립가능성 연구」, 연세대학교 석사학위논문.
이재기(2005), 「문식성 교육 담론과 주체 형성에 관한 연구」, 한국교원대학교 박사학위논문.
이재기(2009ㄱ), 「문학교육과 문식성 신장」, 『독서연구』 제22호, 한국독서학회.
이재기(2009ㄴ), 「'실용' 시대, 국어교육의 정체성 모색」, 『청람어문교육』 39집, 청람어문교육학회.
이재승(2004), 「언어 기능 통합 지도의 배경과 층위」, 『한국초등국어교육』 제25집, 한국초등국어교육학회.
이재승(2006), 「통합적 국어교육의 개념과 성격」, 『한국초등국어교육』 제31집, 한국초등국어교육학회.
이재승(2011), 「화해의 문법」, 『민주법학』 제46호, 관악사.
이재형(2012), 「비판적 문식성 신장을 위한 읽기 교육 연구」, 한국교원대학교 박사학위논문.

이정은(2013), 「교육생태학의 교육학적 함의」, 한국교원대학교 석사학위논문.

이종일(1999), 「사회적 구성주의」, 『대구대학교 초등교육연구논총』 13, 대구대학교 초등교육연구소.

이종흔(2011), 「생태윤리적 가치 형성을 위한 도덕교육」, 『윤리교육연구』 제24집, 한국윤리교육학회.

이주섭(2001), 「구성주의 관점에서 본 듣기 · 말하기 교육」, 『한국초등국어교육』 18, 한국초등국어교육학회.

이주섭 · 이경화(2004), 「언어적 창의성 신장을 위한 국어과 교수 학습 자료 개발 연구」, 『한국초등국어교육』 제24집, 한국초등국어교육학회.

이지은(2008), 「다문화주의 관점에서의 고등학교 교과서 분석 연구」, 『청소년문화포럼』 제18권, 한국청소년문화연구소.

이찬규 · 노석영(2012), 「의사소통에서 나타나는 울타리 표현의 특성에 관한 연구」, 『화법연구』 21권, 한국화법학회.

이창덕(1994), 「화용론과 국어교육」, 『한국초등국어교육』 10, 한국초등국어교육학회.

이창덕(2003), 「음성언어 생태와 듣기 · 말하기 교육」, 『한국초등국어교육』 제22권, 한국초등국어교육학회.

이창덕(2011), 「듣기 · 말하기 영역의 문식력 교육: 초등학교 중학년을 중심으로」, 『한국초등국어교육』 제45집, 한국초등국어교육학회.

이철현(2014), 「학습자의 21세기 핵심 역량 증진을 위한 실과교과 정보교육의 방향 탐색」, 『한국실과교육학회지』 제27권, 한국실과교육학회.

이형래(2005), 「문식성 교육의 확장에 관한 연구」, 『국어교육』 118호, 한국어교육학회.

이혜영(2010), 「고등학생 쓰기 윤리 실태 연구」, 한국교원대학교 석사학위논문.

이호형 · 김혜숙(2014), 「몸 철학의 국어교육적 의미 탐구」, 『국어교육학연구』 49권, 국어교육학회.

이희재(2010), 「공자의 문답법과 개성존중의 소통방식」, 『철학연구』 제115집, 대한철학회.

임성규(2001), 「구성주의와 국어교육」, 『한국초등국어교육론』 18, 한국초등국어교육학회.

임칠성(2011ㄱ), 「국어과 교육과정의 현실과 지향: 다시 '통합'을 논하며」, 『국어교과교육연구』 제18호, 국어교과교육학회.
임칠성(2011ㄴ), 「화법 교육의 현황과 과제」, 『한국어문교육』 제10호, 고려대학교 한국어문교육연구소.
장영준(2000), 「촘스키의 언어학과 언어사상」, 『과학사상』 35, 범양사.
장윤상(2009), 「상위이론의 관점에서 본 Dell Hymes, William Labov, 그리고 John Gumperz의 사회언어학 특징 비교 분석」, 『사회언어학』 제17권 1호, 한국사회언어학회.
장인실(2003), 「다문화 교육(Multicultural Education)이 한국 교사 교육과정 개혁에 주는 시사점」, 『교육과정연구』 제21권, 한국교육과정학회.
전숙경(2009), 「『장자』 「내편」을 통해 본 의사소통에 대한 교육적 이해」, 『교육의 이론과 실천』 제14권 제2호, 한독교육학회.
전은주(1999), 「음성 언어 의사소통에 대한 국어 교육학적 이해」, 『화법연구』 제1호, 한국화법학회.
전은주(2010), 「화법과 문법의 통합 교육 내용 구성」, 『문법 교육』 제12호, 한국문법교육학회.
정상섭(2006), 「공감적 의사소통의 본질과 고찰」, 『새국어교육』 제72호, 한국국어교육학회.
정상섭(2008), 「화법교육에서 사회적 의사소통 기술의 개념과 내용의 수용 방안」, 『학습자중심교과교육연구』 제8권, 학습자중심교과교육학회.
정영희(2006), 「교육생태학의 구성 방향에 대한 연구」, 『교육학연구』 44, 한국교육학회.
정재찬(2009), 「미디어 시대의 문학교육」, 『문학교육학』 제28호, 한국문학교육학회.
정호범(2011), 「다문화교육의 철학적 배경」, 『사회과교육연구』 제18권 3호, 한국사회교과교육학회.
정혜영(2010), 「배려적 화법에서의 대화 학습 방법 연구」, 한국교원대학교 석사학위논문.
정혜승(2004), 「국어적 창의성 계발을 위한 교재 구성 방안 연구」, 『한국초등국어교육』 제24집, 한국초등국어교육학회.

정혜승(2010), 「초등학교 저학년 문식성 교육과정의 향방」, 『한국초등국어교육』 제42집, 한국초등국어교육학회.
조맹기(2007), 「하버마스(Juergen Habermas)의 공론장 형성과 그 변동」, 『스피치와 커뮤니케이션』 제8호, 한국스피치커뮤니케이션학회.
조성민(2012), 「나딩스 배려윤리의 도덕교육적 의의와 한계」, 『윤리철학교육』 제17집, 윤리철학교육학회.
조용환(2011), 「다문화교육의 교육인류학적 검토와 존재론적 모색」, 『교육인류학연구』 제14권 제3호, 한국교육인류학회.
주재우(2010), 「사회구성주의 작문이론의 비판적 재검토」, 『작문연구』 11, 한국작문학회.
진미석 · 박경현(2014), 「대학생 핵심역량으로서의 한국어 의사소통역량 진단과 특성」, 한국어교육학회 제277회 학술대회 자료집.
최미숙(2009), 「국어과 평가 정책 연구」, 『국어교육학연구』 36, 국어교육학회.
최숙기(2007), 「다문화 시대의 국어교과서 구성방안 연구」, 한국교원대학교 석사학위논문.
최영송(2012), 「들뢰즈 관점에서 본 하버마스 화용론의 한계」, 『커뮤니케이션 이론』 8권, 한국언론학회.
최영환(2005), 「언어 문화로서 상생화용 연구의 토대」, 『국어교육학연구』 제22집, 서울대학교 국어교육연구소.
최영환(2006), 「상생언어 연구의 과제」, 『국어교육』 제120호, 한국어교육학회.
최인자(2001), 「문식성 교육의 사회 · 문화적 접근」, 『국어교육연구』 제8집, 서울대학교 국어교육연구소.
최인자(2002), 「다중 문식성과 언어문화교육」, 『국어교육』 109호, 한국어교육학회.
최인자(2006), 「상생 화용 교육을 위한 소통의 중층적 기제 연구」, 『국어국문학』 144, 국어국문학회.
최현섭(2004), 「相生話用 序說」, 『국어교육』 113, 한국어교육학회.
최현섭(2005), 「言語教育의 새 paradigm을 爲하여」, 『청람어문교육』 30집, 청람어문교육학회.
최홍원(2011), 「창의성에 대한 이해 지평의 확대와 국어교육적 재조명」, 『새국어교육』 제89호, 한국국어교육학회.

최홍원(2013), 「핵심 역량의 관점에 기반한 국어교육의 재구조화 연구」, 『새국어교육』 제97호, 한국국어교육학회.

추병완(2003), 「나딩스의 도덕교육론」, 『교육연구』 제21집, 춘천교육대학교 초등교육연구소.

추병완(2011), 「V. O. Pang의 배려 중심 다문화교육론」, 『홀리스틱교육연구』 제15권 1호, 한국홀리스틱교육학회.

하치근(2010), 「언어 능력과 인지 능력의 상관관계」, 『한글』 287, 한글학회.

한승희(2000), 「학교의 생명성 부활과 학습생태계」, 『한국교육연구』 6, 한국교육연구소.

한정선(2009), 「미디어 교육의 새로운 해석과 접근」, 『교육공학연구』 제16권, 한국교육공학학회.

한정현(2010), 「텔레비전 자막언어의 국어교육적 활용 연구」, 동국대학교 석사학위논문.

한정현(2012), 「쓰기 영역 수행평가의 생태학적 구성 방안 연구」, 『새국어교육』 제90호, 한국국어교육학회.

한정현(2014), 「화법 윤리 의식 함양을 위한 연구」, 『국어교육학연구』 제49집 제1호, 국어교육학회.

한정현 · 김혜숙(2013ㄱ), 「다문화 시대 화법교육의 방향성 모색」, 『새국어교육』 제95호, 한국국어교육학회.

한정현 · 김혜숙(2013ㄴ), 「듣기 · 말하기 영역과 문식성 교육의 방향성 모색」, 『국어교육』 143, 한국어교육학회.

한철우 · 임택균(2010), 「지식 기반 사회의 핵심능력과 국어교육」, 『청람어문교육』 42집, 청람어문교육학회.

한혜정(2014), 「문 · 이과 통합형 교육과정 개정의 의의와 쟁점」, 『교육과정연구』 제32권 제3호, 교육과정연구.

홍남기(2009), 「의사소통 합리성 함양과 사회과 교실수업」, 『시민교육연구』 제41권 3호, 한국사회과교육학회.

(2) 단행본

강미라(2013), 『몸 주체 권력: 메를로퐁티와 푸코의 몸 개념』, 이학사.

강신주(2011), 『철학이 필요한 시간』, 사계절.

강신주(2013), 『철학 VS 철학』, 그린비.

강흥구 외(2010), 『의사소통기술』, 공주대학교 출판부.

구현정(2005), 『의사소통의 기법』, 박이정.

김소운(1995), 『가난한 날의 행복』, 범우사.

김정탁(2004), 『禮 & 藝: 한국인의 의사소통 사상을 찾아서』, 한울.

김혜숙 외(2014), 『생태학 담론을 통한 국어교육 설계』, 동국대학교출판부.

박 석(2013), 『인문학, 동서양을 꿰뚫다』, 들녘.

박영목(2008), 『작문교육론』, 역락.

박영순(2013), 『한국어 화용론』, 박이정.

박재현(2013), 『국어교육을 위한 의사소통 이론』, 사회평론.

박희병(1999), 『한국의 생태사상』, 돌베개.

상생화용연구소(2007), 『내 말에 상처받았니?』, 커뮤니케이션북스.

신행철(1997), 『세계화 시대의 사회·문화의식』, 집문당.

왕문용(2008), 『국어와 의사소통』, 한국문화사.

윤평현(2013), 『국어의미론 강의』, 역락.

이남인(2013), 『후설과 Merleau-Ponty 지각의 현상학』, 한길사.

이동원(2009), 『창의성 교육의 실천적 접근』, 교육과학사.

이창덕 외(2000), 『삶과 화법』, 박이정.

이창덕 외(2010), 『화법 교육론』, 역락.

임지룡(2013), 『국어 의미론』, 탑출판사.

장인실 외 4인(2012), 『다문화교육의 이해와 실천』, 학지사.

차배근(1996), 『화법』, 지학사.

최미숙 외(2012), 『국어교육학의 이해』, 사회평론.

최영환(2003), 『국어교육학의 지향』, 삼지원.

최현섭 외(1999), 『국어교육학개론』, 삼지원.

최현섭 외(2007), 『상생화용, 새로운 의사소통 탐구』, 커뮤니케이션북스.

한승주(2012), 『의사소통기술』, 청목출판사.

2. 국외 논저

(1) 일반 논문

Bachman, Lyle F.(1990), Fundamental Considerations in Language Testing, Oxford Univ. Press.

Bachman, Lyle F. and Adrian S. Palmer(1997), Language Testing in Practice, Oxford Univ. Press.

Block, C(1997), Teaching the Language Art: Expanding Thinking Through Student-Centered Instruction, Allyn And Bacon.

Bloom, B. S. & Engelhart M. D. & Furst, E. D. & Hill, W. H. & Krathwohl, D. R.(1956), 『Taxonomy of Educational Objectives』, Longmans.

Chomsky, N(1964), Current issues in linguistic theory. In J. Fodor & J. Katz(Eds.), The structure of language: Readings in the philosophy of language. Englewood Cliffs, NJ: Prentice Hall.

Durant C. & Green. B(2001), Literacy and the new technologies in school education. In H. Fehring & p. Green (Eds.). Critical literacy. DE : IRA.

Fraser, Nancy(2000), "Rethinking Recognition", New Left Review, no.3

Glazer, N. (1997), We are all multiculturalists now. Cambridge, MA: Harvard University Press.

Grice, H. P(1975) "Logic and Conversation," Cole and Morgan(eds), Syntax and Semantics 3, Academic Press.

Guilford, J. P.(1959), Personality. New York: McGraw-Hill.

Holiday, M.(1973), Exploration in the Functions of Language, Edward Arnold(London).

Honneth, Axel.(1996), The Struggle for Recognition: The Moral Grammar of Social Conflict. Cambridge: The MIT Press.

Hymes, D. (1974), Foundation in Sociolinguistics: An Ethnographic Approach, Philadelphia: University of Pennsylvania Press.

Jakobson(1960), "Linguistic and Poetics," In T. A. Sebeok, ed. Style in

Language, MIT Press.
Jones, B. F. & Palincsar, A. S. & Ogle D. S. & Carr, E. G.(1987), 『Strategic Teaching and Learning』, ASCD.
Noddings, Nel(1984), Caring ; A feminine approach to ethics and moral education, Berkeley ; University of California press.
Orr(1992), Ecological Literacy -Education and the Transition to a Postmodern World-, NY: State University of New York Press.
Pang, V. O. (2001), Multicultural education: A caring-centered, reflective approach. Boston: McGraw-Hill.
Rankin, P.(1926), The Measurement of the Ability to Understand Spoken Language, Doctoral Dissertation publishing company.
Samovar, Mills(1975), Oral Communication, WM. C. Brown Company Publishers.
Twaddell,F.(1935), On defining the phoneme. Language Monograph Number 166.
Walter J. Ong(1979), Literacy and Orality in Our Times. Modern Language Association, 1-7. http://www.jstor.org/stable/25595303.
Walter J. Ong(2002). Orality and Literacy: The technologizing of the word. New York: Routledge.

(2) 단행본

공자(김원중 역, 2002), 『논어』, 글항아리.
노자(정창영 역, 2014), 『도덕경』, 물병자리.
장자(김학주 역, 2010), 『장자』, 연암서가.
張法(1994), 『中西美學與文化情神』, 유중하 외4인 옮김(2012), 푸른숲.
Paulette, Ph.D. Dale(2001), 『DID YOU SAY SOMETHING, SUSAN?』. 조영희 옮김(2002), 『대화의 기술』, 푸른숲.
Banks, J. A.(2008), 『An Introduction to Multicultural Education(4/E)』, Addison-Wesley. 모경환 외 3인 공역(2008), 『다문화교육 입문(수정판)』, 서울: 아카데미프레스.

Ch. Bally & Alb. Sechehaye(1972), 『Cours de Linguistique Generale』. 최승언 옮김(1990), 『일반언어학 강의』, 민음사.

Jurgen Habermas(2011), 『Theorie des kommunikatiuen Handelns』. 장춘익 옮김(2011), 『의사소통행위이론-기능주의적 이성 비판을 위하여2』, 나남.

Lakoff, G. & Johnson, M.(1999), 『PHILOSOPHY IN THE FLESH』. 임지룡 외 역(2002), 『몸의 철학 -신체화된 마음의 서구 사상에 대한 도전』, 박이정.

Leech, G. N.(1974), Semantics, Harmondsworth : Penguin Book.

Leech, G. N.(1983), Principles of Pragmatics, London : Longman.

Lipman, Matthew(2003), 『Thinking in Education, second edition』, 박진환·김혜숙 옮김(2005), 『고차원적 사고력』, 인간사랑.

Mary Jett-Simpson(1997), 『Authentic literacy assessment : an ecological apporach』, 원진숙 옮김(2004), 『생태학적 문식성 평가』, 한국문화사.

Mihaly Csikszentmihalyi(1996), 『Flow and the psychology of discovery and invention』. 노혜숙 옮김(2003), 『창의성의 즐거움』, 북로드.

Noddings, Nel(1992), The challenge to Care in Schools Teachers Cillege, Columbia University. 추병완 외 옮김(2002), 『배려교육론』, 도서출판 다른 동아리.

par Gilles Deleuze et Felix Guattari(2003), 『Mille Plateaux: capitalisme et schizophr nie 2』. 김재인 옮김(2003), 『천 개의 고원: 자본주의와 분열증2』, 새물결.

Ryle, G.(1949), The Concept of mind, Hutchinson & Co. (Publishers) LTD.

Walter J. Ong, 『Orality and Literacy』. 이기우·임명진 옮김(1995), 『구술문화와 문자문화』, 문예출판사.

찾아보기

상생적 의사소통의 이론과 실제

초판 1쇄 인쇄 • 2017년 7월 25일
초판 1쇄 발행 • 2017년 7월 31일

편저자 • 한정현
발행인 • 박성복
발행처 • 도서출판 **월인**
서울특별시 강북구 노해로25길 61
등 록 • 제6－0364호
등록일 • 1998년 5월 4일
전 화 • (02) 912-5000
팩 스 • (02) 900-5036
www.worin.net

ISBN 978-89-8477-638-8 93370

☞ 값은 뒤표지에 있습니다.